权威·前沿·原创

皮书系列为
"十二五""十三五"国家重点图书出版规划项目

广州农民工蓝皮书
BLUE BOOK OF
MIGRANT WORKERS IN GUANGZHOU

广州农民工研究报告（2019）

THE REPORT OF MIGRANT WORKERS IN GUANGZHOU
(2019)

主　编／谢建社

社会科学文献出版社
SOCIAL SCIENCES ACADEMIC PRESS (CHINA)

图书在版编目(CIP)数据

广州农民工研究报告.2019/谢建社主编.--北京:
社会科学文献出版社,2019.2
 (广州农民工蓝皮书)
 ISBN 978-7-5201-4190-1

Ⅰ.①广… Ⅱ.①谢… Ⅲ.①民工-城市化-研究报告-广州-2019 Ⅳ.①D422.64

中国版本图书馆CIP数据核字(2019)第017067号

广州农民工蓝皮书
广州农民工研究报告(2019)

主　　编 / 谢建社

出 版 人 / 谢寿光
项目统筹 / 王　绯
责任编辑 / 黄金平

出　　版 / 社会科学文献出版社·社会政法分社(010)59367156
　　　　　 地址:北京市北三环中路甲29号院华龙大厦 邮编:100029
　　　　　 网址:www.ssap.com.cn
发　　行 / 市场营销中心(010)59367081　59367083
印　　装 / 天津千鹤文化传播有限公司

规　　格 / 开　本:787mm×1092mm　1/16
　　　　　 印　张:19.75　字　数:294千字
版　　次 / 2019年2月第1版　2019年2月第1次印刷
书　　号 / ISBN 978-7-5201-4190-1
定　　价 / 128.00元

本书如有印装质量问题,请与读者服务中心(010-59367028)联系

▲ 版权所有 翻印必究

《广州农民工研究报告（2019）》
编委会

主　　　任　李　强（清华大学）

主　　　编　谢建社（广州大学）

编委会委员　（按专家许可时间的先后排序）：

　　　　　　谢立中（北京大学）

　　　　　　陆益龙（中国人民大学）

　　　　　　蔡　禾（中山大学）

　　　　　　王　宁（中山大学）

　　　　　　时立荣（北京科技大学）

　　　　　　江立华（华中师范大学）

　　　　　　文　军（华东师范大学）

　　　　　　杨　敏（中央财经大学）

　　　　　　刘玉照（上海大学）

　　　　　　谢建社（广州大学）

编委简介

李　强　清华大学社会学系教授、博士生导师，清华大学文科资深教授，清华大学民生经济研究院院长，清华大学全球共同发展研究院常务副院长，清华大学老龄社会研究中心主任。教育部社会科学委员会委员，国务院学位委员会第六届、第七届学科评议组成员、社会学组召集人，民政部政策咨询专家组顾问、中国社会学学会第九届会长，北京市社会学会会长。主要研究领域：城市社会学，社区治理、社会分层，等。全国模范教师、北京市优秀教师，入选教育部第一批"跨世纪优秀人才计划"、北京市"跨世纪理论人才百人工程"，享受国务院政府特殊津贴。

谢立中　哲学博士，北京大学社会学系教授、博士生导师，教育部长江学者特聘教授。曾任北京大学社会学系主任、社会学和人类学研究所所长、中国社会学学会副会长、中国社会学学会理论社会学专业委员会理事长、教育部社会学类专业教学指导委员会副主任等职。现任北京大学社会学系学术委员会主席、北京大学社会理论研究中心主任等职，兼任国务院学位委员会全国社会工作专业学位研究生教育指导委员会秘书长、中国社会学学会学术委员会委员等职。主要研究方向为社会学理论、社会发展和现代化、社会政策。主要代表作有《社会发展二重奏》《当代中国社会变迁导论》《社会理论：反思与重构》《走向多元话语分析：后现代思潮的社会学意涵》《社会现实的话语建构：以"罗斯福新政"为例》等。

陆益龙　安徽枞阳人，2000年获北京大学社会学人类学所社会学博士学位，2002年在中国人民大学社会学系做博士后工作，现为中国人民大学社会与人口学院教授、博士生导师。教育部人文社会科学百所重点研究基地中国人民大学社会学理论与方法研究中心副主任。2008年入选教育部"新世纪优秀人才计划",中央实施马克思主义理论研究和建设工程教育部第二批重点教材编写课题组首席专家,有两部学术著作入选国家社会科学基金成果文库。研究领域主要有农村社会学、法律社会学、户籍制度研究、水资源与社会研究等。著有《后乡土中国》(2017年)、《转型中国的纠纷与秩序——法社会学的经验研究》(2015年)、《制度、市场与中国农村发展》(2013年)等10多部著作,先后在《中国社会科学》《北京大学学报》《中国人民大学学报》《社会学研究》《人口研究》《人民日报》《光明日报》等报刊发表学术论文100多篇。

蔡 禾 中山大学社会学系教授、博士生导师,中山大学城市社会研究中心主任、中山大学社会科学调查中心主任,入选教育部"跨世纪人才计划"。曾任2013~2017年教育部高等学校社会学类专业教学指导委员会副主任委员。从事社会学教学和研究,聚焦城市社会学理论、社会变迁与社区治理、企业组织与劳动研究、社会政策等。出版有《城市化进程中的农民工问题》《城市社会学讲义》《城市社会学:理论与视野》《失业者群体特征及其社会保障》《文明与代价——婚姻的嬗变》《现代社会学理论述评》等著作和教材,在《中国社会科学》《社会学研究》《管理世界》等刊物上发表论文100多篇。多次获得教育部哲学社会科学优秀成果奖、广东省哲学社会科学优秀成果奖、陆学艺社会学发展基金会"社会学优秀成果奖"等。

王 宁 1982年2月毕业于厦门大学哲学系。1997年5月获英国谢菲尔德大学博士学位。现任中山大学社会学与人类学学院副院长、社会学系教授、博士生导师。2002~2003年赴美国伊利诺伊大学香槟分校访问一年。*Annals of Tourism Research* 的 resource editor 以及国内几家刊物的编委会成员。曾任世界社会学大会国际旅游研究分会(RC50)第一副会长(2003—2006年),现任中国社会学会副会长、教育部高等学校社会学类专业教学指导委员会委员、广东省社会学学会常务副会长、中国社会学会消费社会学专业委员会理事长。主要研究领域为消费社会学、旅游社会学、社会研究方法论，出版了 Tourism and Modernity: A Sociological Analysis、《消费社会学》、《消费的欲望》、《消费社会学的探索》、《从苦行者社会到消费者社会》、《家庭消费行为的制度嵌入性》等著作，以及系列论文多篇。

时立荣 博士，北京科技大学文法学院社会学系主任、教授、博士生导师。教育部高等学校社会学类专业教学指导委员会委员，中国社会学会社会治理专业委员会副理事长，北京市社会企业促进会副会长。研究方向是组织社会学。在社会企业研究方面颇有建树，提出"社会企业生产要素论"。发表论文 50 多篇。

江立华 博士，华中师范大学社会学院教授、博士生导师。中国社会学会常务理事、湖北省社会学学会副会长，马克思主义理论研究与建设工程教材《中国社会学史》首席专家，入选教育部"新世纪优秀人才支持计划"，国家级精品课"社会研究方法"负责人，美国加州大学尔湾分校（UCI）访问学者。近年来主要从事城市社会学和人口社会学的研究，主持国家社科基金重大项目 2 项，重点项目和一般项目 3 项，出版有《农民工的转型与政府的政策选择》《中国农民工权益保障研究》《中国城市社区福利》《转型期留守儿童问题研究》等专著，发表论文 100 多篇，其中多篇论文被《新华文摘》《中国社会科学文摘》转载。

文 军 社会学博士，长期从事社会学和社会工作专业的教学和科研工作。现为教育部"长江学者"特聘教授、华东师范大学社会发展学院院长、华东师范大学－纽约大学社会发展联合研究中心（上海纽约大学）主任。同时，兼任民政部全国基层政权和社区建设专家委员会委员、教育部高等学校社会学类专业教学指导委员会副主任委员、中国社会学会常务理事、中国社会工作学会常务理事、上海市社会学学会副会长、上海市社会工作者协会副会长、上海市学位委员会第四届学科评议组社会学学科召集人、上海市政协委员等职。在《中国社会科学》《社会学研究》等80多家海内外刊物上发表学术论文近200篇，出版各类著作、教材（含合著）20部，其中有80多篇被《新华文摘》《中国社会科学文摘》《中国人民大学复印报刊资料》等转载。主持过国家社科基金重大项目、教育部重点基地重大项目等省部级以上纵向课题10多项，其学术成果曾多次获得教育部、上海市等省部级以上的奖励。

杨　敏　博士，中央财经大学社会与心理学院教授、马克思主义学院博士生导师，教育部马克思主义理论研究和建设工程首席专家，教育部人文社会科学重点研究基地中国人民大学社会学理论与方法研究中心兼职研究员。主要从事理论社会学与应用、社会建设、社区建设等研究。在各类刊物上发表学术论文120多篇，有40多篇被《新华文摘》《中国人民大学复印报刊资料》《中国社会科学文摘》《高等学校文科学术文摘》等转载，独撰、主编和参编出版著作和教材30多部，主持国家社会科学基金重点项目、教育部重大攻关项目等课题30多项。

刘玉照　2002年毕业于北京大学社会学系，获法学博士学位，现为上海大学社会学院教授、博士生导师、副院长。上海大学优秀青年教师，荣获高等教育上海市级教学成果奖二等奖、三等奖、上海市育才奖。主要研究领域为工业化与乡镇企业发展、基层选举、流动人口和城市新移民、大陆台商研究。先后主持国家社科基金课题2项，在《社会学研究》《中国社会科学内部文稿》《社会》等期刊上先后发表学术论文20余篇，其中多篇被 Social Science in China、《中国社会科学文摘》、《新华文摘》、《中国人民大学复印报刊资料·社会学》《中国社会科学报》转载（摘）。

谢建社　社会学博士，广州大学公共管理学院副院长、教授、博士生导师，兼任中国社会学会理事、中国社会工作教育协会常务理事、广东省社会学学会副会长、广东省社会工作学会副会长、广州市社会工作学会会长兼秘书长、广州粤穗社会工作事务所理事长、广州市社会工作协会副会长。主要研究方向为流动人口与城乡融合、风险社会与危机管理、城市社会发展与弱势群体、社会建设与社区工作、社会转型与社会问题等。先后主持国家社科基金课题4项，其中2项为重点课题。出版有《新时代中国社会变迁与社会治理若干问题研究》《农民工社会工作的理论与实践》《新生代农民工融入城镇问题研究》《风险社会视野下的农民工融入性教育》《中国农民工权利保障》《新产业工人阶层——社会转型中的农民工》等20多部专著，发表学术论文180多篇。

前　言

谢建社

伴随着中国改革开放的步伐，带来了数以亿计的民工潮，启动了中国经济社会千年曾未见过的变迁。广州作为中国改革开放的前沿地，吸引了数百万农民工就业，他们在追求人生梦想的同时，也铸就了广州的新辉煌。

一　研究广州农民工具有全国意义

农民工是我国改革开放过程中成长起来的新型劳动大军，在具有中国特色的农村剩余劳动力转移道路上，广大农民工来到广州就业、创业，为个人增加了收入，为广州城市创造了财富，为改革发展增添了活力。

广东是全国农民工最集中的地方，广州更是农民工人口密度极高的城市，是农民工业绩最突出的地方，也是农民工为产业转型升级做出新贡献的地方。全国首家真实记录农民工就业、创业和发展历史的农民工博物馆在广州开馆，广州市来穗人员服务管理局正式成立，广州农民工政策也在不断建立和完善。广州在引领中国农民工发展，成为新时代农民工融入城市最幸福的地方。所有这些成效获得了党和政府的充分肯定。为深入研究广州农民工就业、创业和发展的理论与实践，总结和完善农民工融入广州的历史、现状和未来发展经验，探索农民工在广州共建共治共享中的新格局，特此出版"广州农民工蓝皮书"。

社会科学文献出版社陆续推出了系列蓝皮书，如"经济蓝皮书""社会蓝皮书""法治蓝皮书""新媒体蓝皮书"等，都是该领域的权威年度报告。蓝皮书通常代表的是学者的观点或者研究团队的学术观点。"广州农民工蓝皮书"是我国专家学者对广州农民工的现状调查以及对广州农民工在政治、经济、文化、生活和社会融入等方面的现实观点，是具有一定代表性和权威性的研究成果。《广州农民工研究报告（2019）》以"创新社会治理与农民工融入的广州模式"为主题，从较全方位、多层次、新视野探讨广州城市化建设和大都市的营造战略，从多角度探讨农民工的融入问题。包括农民工社会服务需求、农民工就业权益保障、农民工培训、农民工养老、农民工返乡创业、农民工服务与管理、农民工社区融入、农民工随迁子女教育以及农民工社会工作案例分析等。

二 广州农民工第一代开启新征程

20 世纪 80 年代，伴随着改革开放后广州的建设与发展以及城市化进程，第一代农民工大军进入广州，他们走出农村，抛开土地的禁锢，为广州经济社会的早期建设和发展，立下了汗马功劳，为美丽的广州创造出巨大的价值。第一代农民工的足迹已深深地驻留在广州大地，他们的贡献也深深地烙印在广州人的脑海里，深深地雕刻在广州城市建设的丰碑上。

改革号令响，广州在召唤，大批农民工纷纷从广州城外、广东省外、全国四面八方走来，最后超过广州本地人的数量。来广州的农民工，工作虽然辛苦，但能得到温饱，能按月领薪，他们敢于有梦、追梦、圆梦。第一代农民工有吃苦的经历，他们吃苦耐劳，所从事的工作又脏又累又重，有的还有毒有害，但他们甘为广州工业化、城市大机器中的"螺丝钉"，每天生活在城市的边缘，和广州人朝夕相处，开始共建繁华的广州城，从此，"农民工"的名字响彻广州，"农民工"的身影遍及广州的大街小巷。

当年，改革开放的蓝图刚刚开始描绘，广州在发展的起步阶段步履维艰，也付出了不少的代价。就业指引、基础设施、住房、教育、医疗、公共交通、供水、供电、能源、餐饮等方面需求迅猛增长，给广州市政府带来巨大的压力。动员了所能动员的一切，付出了所能付出的一切，广州犹如一辆超载的列车，在城市化的铁路上前行。

三 首创具有农民工情怀的广州博物馆

2012年9月29日广州（中国）农民工博物馆正式开馆，时任中共中央政治局委员、广东省委书记汪洋，时任广东省委副书记、省长朱小丹，时任广东省政协主席黄龙云出席开馆仪式，时任人力资源和社会保障部副部长杨志明到会并致辞。开馆典礼由时任广州市市长陈建华主持。广州（中国）农民工博物馆坐落于广州市白云区马务村，总布展面积约5000平方米。广州（中国）农民工博物馆作为全国第一个以农民工为主题的展馆，从创立初始就受到了社会各界人士和广大学者的高度关注。广州（中国）农民工博物馆，展示了广州人民践行新时代中国精神、人民幸福生活的新窗口，是激励广州人民奋勇推进新型城市化发展的新平台，同时也彰显了岭南文化开放包容的特色底蕴，展示了农民工建设广州的伟大成就。

广州（中国）农民工博物馆展品征集工作不但得到各级政府的支持与配合，更得到广大企业、民众的积极参与，农民工博物馆展品16000件，包括：农民工大事记；农民工人物记；党委和政府及其部门、企业和其他社会组织开展农民工生活、工作、学习服务管理活动情况的图片、影视资料、标志性物品等；农民工所用的生产工具，生活、学习用品；体现农民工生产、生活、成长变化的图片、影视资料、图书等；反映农民工地位、作用、贡献和重大事件的图片、文献资料、字画、手稿、影像及标志性物品；反映农民工在广州工作学习后，在广州或其他地方成功创业的典型人物和事迹；反映农民工在广州生活经历的人和事；反映在广州工作的农民工帮助其家庭和家乡改变面貌的资料、图片和物品；农民工中先进、典型、成功人物的口述历史等。其中展播影片以农民工的发展史为主线，按时间顺序逐一呈现农民工流动就业的工作情景、面貌和风采。

四 广州农民工新一代继往开来

正当第一代农民工年龄老化、逐步返回农村之际，20世纪80年代以后出生的新一代农民工源源不断地进入广州，成为新产业工人阶层的一支重要力量。由于新一代农民工所成长的家庭环境、教育环境、社会环境和第一代农民工发生了很大变化，他们在家庭经济、文化教育、务工目的、进城愿望和社会认同感等方面与第一代农民工截然不同。第一，首次务工年龄小。有调查显示，新一代农民工的平均年龄在23岁左右，首次外出务工的年龄基本上为初中刚毕业的年龄，且"00后"开始进城务工。这要求我们在认识新一代农民工时，必须关注与其所处特定年龄阶段相关的一系列特征和问题。第二，成长经历单一。新一代农民工没有经历过老一代农民工那样从农村到城市的变化过程，许多新一代农民工或是自小就跟随父母移居城市，做过流动儿童，或是在农村长大，做过留守儿童。对于新一代农民工来说，他们没有务农的经历，没有老一代农民工的忍耐力和吃苦精神，他们的参照系是城里的同龄人，心理压力较大。第三，具有城乡双重性特征。新一代农民工在城市化的过程中，同时兼有城市工人和乡村农民的双重身份。虽然他们的户籍在农村，但工作地点在城市，他们更加重视就业环境、工作条件、劳动关系和劳动报酬等。第四，时代性明显。新一代农民工处在体制变革和社会转型的新阶段，不断增长的美好生活需要使得他们由生存型向发展型转变，他们更多地把进城务工看作是谋求发展的途径，不仅注重工资待遇，而且也注重自身技能的提高和权利的实现。第五，发展性尤强。新一代农民工年纪轻，他们的思维、心智正处于不断发展、变化的阶段，因此他们的就业观念也处于不断发展、变化中，对所遇到问题的认识具有较大的不确定性。如果城市政府对他们注重教育，正确引导，对新一代农民工的职业生涯将会产生积极的影响。新一代农民工与老一代农民工在就业观念、发展环境上都有明显的变化，集中体现为"六个转变"，即：就业动机从"改善生活"向"体验生活、追求城市梦想"转变；劳动权益的诉求从单纯要求实现基本劳动权益向追求体面劳动和发展机会转变；职业角色的认同由农民向工人转变，对职业发展的定位由亦工亦农向非农就业转变；就业的心态从临时工作向期盼比较稳定的生活转变；维权方式由非理性行为向理性表达转变；生活的追求从简单低层次向多元高层次的精神、情感、休闲生活方式转变。

五　共建新时代广州　共享发展新机遇

　　新时代，新广州，新机遇，广大农民工在广州的城市大舞台上不断演绎着"中国梦"。"中国梦"是实现民族复兴、国家富强、人民幸福的梦，也是一座座城市"破茧成蝶"，实现转型发展之梦。广大农民工追梦的脚步踏在广州的沃土上，现实广州的快速转型，开启了广州城市发展的新的追梦之旅。

　　"中国梦"是一个个城市梦想的宏大集结，是在共建共治中共享的新格局。梦有多高尚，理想就有多远大；梦想有多高大，舞台就有多广阔。习近平总书记在2018年全国"两会"上对广东提出了"四个走在全国前列"的要求，广州将以习近平新时代中国特色社会主义思想和党的十九大精神为指导，坚持以人民为中心，坚持新发展理念，发挥包括广州在内的粤港澳大湾区核心城市的引领作用，在"四个走在全国前列"中当排头兵，建设向世界展示践行习近平新时代中国特色社会主义思想的重要窗口和示范区。这就更加需要广大农民工认同广州、建设广州，共同在新时代的广州展现新气象、实现新作为。广州城市转型发展的经验给我们以深刻的启示，农民工在广州城市转型发展中的潜力巨大，在共建共治共享的新格局中贡献巨大。为了建设创新开放、发展前沿、富裕文明、平安和谐、生态宜居的广州，让我们一起共享改革创新带来的机遇，共创开放发展的美好未来。

摘　要

《广州农民工研究报告（2019）》由 2 个总报告、11 个分报告和 2 个案例报告组成。全书从社会学、教育学、经济学、管理学、法学和社会保障学等多个学科视角，从广州农民工生存与发展状况、农民工培训、农民工社会服务需求、农民工服务管理、农民工融入、农民工随迁子女教育、农民工社会保障和农民工的社会服务等方面开展深入的调查研究。

调研发现，广州在全国作为省会城市第一个成立农民工服务管理局，即广州市来穗人员服务管理局。广州市农民工服务管理工作从最初的松散粗放、被动防范到越来越规范，再到逐步迈向以服务促管理的历程。为了实现广州经济社会的充分和均衡发展，提升社会治理水平和能力，在全国率先实行以居住证为基础、基本公共服务均等、积分入学和积分入户相结合的来穗人员服务管理政策，成功地打造了"积分 +"社会服务的广州模式，这不仅是广东省探索共建共治共享社会治理格局的新成果，也将成为中国社会治理体系创新的成功范例。农民工是现代广州城市的建设者，也是广州共建共治共享中的有生力量，他们期盼解决随迁子女教育问题。本研究团队提出了农民工随迁子女教育环境建设策略，以创新农民工随迁子女教育为目标，以创建学习型社会为载体，营造崇尚学习的文明环境。通过政府职能部门的倡导和鼓励，促使公办学校的教师向民办学校进行对口支教活动，实现"公办民办教育"双轮驱动目标，从而解决农民工随迁子女择校难问题。本研究创新性地提出了建立有利于政府、企业和农民工家庭三者相互合作的伙伴关系，认为城市张力、资源整合力和农民工自主力均衡才能保持福利三角的平衡。党的十九大庄严宣告中国进入新时代，吹响了乡村振兴的进军号角，只有乡村振兴，乡村才有吸引力、向心力、凝聚力，广州在城市反哺乡村、

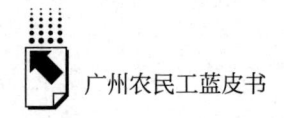

振兴乡村，为乡村发展培育回乡创业的农民工方面也作出了积极的贡献，农民工培训的"一家两校"模式被广泛认可，本研究团队不仅从理论上，且从实践中开展农民工社会工作，具有创新性。党建引领，红色基因传承，红色驿站开拓，农民工离乡离土不离党的建设服务具有成效，可谓广州特色，中国经验的广州农民工研究取得了丰硕的研究成果。

目 录

Ⅰ 总报告

B.1 创新社会治理与农民工融入的广州模式
.... 李 强 谢 宇 杨胜慧 / 001
　一 创新社会治理与农民工融入城市的研究意义 .... / 002
　二 农民工融入城市国内外研究综述及其分析 .... / 009
　三 农民工融入广州城市状况调查与分析 .... / 013
　四 创新社会治理与服务农民工融入的广州模式 .... / 024

B.2 开创农民工随迁子女教育共建共治共享的广州新格局
.... 谢建社 等 / 037
　一 广州农民工随迁子女教育现状及其分析 .... / 039
　二 农民工随迁子女在共建共治共享中接受教育 .... / 051

Ⅱ 分报告

B.3 广州农民工服务管理的实践与探索 .... 陈 超 / 068
B.4 广州Z街农民工社会服务需求调查分析 .... 谢建社 / 086
B.5 广州新生代农民工城镇融入问题分析 .... 陈 薇 / 099

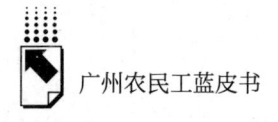

B.6 广州农民工培训福利三角的自主性及其消解策略
　　………………………………………………袁小平　成兴兴 / 109
B.7 广州农民工返乡创业培训政策研究………………黄　尧 / 124
B.8 广州农民工养老保险参与行为的影响因素分析……杨　迪 / 134
B.9 广州新生代农民工在乡村振兴中的路径探讨
　　………………………………………………叶海燕　黄牧乾 / 148
B.10 广州新生代农民工返乡创业的问题研究…………唐丽诗 / 161
B.11 广州农民工就业权益保障政策的路径分析………杨海蓉 / 173
B.12 广州新生代农民工社区融入的个案研究…………毛文琪 / 187
B.13 广州为乡村再转型输送青年农民工………………张红霞 / 202

Ⅲ 案例报告

B.14 广州农民工服务的"一家两校多站点"模式
　　………………………………………………农小雪　胡招兰 / 214
B.15 打造广州农民工服务的"百十千万"海雁工程
　　………………………………………………陈玉燕　陈　薇 / 232

B.16 参考文献 ……………………………………………… / 255
B.17 后记 …………………………………………………… / 273

Abstract ……………………………………………………… / 276
Contents …………………………………………………… / 278

总 报 告

General Reports

B.1
创新社会治理与农民工融入的广州模式[*]

李强 谢宇 杨胜慧[**]

摘 要： 党的十九大报告明确指出，要致力于打造"共建共治共享"的社会治理格局，致力于创新社会治理方式。广州市经济发展迅速，走在全国发展前列，吸引了大量农村人口流入。为了实现社会的充分和均衡发展，提升社会治理水平和能力，广州市实行以居住证为基础、基本公共服务均等化、积分入学和积分入户相结合的来穗人员服务管理政策，成功地打造了"积分+"社会服务的广州模式，这不仅是广东省探索共建共治共享社会治理格局的新成果，也将成为中国社会治理

---

[*] 本文是国家社科基金重大研究专项"加快构建中国特色哲学社会科学学科体系学术体系话语体系"（项目编号18VXK005）及国家社科基金青年项目"时空情境视角下农民工越轨行为防治研究"（16CSH039）的阶段性成果。
[**] 李强，清华大学社会学系教授、博士生导师；谢宇，社会学博士，华南理工大学社会工作研究中心讲师、硕士生导师；杨胜慧，社会学博士，中国人口与发展研究中心助理研究员。

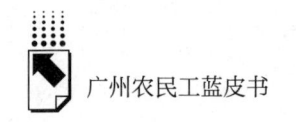

体系创新过程中的一颗明珠。本报告基于2016年流动人口动态监测调查的数据，对广州市流动人口融入现状进行了分析，结合广州市创新社会治理的若干经验，提炼出"创新社会治理与服务农民工融入的广州模式"。

关键词： 社会治理　农民工　广州　积分入户　积分入学

一　创新社会治理与农民工融入城市的研究意义

党的十八大以来，习近平总书记多次强调要推进以人为核心的新型城镇化，国务院发布的《国家人口发展规划（2016—2030年）》《推动1亿非户籍人口在城市落户方案》等都对流动人口的服务管理提出了明确、具体的要求。党的十九大报告提出要实施乡村振兴战略、区域协调发展战略，指出要进一步完善和创新农民工和特殊人群管理服务。李克强总理在政府工作报告中提出要提高新型城镇化质量，2018年要再进城落户1300万人，加快农业转移人口市民化。人口迁移流动在今后较长时期内将是影响我国社会经济和人口变化发展的重要因素，我国现阶段的人口流动从本质上说是农村劳动力的流动，农民工市民化在很大程度上决定了流动人口市民化的进程，农民工的社会融入是市民化的第一步。

广州实行以居住证为基础、基本公共服务均等化、积分入学和积分入户相结合的流动人口服务管理政策。通过以居住证制度管理和服务来穗务工人员，以积分制方式优选来穗拟落户人员，以总量有序控制年度来穗落户人口，成功地打造了"积分+"社会服务的广州模式，这不仅是广东省探索共建共治共享社会治理格局的新成果，也将成为中国社会治理体系创新过程中的一颗明珠。

（一）农民工社会融入的必要性

新型城镇化过程中人的发展是通过人的流动促进两个转化来实现中国社

会结构现代化的过程，农民工社会融入既是起点，也贯穿其中，是以人为本，谋求人的全面发展的重要任务，中国所有地区、所有等级城市都面临农民工社会融入及市民化的任务。从狭义上讲，农民工社会融入主要指农民工应该享受城市地区的公共服务；从广义上讲，农民工社会融入是农民工全面发展的过程，不仅应该享受公平的公共服务，而且应在现有城市得到全面发展和上升的通道，这是一个人口发展现代化的过程。特别需要指出的是，中国目前的农业转移人口大部分是新生代农民工，他们接受了一定的基础教育，甚至是专业教育，可培训、能创新。只要建立有效的体制机制，可以最大限度地激发农业转移人口的创造性和创新能力，这正是新型城镇化发展的新动力。

党的十九大报告明确指出，要致力于打造"共建共治共享"的社会治理格局，致力于创新社会治理方式。当前我国的社会转型，涉及范围较广，改革程度较深，几乎涵盖了国家和社会内部各种组织和群体之间的关系的重构。随着社会经济的发展，流动人口规模越来越大，居住方式以及生活方式的转变，使得更多的人从单位人转变到社会人、社区人，这就对社会治理提出了新的要求，也带来了新的问题与难题，社会建设领域遇到的问题也会更多、更复杂，社会问题多发、频发、突发。传统的社会治理模式和方法受到严重挑战，如何加强和创新社会治理迫在眉睫。人口流动过程中很多不同群体之间的矛盾凸显，例如，低收入与高收入群体之间的矛盾、农民与市民之间的矛盾、雇工与雇主之间的矛盾等，这倒逼社会治理创新，如协调不同阶层、不同利益群体的诉求是当前社会治理的新要求。因此，创新社会治理、建立新的社会运行秩序，已经成为转型社会的重要议题。

（二）广州市农民工社会融入的必要性

广州市经济发展迅速，走在全国发展前列，吸引了大量流动人口流入，分享全国的人口红利，但市民化程度低，社会融入程度有待提高。作为华南地区的中心城市，广州城市发展起步早、起点高并长期保持全国优势地位。广州市主要经济指标在全国名列前茅。从 GDP 总量看，广州市低于北京市与上海市较多，略高于深圳市，超出武汉市和成都市（见图1）。但是，从人均GDP来看，2005年以来广州市超过北京市与上海市（见图2）。

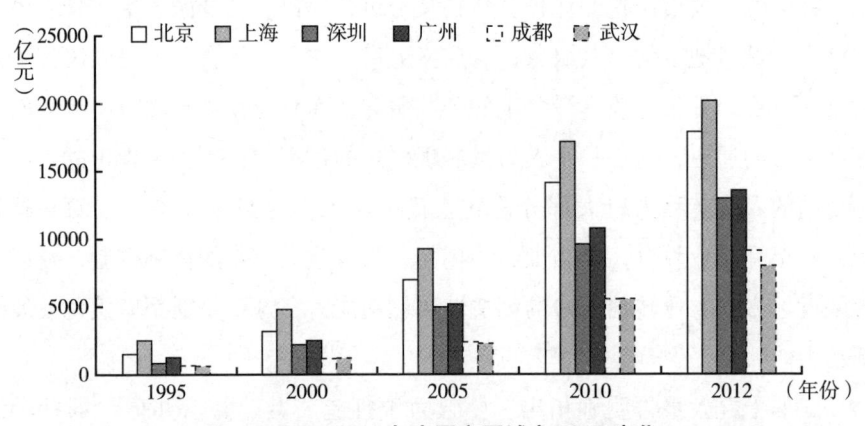

图1 1995~2012年中国主要城市GDP变化

资料来源：历年《中国统计年鉴》。

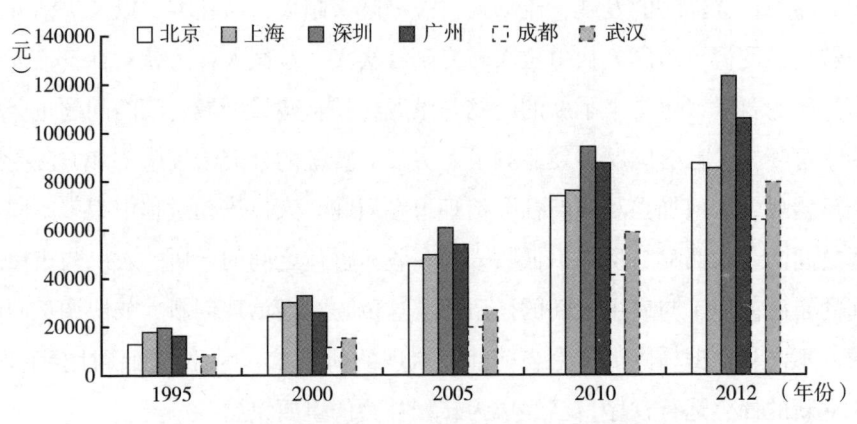

图2 1995~2012年中国主要城市人均GDP的变化

资料来源：历年《中国统计年鉴》。

广州市大量的外来人口延缓了广州的老龄化过程。就业驱动下人口流入带来充裕的劳动力，广州流动人口集中在低龄劳动力年龄（20~44岁），明显比户籍人口年轻（见图3）。

广州市流动人口的市民化程度低，政策对市民化的影响明显，积分入户

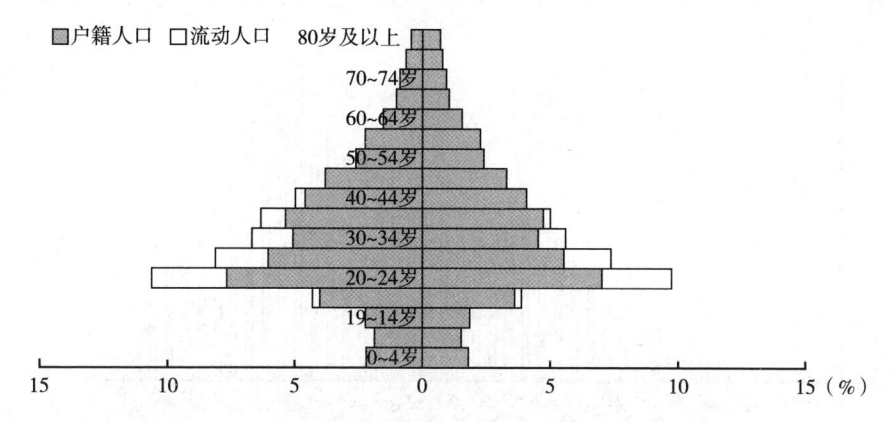

图 3　广州市 2010 年人口年龄金字塔：户籍人口及流动人口

资料来源：2010 年广州市第六次人口普查资料。

与人才入户门槛高、入户名额少。"家庭迁移"不完全及"务工经商"驱动，使其稳定性不高，随时可能返乡。流动人口中 75% 居住在家庭户，平均规模为 1.92 人，户籍人口中 92% 居住在家庭户，平均规模为 3.16 人。流动人员没有实现真正的"举家迁移"。而且，由于流动人口多数以务工经商为目的，就业比重高，因而经济衰退等可能带来流动人口的大幅、快速下降。

（三）广州市农民工基本特征分析

本报告中，我们根据原国家卫生计生委组织开展的"全国流动人口动态监测调查（2016 年）"数据对广州市农民工现状及社会融入进行分析。调查中流动人口不仅包括农民工，也包括"城城流动"人口，我们根据户口性质进行筛选，户口为农业或者农转居，即所谓的"农民工"。通过筛选后，本次调查有效样本 1684 人，其中男性 807 名，占调查总体的 47.9%，女性 877 名，占调查总体的 52.1%。

调查对象的出生年份为 1949~2000 年（见图 4）。以 20 世纪 80 年代出生的人数居多。其中，1988 年出生的人数最多，占调查总体的 5.6%；其次为 1990 年出生的人数，占 5.0%；1989 年出生的人数，占 4.8%；1965 年及以前出生的人数较少，合计占比 2.6%。

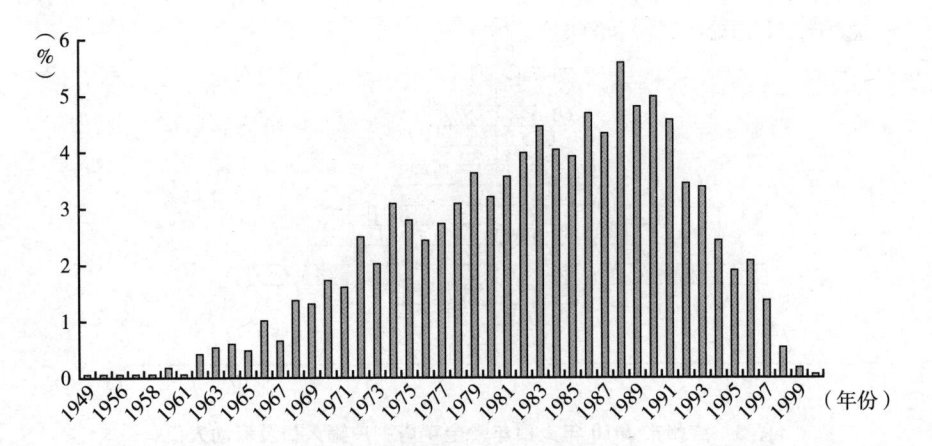

图 4 调查对象的年龄结构分布

资料来源：2016年全国流动人口动态监测调查。

调查对象的婚姻状况大部分为初婚有配偶，占调查总体的79.3%；未婚人口也占有较大比重，占调查总体的18.2%；丧偶人口极少，占调查总体的0.2%（见图5）。

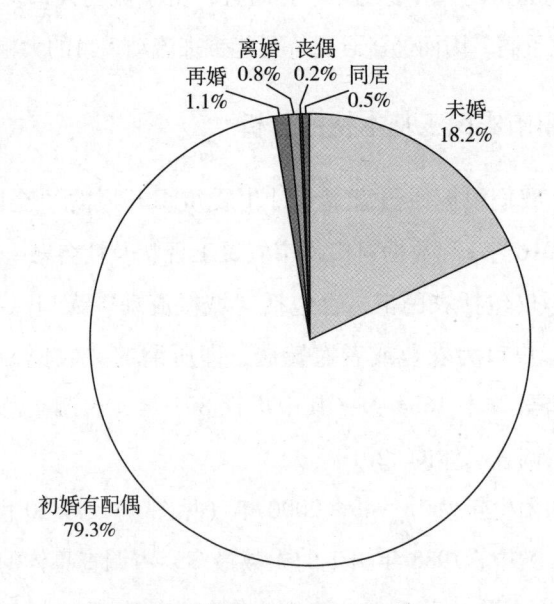

图 5 调查对象的婚姻状况分布

资料来源：2016年全国流动人口动态监测调查。

从调查对象的受教育程度来看,除小学及以下学历以外,学历越高,所对应的调查对象人数越少。其中,初中学历人口比重最大,占调查总体的54.5%;其次为高中/中专学历人口,占调查总体的26.8%;研究生学历人口比重最小,占调查总体的0.1%(见图6)。

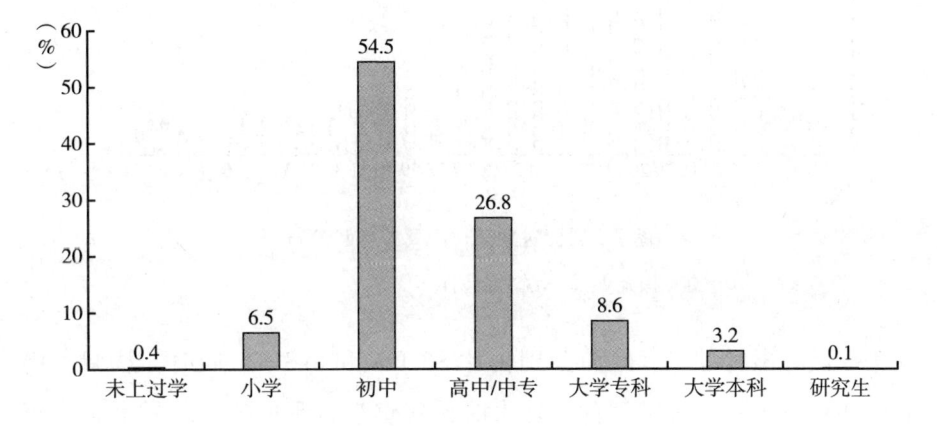

图6 调查对象的受教育程度分布

资料来源:2016年全国流动人口动态监测调查。

从流动距离来看,被调查农民工首次流动范围,流向外省城市的超过流入本省城市的。跨省流动的占60.7%,省内跨市的占38.4%,市内跨县的占0.9%。被调查农民工本次流动范围,跨省流动的占58.9%,省内跨市的占40.4%,市内跨县的占0.7%。从最近一次流动来看,尽管仍然以流向外省城市为主,但是占比有所下降。76.6%的被访者首次为独自流动,23.4%首次不是独自流动。

从第一次外出年龄来看,广州市被调查的农民工第一次外出出现了年龄相对较低的情况,呈现出年轻化趋势。第一次外出年龄集中在15~30岁,其中15~19岁第一次外出的占38.3%,20~24岁第一次外出的占34.3%,25~30岁第一次外出的占19.3%,17岁和20岁第一次外出的分别占10.9%和10.5%(见图7)。可以看出新生代流动人口第一次外出年龄较低。

从外出务工原因看,经济因素仍旧是农民工外出务工的主要驱动力,

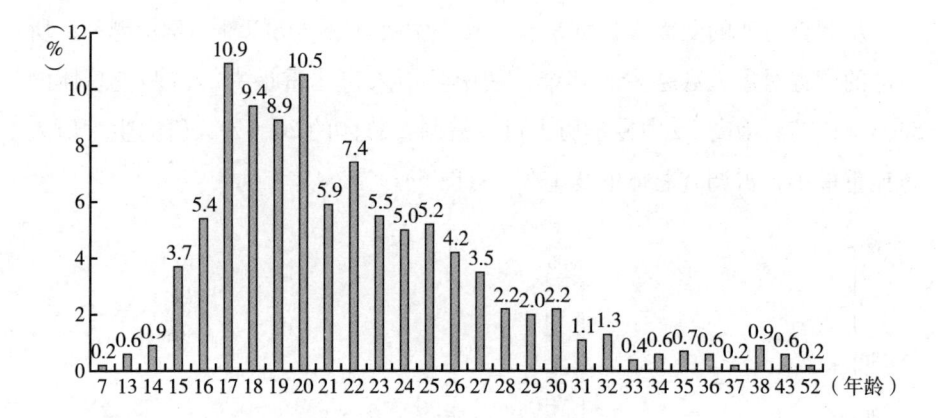

图7 调查对象第一次离家年龄分布

资料来源：2016年全国流动人口动态监测调查。

在第一次外出时务工、经商分别占比86.0%和8.3%。同时，从调查中我们还可以看到，农民工首次外出时比较重视自身的成长与发展，调查对象中回答第一次外出务工、经商的原因时有1.3%的人选择"学习培训"（见图8）。

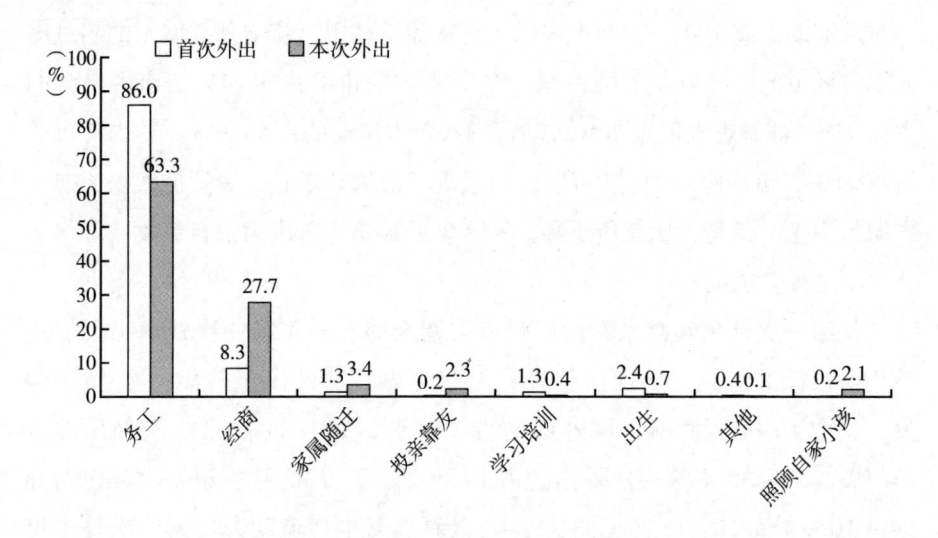

图8 首次和本次外出务工经商的原因

资料来源：2016年全国流动人口动态监测调查。

二 农民工融入城市国内外研究综述及其分析

(一) 规模庞大的农民工群体仍然是流动人口的主体

我国现阶段的人口流动从本质上说是农村劳动力的流动，15~45岁的年轻劳动力是流动人口的主流。① 农民工产生的原因在于中国农村富余劳动力转移过程的特殊性，尤其是农村劳动力的身份转换迟滞于职业转换的现状。目前中国农业人口转移处于快速稳定增长阶段，大规模劳动力的乡-城转移不仅给我国的经济发展带来深刻变化，也对家庭造成直接的或潜在的影响。人口流动往往使得一个完整的家庭分为两个部分，在人口流出地的部分即所谓的"留守家庭"，由此导致人口流出地尤其是农村留守老人赡养问题、留守儿童养育问题、留守妻子的生活负担以及婚姻生活质量问题的产生。②

由于受中国城乡分割的二元社会结构体制和自身条件的限制，大多数农民进城后，"流动家庭"在流入地处于弱势地位，由二元结构所导致的二元的土地、户籍、社会保障、住房制度等构成目前农民工转型中遇到的最大的"制度障碍集"。农民工不仅难以享受到与城里人同等的待遇，在子女教育、就业、住房、养老、医疗保障等问题上也面临一系列障碍。

国家提出新型城镇化发展战略后，出台了一系列促进农业转移人口有序转移的配套政策，这为农民工向现代城市居民全面转移提供了新的机遇。学者研究表明，我国目前农民工市民化的程度比较低，2011年中国农业转移人口市民化综合程度仅为39.56%，而土地的城镇化远远超过了人口的城镇化。

(二) 农民工群体社会融入意愿强但阻碍多

我国流动人口增长迅速，流动人口随处可见成为我国人口发展的最显著

---

① 段敏芳:《中国人口迁移流动现状及发展趋势》,《中南财经政法大学学报》2003年第6期。
② 周福林:《我国留守家庭状况的统计研究》,《河南教育学院学报》(哲学社会科学版) 2007年第6期。

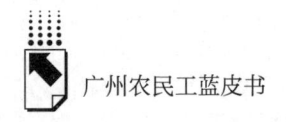

的特点之一,① 且流动人口融入意愿强,但是阻碍因素较多。②

伴随农民工群体的变化,他们的社会融入问题日益突出,也反映出他们在流入地的生存环境、社会服务等各方面的问题,体现出社会转型过程中不同人群能否享受公平、公正的待遇,也是我国"以人为本"的管理服务理念是否落实到位的重要衡量标准。③ 社会融合是个体之间、群体之间、文化之间互相配合、互相适应的过程,④ 涵盖经济、社会、心理等层面的多维度概念,⑤ 学者构建了社会融入水平的系列测量指标。⑥

当前中国的特大城市中,市民与流动人口是城市社会里的两类主要成员,二者比较而言,流动人口不论是经济收入还是社会地位都明显落后于市民。流动人口的就业、收入、身份认同、制度保障、市民化等相关问题的研究引起了大量学者的关注。

法国社会学家涂尔干在研究自杀时最早提出社会融合(social integration)的概念。⑦ 20世纪30年代,美国芝加哥学派的著名学者帕克(R. E. Park)提出了社会同化理论,根据这一理论,有学者认为移民一般要经历定居、适应和同化三个阶段,在这个逐渐递进的过程中,越来越多的移民接受主流社会的文化,认同了主流族群,进而被主流社会完全同化。⑧

就国内研究而言,任远和邬民乐较早对社会融合给出定义,他们认为社

---

① 段成荣、杨舸:《我国流动人口的流入地分布变动趋势研究》,《人口研究》2009年第6期。
② 杨菊华:《从隔离、选择融入到融合:流动人口社会融合问题的理论思考》,《人口研究》2009年第9期;张文宏、雷开春:《城市新移民社会融合的结构、现状与影响因素分析》,《社会学研究》2008年第5期。
③ 李树茁等:《农民工的社会支持网络》,社会科学文献出版社,2008,第55页。
④ 任远、邬民乐:《城市流动人口的社会融合:文献述评》,《人口研究》2006年第3期。
⑤ 朱力:《论农民工阶层的城市适应》,《江海学刊》2002年第6期。
⑥ 朱力:《论农民工阶层的城市适应》,《江海学刊》2002年第6期;杨菊华:《城乡差分与内外之别:流动人口经济融入水平研究》,《江苏社会科学》2010年第3期;张蕾、王燕:《新生代农民工城市融入水平及类型分析——以杭州市为例》,《农业经济问题》2013年第4期。
⑦ R. Park and E. Burgess, *Introduction to the Science of Sociology* (Chicago: University of Chicago Press, 1924).
⑧ H. K. Schwarzweller, "Parental Family Ties and Social Integration of Rural to Urban Migrants," *Journal of Marriage & Family* (1964).

会融合是以构建良性和谐的社会为目标,各个体之间、不同群体之间或不同文化之间逐步减少排斥、互相配合、互相适应的过程。[1] 童星、马西恒更强调流动人口与市民两个群体间的互动,他们认为社会融合是指具有长期居住意愿和事实的流动人口,在就业、居住、价值观等城市生活诸方面逐步融入城市社会,转变为城市居民的过程。[2]

农民工的社会融合不是一成不变的,而是动态、多维的概念。[3] 周皓认为,从时间来看,流动人口的社会融合分为适应、区隔融合与融合三个阶段,在内容上应包括五个方面,即经济融合、结构融合、文化适应、社会适应和身份认同。[4] 朱力认为流动人口的社会融合有三个依次递进的层次,分别是经济层面、社会层面和心理层面。[5] 王春光指出,城市化应当是经济体系、社会体系、文化体系及制度体系的有机整合。[6]

此外,在"身份－权利－待遇"体系中,农民工整体上处于一种被边缘化和隔离的状态。宏观方面,社会融入过程主要受到二元户籍制度及其关联制度等因素的影响;[7] 微观方面,社会融入过程主要受人口学特征、就业与收入状况、人力资本等微观因素的影响。[8] 对此,学者们主要从教育培

---

[1] 任远、邬民乐:《城市流动人口的社会融合:文献述评》,《人口研究》2006年第3期。
[2] 童星、马西恒:《"敦睦他者"与"化整为零"——城市新移民的社区融合》,《社会科学研究》2008年第1期。
[3] 张文宏、雷开春:《城市新移民社会融合的结构、现状与影响因素分析》,《社会学研究》2008年第5期;杨菊华:《从隔离、选择融合到融合:流动人口社会融合问题的理论思考》,《人口研究》2009年第9期。
[4] 周皓:《流动儿童社会融合的代际传承》,《中国人口科学》2012年第1期。
[5] 朱力:《论农民工阶层的城市适应》,《江海学刊》2002年第6期。
[6] 王春光:《农村流动人口的"半城市化"问题研究》,《社会学研究》2006年第5期。
[7] 李强:《户籍分层与农民工的社会地位》,《中国党政干部论坛》2002年第8期;刘传江、周玲:《社会资本与农民工的城市融合》,《人口研究》2004年第5期;周莹、周海旺:《新生代农民工融入城市的影响因素分析》,《当代青年研究》2009年第5期;刘建娥:《乡－城移民(农民工)社会融入的实证研究——基于五大城市的调查》,《人口研究》2010年第4期。
[8] 刘建娥:《乡－城移民(农民工)社会融入的实证研究——基于五大城市的调查》,《人口研究》2010年第4期;金崇芳:《农民工人力资本与城市融入的实证分析——以陕西籍农民工为例》,《资源科学》2011年第11期;梅亦、龙立荣:《中国农民工城市融入的问题研究》,《江西财经大学学报》2013年第5期。

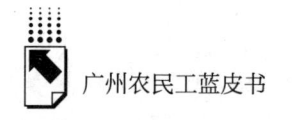

训、社会工作介入、制度创新以及政策变革等角度进行了探讨。①

社会融入问题的核心是新生代农民工的社会融入问题，新生代农民工的就业状况、消费水平、利益观念等方面具有明显的差异，② 其社会融入高于第一代农民工。③ 一般来说，人们认为农民工在受教育程度、就业能力等方面落后于市民，但新生代农民工的受教育程度正在不断提高，就业能力不断提升。其流动动机也逐渐多样化，从单纯的经济机会发展到对发展机会的追求。新生代农民工在城市的需求也不只局限于吃饱穿暖，在城市中的社会融入和归属感也成为他们的需求。

新生代农民工社会融入的"半城市化"问题主导了大部分关于新生代农民工社会融入或市民化问题的研究，④ 新生代农民工在城市的社会融入不足，地位差距感较强，⑤ 在经济、社会、心理等各个层面与城市居民存在较大差距。⑥

从现状来看，胡宏伟、李冰水、曹杨、吕伟研究发现新生代农民工认为自己受到了较为严重的社会排斥，与市民的社会差异显著。新生代农民工家庭负担较重，进入城市后心理落差大。⑦ 陈旭峰、田志峰、钱民辉研究发现

---

① 邓秀华、丁少洪：《新生代农民工城市融入与城市和谐社区建设》，《青年探索》2010年第3期；陆康强：《特大城市外来农民工的生存状态与融入倾向》，《财经研究》2010年第5期；马云献：《就业能力对农民工城市融入的影响研究》，《统计与决策》2012年第11期。

② 黄祖辉、刘雅萍：《农民工就业代际差异研究——基于杭州市浙江籍农民工就业状况调查》，《农业经济问题》2008年第10期；谢建社：《流动农民工随迁子女教育问题的调查研究》，《中国人口科学》2011年第1期。

③ 王兴周：《两代农民工群体的代际差异研究（英）》，《Social Sciences in China》2008年第3期。刘传江、程建林：《第二代农民工市民化：现状分析与进程测度》，《人口研究》2008年第5期；王春光：《新生代农村流动人口的社会认同与城乡融合的关系》，《社会学研究》2001年第3期。

④ 王春光：《农村流动人口的"半城市化"问题研究》，《社会学研究》2006年第5期。

⑤ 全国总工会新生代农民工问题课题组：《关于新生代农民工问题的研究报告》，《中国职工教育》2010年第8期。

⑥ 王桂新、罗恩立：《上海市外来农民工社会融合现状调查研究》，《华东理工大学学报》（社会科学版）2007年第3期；卢小君、陈慧敏：《流动人口社会融合现状与测度——基于大连市的调查数据》，《城市问题》2012年第9期；谢建社：《新生代农民工融入城镇问题研究》，《广东经济》2015年第4期。

⑦ 胡宏伟、李冰水、曹杨、吕伟：《差异与排斥：新生代农民工社会融入的联动分析》，《上海行政学院学报》2011年第4期。

社会融入情况会对农民工组织化造成影响，其原因可以细分为经济层面、心理层面和社会层面。[1]

从构成要素来看，李树茁等从行为融合和情感融合的角度对深圳农民工调查数据进行实证研究。[2] 刘建娥对中国五大城市抽样调查数据进行分析，发现农民工在居住、社区、经济、社会资本、人力资本、就业、健康等7个方面的"社会融入度"都偏低。[3] 王明学、冉云梅、刘闵认为农民工的社会融入可以从经济整合、社会保障和身份认同三个方面来考察。[4]

从影响因素来看，丁宪浩研究发现影响农民工融入城市的关键是制度障碍和经济障碍，需要分消除障碍、完善机制和培育文化三个阶段完成农民工社会融入的目标。[5] 共青团武汉市硚口区委对硚口区新生代农民工进行了实证分析，研究发现目前的政策是有利于新生代农民工融入社会的，但城乡分离的户籍制度对其造成了阻碍。[6]

三 农民工融入广州城市状况调查与分析

（一）广州市农民工经济与就业状况

以往的研究中认为能在经济层面产生影响的变量包括就业、经济收入等，但其他一些变量也有影响，比如流动者的劳动时间，杨春江等认为劳动时间对流动人口的社会融合有显著的负向影响，但经济收入对流动人口的社会融合的

---

[1] 陈旭峰、田志锋、钱民辉：《社会融入状况对农民工组织化的影响研究》，《中国人民大学学报》2011年第1期。
[2] 李树茁等：《农民工的社会支持网络》，社会科学文献出版社，2008，第55页。
[3] 刘建娥：《农民工融入城市的影响因素及对策分析——基于五大城市调查的实证研究》，《云南大学学报》（社会科学版）2011年第4期。
[4] 王明学、冉云梅、刘闵：《新生代农民工社会融入问题分析》，《中国青年研究》2012年第1期。
[5] 丁宪浩：《农民工社会融入问题分析》，《财经科学》2006年第10期。
[6] 共青团武汉市硚口区委：《浅析新生代农民工的社会融入——基于武汉硚口区新生代农民工实证研究》，《中国青年研究》2011年第7期。

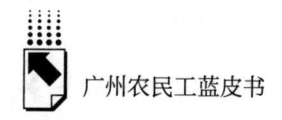

影响不显著。① 此外,主观社会经济水平对农民工社会交往有显著影响。②

1. 经济状况

2016年,农民工家庭在广州本地每月总收入5000元及以下的占37.6%,5001~10000元的占51.6%,10001~20000元的占比9.4%,20000元以上的占1.4%。2016年,农民工家庭在广州本地每月总支出5000元及以下的占84.3%,5001~10000元的占13.8%,10001~20000元的占1.7%,20000元以上的占0.2%(见图9)。用收入减去支出计算本年结余,发现农民工家庭入不敷出的占0.8%,收支平衡的占2.3%,结余5000元以下的占82.2%,结余5000~10000元的占11.3%,结余10000元以上的占3%。

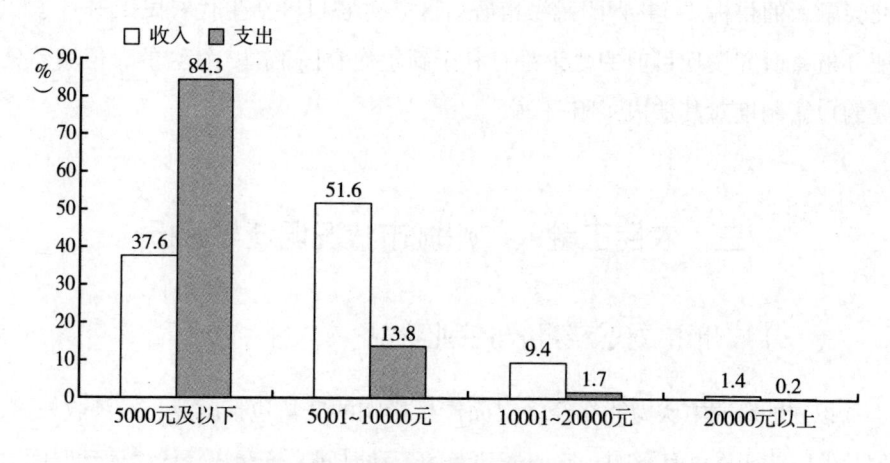

图9 被调查对象家庭在广州市月总收入与总支出分布

资料来源:2016年全国流动人口动态监测调查。

单位每月包吃折合低于1000元的农民工占95.3%(其中,3.7%的农民工的单位不包吃),单位每月包住折合低于1000元的农民工占97%,全家在广州本地每月住房支出低于1000元的农民工占97%。

---

① 杨春江、李雯、逯野:《农民工收入与工作时间对生活满意度的影响——城市融入与社会安全感的作用》,《农业技术经济》2014年第2期。
② 潘泽泉、林婷婷:《劳动时间、社会交往与农民工的社会融入研究——基于湖南省农民工"三融入"调查的分析》,《中国人口科学》2015年第3期。

在调查对象中，有87.9%的农民工在就业，即被调查的农民工在2016年5月1日之前一周做过一小时以上有收入的工作，剩余12.1%的农民工则未处于就业状态。

就被调查农民工个人上个月或上次就业纯收入而言，收入1001~2000元的占14.4%，无收入及负收入的占0.6%，收入1000元及以下的占4.3%，收入2001~3000元的占27.5%，收入3001~4000元的占23.7%，收入4001~5000元的占13.7%，5001元以上占15.8%。整体来看收入偏低。

2. 就业状况

调查对象中绝大部分是雇员，占调查总体的57.7%，自营劳动者占33.2%，雇主占7.5%，其他占1.6%。

调查对象中56.0%的农民工与目前就业单位签订的劳动合同是有固定期限的，13.8%的农民工签订的是无固定期限的，未签订合同的农民工占比25.9%，完成一次性工作任务、试用期和不清楚是否签订劳动合同的农民工分别占比0.7%、2.3%和1.3%。调查对象中学历越低的农民工没有签订劳动合同的比例越高，小学及以下、初中、高中/中专学历未签订劳动合同的比例分别为54.1%、33.9%和16.5%（见表1）。

表1 广州市不同受教育程度农民工劳动合同签订状况

单位：%

	小学	初中	高中/中专	大学专科	大学本科及以上	合计
有固定期限	35.1	46.2	64.6	70.3	77.8	56.0
无固定期限	8.1	14.0	15.4	10.8	15.6	13.8
完成一次性工作任务	0	1.2	0.4	0.0	0.0	0.7
试用期	0	3.4	1.2	2.7	0.0	2.3
未签订劳动合同	54.1	33.9	16.5	16.2	6.7	25.9
不清楚	2.7	1.2	2.0	0.0	0.0	1.3
合计	100	100	100	100	100	100

资料来源：2016年全国流动人口动态监测调查。

广州市农民工在所谓的"体制内单位"就业的比重非常低，这部分单位对"户籍"和学历等"素质"要求较高，广州市农民工在机关和事业单位、国有和国有控股企业就业的人数分别仅占调查对象总数的2.1%和2.8%，广州市农民工就业主要以个体工商户、私营企业为主，分别占比39.6%和32.1%（见图10）。从行业分布来看，广州市农民工就业主要以制造业（28.6%）、批发零售业（24.8%）和住宿餐饮业（14.4%）为主，从职业来看，主要以经商（23.2%）、生产（20.3%）和其他商业、服务业人员（15.7%）为主。

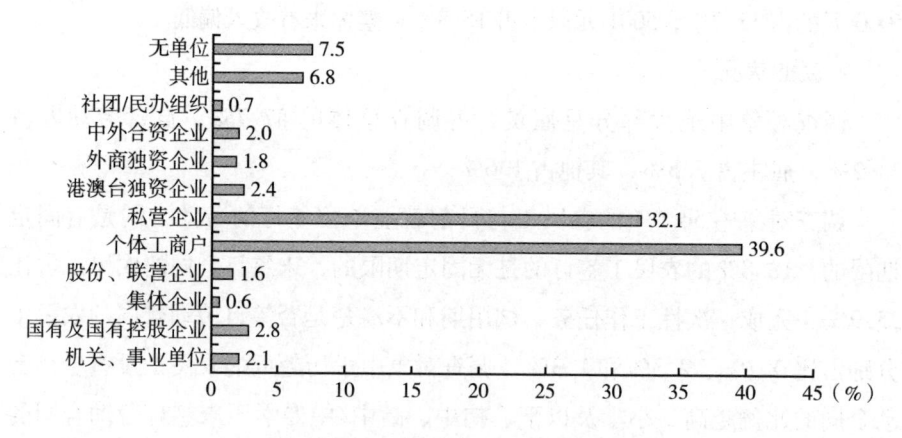

就业单位性质	百分比(%)
无单位	7.5
其他	6.8
社团/民办组织	0.7
中外合资企业	2.0
外商独资企业	1.8
港澳台独资企业	2.4
私营企业	32.1
个体工商户	39.6
股份、联营企业	1.6
集体企业	0.6
国有及国有控股企业	2.8
机关、事业单位	2.1

图10 被调查对象就业单位性质分布

资料来源：2016年全国流动人口动态监测调查。

（二）广州市农民工住房问题

1. 住房问题是农民工社会融入的核心难点

当前大部分城市房价远远超过流动人口收入的承受能力，这使得大部分农民工难以真正在大城市定居。能够最终在城市定居成为"有产者"的，主要是城-城迁移的形式。"城中村"等居住环境恶劣的"非正式"住房成为农民工的主要聚集地，大规模的农民工租住城中村房屋或者其他中低档次的住房，但这些非正规租房市场存在很多信息、安全、建筑质量等问题，严重影响人居健康。

住房不仅是遮风避雨的物理空间，同时也决定了城市居民的生活环境和社会交往空间，为社会民众获得各种城市资源，积累人力资本和社会资本，融入城市主流社会提供机会。有学者认为，农民工聚居区中的农村移民被阻隔在城市资源之外，信息和机会的缺失使其难以进行有效的人力资本积累。①

特大城市的人口增加速度快于住房增加速度，加剧了局部地区的基本居住需求，强化了地区的住房增值预期。而且住房保障政策并不向流动人口倾斜。从1994年实施城镇住房制度改革以来，我国先后提出了经济适用房（1994年）、廉租房（1998年）、住房公积金（1991年）、两限房（2006年）和公共租赁住房（2010年）等保障性住房政策，但相关政策并没有将外来人口纳入保障范围。

2. 农民工住房保障体系有待完善

2016年流动人口动态监测调查数据显示，广州市农民工租住私房居住的比例是76.8%，租住单位/雇主房子的占2.9%，自购住房和自建房的分别占7.2%和2.1%。此外，还有5.5%的广州市农民工是单位/雇主提供免费住房。

广州市农民工支出中约1/5用于住房，且住房条件较差。根据2016年流动人口动态监测调查数据分析，广州市农民工月均支出住房费用约680元，占月均总支出的17.8%。此外，流动人口涉及日常生活居住的基本设施设备的满意度很低，例如噪声、居住面积和厨房、洗漱设施等，流动人口住房条件仍需要进一步改善，可以在"三旧"改造过程中提供满足基本设施条件的健康住房，并完善的社区配套服务设施。

广州市政府主导的保障性住房覆盖人群不断增加，但外来人口未能完全纳入保障范围。从调查数据来看，广州市农民工居住在政府提供的廉租房和公租房的比例非常低，分别为0.5%和0.1%。从覆盖面来看，广州市保障性住房的建设历程起始于1986年，但主要是针对户籍人口，直至《广州市公共租赁住房保障制度实施办法（试行）》（穗府办〔2013〕3号）规定：对于外来人口"市、区（县级市）政府每年安排一定数量公共租赁住房，

---

① 郑思齐、廖俊平、任荣荣、曹洋：《农民工住房政策与经济增长：一个劳动力市场和住房市场的理论模型》，《经济研究》2011年第2期。

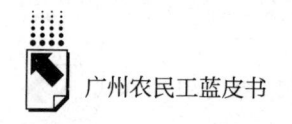

通过积分制解决部分异地务工人员住房困难，具体数量和准入条件由市住房保障部门会同市人力资源管理部门另行公布"。

（三）广州农民工群体社会融入现状

1. 社会交往现状

社会资本对流动人口的影响十分重要，可以划分为初级社会资本和次级社会资本，其中初级社会资本是先赋的，而次级社会资本是通过后天努力建立的属于自致的，新生代流动人口十分注重次级社会资本的积累。[1] 但是，随着流动人口社会融合程度的加深，建立在地缘和血缘关系基础之上的初级社会资本会阻碍流动人口与城市人的交往和对城市社会认同感与归属感的产生。[2] 流动人口的社会参与是一种再社会化过程，日常生活中融合社区的行为构建十分重要，是社会融合的重要途径。

调查发现，广州市农民工获得工作的途径中占比最高的是自主就业，占比33%，其次是通过朋友介绍，占比15.1%，企业、老板招聘（12.8%）、同乡介绍（11.6%）分别位于第三、第四位。其他获得工作的途径还有家人（4.6%）、亲戚（7.8%）、互联网（7.8%）、报纸杂志及小广告等社会媒体（2.2%）、社会中介（3.2%）以及政府部门（0.1%）。同乡仍是外来务工人员的重要社会资本。

2. 制度融入现状

很多研究者从制度排斥视角来讨论社会融合问题。有学者指出，制度设置对流入人口的社会融合形成强烈的影响。[3] 国内的研究者更多地关注户籍制度，认为该制度把流动人口排斥在城市居民的基本权利之外。[4] 此外，各

---

[1] 白小瑜：《新生代农民工的社会资本》，《湖北民族学院学报》（哲学社会科学版）2006年第1期。
[2] 牛喜霞、谢建社：《农村流动人口的阶层化与城市融入问题探讨》，《浙江学刊》2007年第6期；范丽娟：《社会支持和打工妹的城市融合》，《安徽广播电视大学学报》2005年第4期。
[3] P. Alcock, *Understanding Poverty* (Basingstoke: Palgrave Macmillan, 2006).
[4] 任远、乔楠：《城市流动人口社会融合的过程测量及影响因素》，《人口研究》2010年第2期。

种保障制度也是学术界考量的重点，如医疗保险、养老保险、社会保险、失业保险等方面的保障性因素。许多社会保障和福利与户籍制度挂钩，因此外来人口在就业、社会保险、公共医疗、住房保障等领域与城市居民差异巨大，难以融合城市社会。调查中我们询问调查对象"您在最近一次流入地居住的社区建立居民健康档案了吗？"从调查结果来看，绝大部分被访者没有听说过居民档案，有42.6%的被访者在本地建立了居民健康档案，38.6%的被访者没有在本地建立居民健康档案并且没有听说过，其余18.7%的被访者听说过居民健康档案，但尚未在本地建立该档案。

我们通过"过去一年，被访者在现居住社区是否接受过不同方面的健康教育"这一调查题目来进一步考察居民的社区健康参与状况。调查结果显示，调查对象中接受过职业病防治方面健康教育的占30.6%，接受过性病/艾滋病防治方面健康教育的占40.4%，接受过生殖与避孕/优生优育方面健康教育的占71.5%，接受过结核病防治方面健康教育的占17.8%，接受过控制吸烟方面健康教育的占44.5%，接受过精神病障碍防治方面健康教育的占13.2%，接受过慢性病防治方面健康教育的占24%，接受过营养健康方面健康教育的占38.1%，接受过防雾霾方面健康教育的占10%。

调查中我们询问调查对象参加社保的比例，从调查结果来看，调查对象中参加新型农村合作医疗保险的比例最高，为64.5%，参加养老保险（含新农保、养老金等）和工伤保险的次之，分别为42.2%和30.2%，参加失业保险、生育保险、城镇职工医疗保险、住房公积金的比例分别为27.1%、26.4%、20.1%和15.9%。此外调查对象中参加城乡居民合作医疗的占比3.9%，参加公费医疗的占0.1%。

调查对象中在本地参加养老保险（含新农保、养老金等）的占27.8%，占所有参加养老保险人数的65.8%。调查对象中在本地参加失业保险的占26%，占所有参加失业保险人数的95.8%。调查对象在本地参加工伤保险的占29.1%，调查对象中占所有参加工伤保险人数的96.3%。调查对象中在本地参加生育保险的占25.4%，占所有参加生育保险人数的96%。调查对象中在本地参加住房公积金的占15.7%，占所有参加住房公积金人数的98.5%。

调查对象中在本地参加新型农村合作医疗保险的占0.5%，占所有参加新型农村合作医疗保险人数的0.8%。调查对象中在本地参加城乡居民医疗保险的占0.1%，占所有参加城乡居民医疗保险人数的1.5%。调查对象中在本地参加城镇居民医疗保险的占0.8%，占所有参加城镇居民医疗保险人数的59.1%。调查对象中在本地参加公费医疗的占0.1%，占所有参加公费医疗人数的100%。从受教育程度来看，学历越高的调查对象在流入地参加各项保险的比例也越高。高中、中专学历的调查对象参加养老保险、失业保险、工伤保险、生育保险、住房公积金、新型农村合作医疗保险的比例分别为43.8%、31.0%、36.1%、31.4%、18.6%和61.1%。大学专科学历的调查对象参加养老保险、失业保险、工伤保险、生育保险、住房公积金、新型农村合作医疗保险的比例分别为67.4%、58.3%、59.7%、56.3%、36.8%、52.8%。大学本科学历的调查对象参加养老保险、失业保险、工伤保险、生育保险、住房公积金、新型农村合作医疗保险的比例分别为75.9%、72.2%、72.2%、72.2%、53.7%、33.3%。研究生学历的调查对象参加养老保险、失业保险、工伤保险、生育保险、住房公积金、新型农村合作医疗保险的比例均为100%（见表2）。

表2 广州市不同受教育程度农民工参加保险比例

单位：%

	未上过学	小学	初中	高中/中专	大学专科	大学本科	研究生	合计
养老保险	0.0	31.7	37.0	43.8	67.4	75.9	100.0	42.2
失业保险	0.0	9.2	19.6	31.0	58.3	72.2	100.0	27.1
工伤保险	0.0	11.9	22.5	36.1	59.7	72.2	100.0	30.2
生育保险	0.0	10.1	18.5	31.4	56.3	72.2	100.0	26.4
住房公积金	0.0	3.7	10.5	18.6	36.8	53.7	100.0	15.9
新型农村合作医疗保险	83.3	83.5	67.4	61.1	52.8	33.3	100.0	64.5
城乡居民医疗保险	0.0	0.9	5.7	2.9	0.0	0.0	0.0	3.9
城镇居民医疗保险	0.0	1.8	1.2	2.0	0.0	0.0	0.0	1.3
城镇职工医疗保险	0.0	7.3	13.0	24.8	44.4	64.8	0.0	20.1
公费医疗	0.0	0.0	0.1	0.0	0.0	0.0	0.0	0.1

资料来源：2016年全国流动人口动态监测调查。

从户口性质来看,农转居户口调查对象参加各项社会保险的比例高于农业户口调查对象。农转居调查对象参加养老保险、失业保险、工伤保险、生育保险、住房公积金、新型农村合作医疗保险、城乡居民医疗保险、城镇居民医疗保险、城镇职工医疗保险的比例分别为62.5%、43.8%、43.8%、43.8%、31.3%、18.8%、6.3%、12.5%、43.8%(见表3)。

表3 不同户口性质农民工参加保险比例

单位:%

	农业	农业转居民
养老保险	42.0	62.5
失业保险	27.0	43.8
工伤保险	30.1	43.8
生育保险	26.3	43.8
住房公积金	15.8	31.3
新型农村合作医疗保险	64.9	18.8
城乡居民医疗保险	3.9	6.3
城镇居民医疗保险	1.2	12.5
城镇职工医疗保险	19.8	43.8
公费医疗	0.1	0.0
合计	100.0	100.0

资料来源:2016年全国流动人口动态监测调查。

3. 市民身份与意愿

众多研究均表明户籍制度以及由此衍生出的城乡二元分割的制度体系是影响青年流动人口社会融合的重要因素。而户籍渴望是流动人口对户籍主观上的需求和认同。调查中我们询问调查对象:"如果您符合本地落户条件,您是否愿意把户口迁入本地?"从调查结果来看,47.0%的调查对象表示愿意,26.6%的调查对象表示不愿意,26.4%的调查对象表示还没想好。

从性别来看,女性表示"愿意"的比例高于男性,男性表示"不愿意"和"没想好"的比例分别为27.5%和26.9%,女性表示不愿意和没想好的比例分别为25.8%和25.9%。从受教育程度来看,学历越高,表示"愿意"

的比例越高,高中/中专、大学专科、大学本科学历的调查对象表示"愿意"成为流入地居民的比例分别为52.4%、61.2%和55.8%。由于受访研究生较少,未出现"愿意"或"不愿意"成为流入地户籍人口的被访者。从户口性质看,非农业户口(农转居)的调查对象表示"愿意"成为流入地居民的比例高于农业户口的调查对象,所占比例分别为56.3%和46.9%。从婚姻状况来看,未婚、初婚、再婚的调查对象愿意成为流入地居民的比例均在47%左右(见表4)。

表4 广州市农民工希望成为流入地户籍人口的意愿

单位:%

		愿意	不愿意	没想好
性别	男	45.6	27.5	26.9
	女	48.3	25.8	25.9
受教育程度	未上过学	16.7	16.7	66.7
	小学	37.6	42.6	19.8
	初中	42.9	29.5	27.6
	高中/中专	52.4	22.9	24.8
	大学专科	61.2	13.4	25.4
	大学本科	55.8	15.4	28.9
	研究生	0.0	0.0	100.0
户口性质	农业	46.9	26.8	26.3
	农业转居民	56.3	12.5	31.3
婚姻状况	未婚	46.6	20.7	32.7
	初婚	47.3	28.3	24.5
	再婚	47.1	11.8	41.2
	离婚	63.6	0.0	36.4
	丧偶	33.3	0.0	66.7
	同居	0.0	50.0	50.0

资料来源:2016年全国流动人口动态监测调查。

但是,从长期居住打算来看,调查对象中有52.4%回答打算在最近一次流入地长期居住,4.4%打算返乡,4.2%打算继续流动,39.1%回答没想好。从受教育程度看,受教育程度越高的调查对象希望在流入地长期居住的比例越高，高中/中专、大学专科、大学本科学历的调查对象希望在流入地长期居住的比例分别为 56.4%、60.4% 和 77.8%，均超过 50%。非农业户口（农转居）调查对象打算在最近一次流入地长期居住的比例为 75.0%，比农业户口调查对象高近 23 个百分点左右（见表 5）。

表 5 农民工希望在广州长期居住的打算

单位：%

		您今后是否打算在本地长期居住(5年以上)			
		打算	返乡	继续流动	没想好
性别	男	53.8	3.8	3.8	38.5
	女	51.1	4.9	4.5	39.6
受教育程度	未上过学	16.7	0.0	0.0	83.3
	小学	45.9	7.3	0.0	46.8
	初中	48.6	5.1	4.8	41.4
	高中/中专	56.4	2.4	4.7	36.5
	大学专科	60.4	4.9	2.1	32.6
	大学本科	77.8	1.9	1.9	18.5
	研究生	50.0	0.0	50.0	0.0
户口性质	农业	52.2	4.4	4.2	39.2
	农业转居民	75.0	0.0	0.0	25.0
婚姻状况	未婚	36.9	4.9	8.2	50.0
	初婚	55.6	4.3	3.3	36.8
	再婚	72.2	0.0	5.6	22.2
	离婚	69.2	15.4	0.0	15.4
	丧偶	66.7	0.0	0.0	33.3
	同居	25.0	0.0	0.0	75.0
总计		52.4	4.4	4.2	39.1

资料来源：2016 年全国流动人口动态监测调查。

关于返乡时间，调查对象中有 12.2% 打算在 1 年内返乡，25.7% 打算在 1~2 年内返乡，20.3% 打算在 3~5 年内返乡，1.4% 打算在 6~10 年内返乡，其余的人表示未想好。

调查对象中有 82.4% 打算回到原居住地（自家），5.4% 打算回到乡政府所在地，8.1% 打算回到区县政府所在地，其余的人表示未想好。

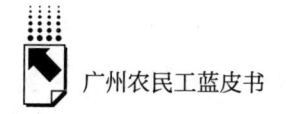

调查对象中有2.9%打算去村级地区，7.1%打算去乡镇地区，10%打算去县级城市，12.9%打算去地级城市，18.6%打算去省会城市，2.9%打算去直辖市，其余的人表示未想好。8.5%的调查对象在广州本地购买了住房。

四 创新社会治理与服务农民工融入的广州模式

（一）不断调整积分落户政策，实现两个转型

具有中国特色的人口流动方式自20世纪80年代以来，从中西部地区向改革开放的前沿——珠江流域的城市汹涌而至，农民工的数量在某些城镇已经超过本地人口数倍。然而，农民工进城就业多处于一种无序状态，即一种非正规渠道就业，他们的转移成本和就业成本很高。根据哈耶克的"自生自发秩序"理论，要求政府在农民工市民化过程中扮演指导者角色，要求政府管理者在农民工市民化过程中扮演服务者角色。因此，探索农民工有序市民化的广州模式，既具有地方特色，更具有全国意义。广州模式旨在以农民工市民化为主线，以农民工需求为本，以农民工服务为中心，以创新开拓为前提，实行"居住证+积分入户+有序流动+公共服务"的原则，以居住证制度管理和服务来穗务工人员，以积分制方式优选来穗拟落户人员，以总量有序控制年度来穗落户人口。逐步形成"党委领导、政府负责、企业协作、社工服务、社区认同"的中国经验。具体体现在：广州市委、市政府高度重视农民工的管理与服务工作，于2014年成立"广州市来穗人员服务管理局"，政府加强对劳动力市场和就业市场的管理，确定农民工就业工资增长指导线，建立企业欠薪保障机制，建立"医疗养老双保"制度，实施广州"金雁"安居工程，支持社会力量建设"员工村"，实行私房出租区域统一指导价；将农民工纳入城市社会福利体系，包括住房保障、失业保险、社区养老等社会福利；适度发展民办教育，让农民工子女进城有书读，营造农民工"成长、成才、成家"的良好社区氛围；建立农民工教育补偿与融入教育机制，建立农民工

教育支柱群；建立农民工接纳机制，实现农民工共建共治共享的融入模式。

2014年7月30日，国务院印发的《关于进一步推进户籍制度改革的意见》中指出："针对城区人口500万以上的城市现行落户政策，建立完善积分落户制度。"而广州市的积分入户政策是一个创举，理念先进且为流动人口的落户提供了通道。2010年11月广州市政府颁布了《广州市农民工及非本市十城区居民户口的城镇户籍人员积分制入户办法（试行）》，这是广州市积分入户制的第一个政府文件。2015年2月，国家发改委等11部委印发了《国家新型城镇化综合试点方案》，广东省出台了《关于进一步推进户籍制度改革的实施意见》，紧接着，广州市创新积分入户制度。广州市积分入户制，是一项综合考虑来穗人员各方面特点，以管理和服务来穗人员为特征，采用定性和定量相结合的方法，使在城镇稳定就业和居住的农民有序转变为城镇居民的政策。2017年11月29日，广州市来穗人员服务管理局发布《广州市来穗人员积分制服务管理规定（试行）》及实施细则（征求意见稿），并指出，积分制是指通过设置积分指标体系，对持有在本市办理且在有效期内的《广东省居住证》的来穗人员，根据其个人情况和实际贡献进行积分，并对积分申报、调整、使用等进行服务管理。积分制的积分指标体系包括基础指标、加分指标和减分指标三部分，积分申请人除享受广州市规定的基本公共服务外，积分达到相应分值后，可按规定申请广州市居民户口、为随迁子女申请公办学校或政府补贴的民办学校小学一年级和初中一年级学位、申请承租政府公共租赁住房、享有广州市规定的其他权益和公共服务。

从积分入户制度来看，评分机制中更加注重个人的已有学历或技能。以广州市2016年积分入户指标中，本科以上学历为60分、大专或高职为40分、中技/中职或高中为20分，初中及以下没有分值。在城市发展过程中，不仅需要人才，高素质人力资本的培养更为关键，每个城市有责任、有义务将现有流动人口培养为未来的人才，从而以反哺的方式促进城市的发展。同时，将相关评分表进行调整与完善，降低学历等门槛，重视未来的培育，为更多的流动人口打通市民化的通道。

广州市政府不断调整积分入户政策以满足更多外来人口实现落户广州的

愿望。首先，积分落户指标不断增加，2011~2014年积分入户指标每年3000名，后来逐年增加，到2016年增加到6000名。其次，积分入户政策不断调整（见表6）。

由表6可看出，2011~2017年，广州市对积分入户政策进行了多次调整，主要有以下几个方面。

一是改变政策适用对象范围。2012年在2011年五项条件的基础上增加了两个条件："在广州办理就业登记"和"初中以上学历"。2014年又增加了两个条件："年龄必须是20~45周岁"和"要有合法的住所"。2014年社会保险的条件变得更为严格：要求在广州地区（或广东省）正在参加城镇基本养老保险、职工社会医疗保险、失业保险、工伤保险和生育保险，而且五项社会保险均已累计缴费满四年。外地转入社保、补缴社保不计算年限，重复参保期间也不重复计算年限。相反，就业登记的范围则扩大了，不仅包

表6 2011~2017年广州市积分入户政策的变化

类别	2011年	2012年	2013年	2014年	2015年	2016年	2017年
指标名额	3000个	3000个	3000个	3000个	4500个	6000个	6000个
基本条件	1.不违反计划生育政策，2.无违法犯罪记录，3.办理《广州市居住证》，4.缴纳社会保险，5.签订一年以上劳动合同。	增加：1.在广州办理就业登记，2.初中以上学历。修改：3.将"无犯罪记录证明书"调整为"无违法犯罪记录证明书"。	同2012年	增加：1.年龄必须是20~45周岁，2.要有合法的住所，3.就业登记还包括在广州辖区内办理了工商登记的企业出资人和个体工商户经营者。修改：1.五项社会保险均累计缴费满四年。	同2014年	同2014年	修改：1.年龄不超过45周岁，2.在本市有合法稳定住所；3.持本市有效期内《广东省居住证》，4.在本市合法稳定就业或创业并缴纳社会保险满四年，5.无违法犯罪记录。

续表

类别	2011年	2012年	2013年	2014年	2015年	2016年	2017年
分数要求	申请入户人员积满85分可提出入户申请。	同2011年	同2011年	同2011年	申请入户人员积满60分可提出入户申请。	同2015年	同2015年
指标体系	基本分 导向分 附加分：1.年龄 2.文化程度及技能 3.社会保险 4.住房 5.工种 6.行业 7.地区 8.毕业院校 9.劳动关系 10.社会服务 11.表彰奖励 12.投资纳税	同2011年	同2011年	同2011年	1.文化程度 2.技术能力 3.职业资格或职业工种 4.社会服务 5.纳税	同2015年	增加：1.创新创业 2.职住区域
排名规则	按照申请人积分排名。积分相同情况下，按在我市连续办理"广东省居住证"（含原"广州市暂住证"）的时间长短确定入户排名，如积分仍然相同，则按办理社会保险的时间长短确定入户排名。	修改：申请人积分相同情况下，按办理相关社会保险的时间长短确定排名，仍然相同，按连续办理居住证的时间长短确定排名。	同2012年	同2012年	修改：申请人只要在5个积分指标中累计总积分达到60分就获得积分制入户申请资格，然后按照在广州市缴纳社会医疗保险时间长短排名，如果缴纳社会医疗保险的时间一样，则再按照缴纳失业保险的时间排名。	同2015年	修改：根据申请人在本市缴纳社会医疗保险、办理居住证时间排名和年度积分制入户指标总量，确定拟给予入户人员名单。在本市缴纳社会医疗保险时间排名相同的情况下，按在我市连续办理《广东省居住证》的时间排名。凡经两轮排名后排序相同的，作并列排名处理。凡并列排名者具有同等积分制入户资格。

续表

类别	2011年	2012年	2013年	2014年	2015年	2016年	2017年
办理手续	申请人要到指定窗口递交纸质申请材料。	同2011年	1.申请人先在网上递交申请材料,然后再审核纸质材料。2.社保缴费、职称评定、技能证书等信息均可通过积分入户申请网站进行认证,申请者不需要自己到职能部门打印证明材料。	同2013年	无违法犯罪记录证明由公安机关统一进行查核,不再需要个人提交。	同2015年	高新技术企业或新型研发机构证书复印件。

括与用人单位签订了一年期及以上劳动合同且已办理就业登记的劳动者,还包括在广州辖区内办理了工商登记的企业出资人和个体工商户经营者。

二是优化积分指标和分值。积分体系仅保留了文化程度、技术能力、职业资格或职业工种、社会服务、纳税五大类指标。原来的年龄、住房、社会保险、表彰奖励、导向区域等加分项目均已变化,而且之前备受争议的捐款加分项目在2014年积分体系中也被取消,社会服务指标仅保留了献血和志愿者服务的加分。同时部分指标的分值也发生了变化。

三是更改积分排名规则。由原来按积分多少排名转变成按社保缴费年限排名。2014年积分入户政策中规定申请人员只要在5个积分指标中累计积满了60分后,即可获得申请资格,然后按照在广州市缴纳社会医疗保险的时间长短排名,如果缴纳社会医疗保险的时间一样,则再按照缴纳失业保险的时间排名。

四是简化一些办理程序。申请人可以先在网上递交申请材料，然后再审核纸质材料。在广州市范围内的社保缴费、职称评定、技能证书等信息均可通过积分入户申请网站进行认证，申请者不需要自己到职能部门打印证明材料。"无违法犯罪记录"由公安机关统一进行查核，不再需要个人提交。

广州市的积分入户制度开启了"破冰之旅"，对我国特大城市户籍改革具有重要意义。广州市积分入户制度，为来穗人员落户城市提供了一个公平、公正、透明、可操作的制度平台。广州市的积分入户制度源于农民工的入户政策，政策不仅包括人才和资本入户的选择性指标，还包括了参保情况、居住情况和社会服务等普惠性指标，为普通农民工打开了市民化的大门，使农民工看到进城的希望。积分入户制度还突破了地域限制，不仅对省内流动的农民工适用，对于跨省流动的农民工也同样适用。

广州积分入户制度实现了两个重要转型，即实现来穗农民工从"被动接受服务"向"主动接受服务"转型、实现从"农民工身份"向"市民化身份"转型，从而开辟了农民工落户城市的新渠道，为他们提供扎根广州、融入广州的机会，提升他们对广州的归属感，逐渐做到"人的城市化"，达到解决广州新型城镇化的核心问题。广州积分入户制度打破了户籍壁垒，对特大城市公共服务供给侧改革具有积极作用。

（二）积分与居住相结合，推动多层次公共服务供给侧改革

在短时间内，实施积分入户政策并不能覆盖所有流动人口，因此，可以在推行积分入户政策的同时，结合居住证制度，为流动人口提供不同层次的公共服务，推动多层次、系统性的公共服务供给侧改革。具体而言，在城市逐步推进"多台阶（进入）、渐进式（享有）"的权利获得方式，稳妥地赋予相关权利，当流动人口履行一定年限的相关义务后，可享有与原户籍人口同等的地方附加权利，对低保和保障性住房等社会救助设置相对较高的门槛，根据具体权利特性，规定申请者必须履行的最低社保缴费年限、缴税年限或居住年限等。

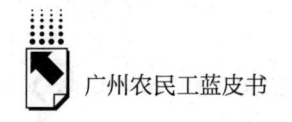

1. 建构共建共治共享新格局，提升农民工融入广州的获得感

2018年3月7日，习近平总书记在参加十三届全国人大一次参议广东代表团审议时，要求广东在营造共建共治共享社会治理格局上走在全国前列，并对新格局提出了明确要求。习近平总书记的重要讲话是统领广东经济社会发展的总纲，赋予了广东新时代社会建设的新使命，我们要在新起点上奋力开创广州农民工共建共治共享的社会治理新格局。

广州市作为地处中国改革开放前沿的广东省省会、国家中心城市，是广大寻梦人的热土。广州在加强农民工服务管理方面，一直致力于推进来穗人员享受基本公共服务均等化，不断提升来穗人员的融入感、获得感和幸福感，在创新服务理念、整合服务资源、完善服务政策方面创新地方特色模式。

(1) 积分：特大城市户籍制度改革的新突破

广州积分入户政策规定，凡持有在广州市办理且在有效期内的《广东省居住证》的积分申请人，若符合积分制入户的具体条件和要求，可申请积分制入户，具体入户分值按当年指标计划确定。《广州市积分制入户管理办法》纳入广州市迁入户政策体系。

相比其他中小城市，广州作为特大城市就业机会更多、公共服务更广泛、社会保障体系更完善、教育等公共资源更充裕、户籍含金量更高，对来穗人员的吸引力就更大，落户需求也就更旺盛。广州面对人口涌入和资源承载的压力，完全放开户籍并不现实。因此，解决特大城市入户需求和城市供给之间的矛盾成为户籍改革的攻坚点。

农民工在享受地方政府提供的公共服务的同时也为流入地的发展做出了贡献。广州可以参考积分入户的经验为农民工提供公共服务，以居住证为载体，逐步开放农民工的公共服务。首先为领取居住证的农民工提供一部分公共服务，这样可以增加农民工领取居住证的积极性。利用居住证可以很方便地对农民工进行管理，可以减少很多不安定因素的发生。一旦农民工领取到居住证以后，则可依据居住证的居住时长对农民工的公共服务分为几个不同的档次，居住时间越长享有的公共服务越多，相应的居住时长越短享有的公共服务越少。

广州的积分入户政策倡导一种公益服务，参加社会公益服务不但利己而且利人，在帮助别人的同时，自己也收获了很多快乐和满足。例如参加献血不仅能在关键时候救人性命，并且在一定情况下献血者可以享受用血优惠政策，这也是一个未雨绸缪的事情。因此积分入户政策应当赋予公益服务更多的权重，增加其对积分入户的分量，这样不但可以提高积分入户申请者参加公益服务的热情，也能促进公益活动的发展。具体的做法可以把公益活动的参加次数或时长换算成医疗保险的缴纳月份，这样公益活动也成为申请者是否入户的决定因素之一。比如把1次献血换算成缴纳医疗保险1个月，把参加义工服务和志愿者服务每满50个小时换算成参加医疗保险1个月。此外，还可以把无偿捐献、爱心慈善、文明孝道等公益活动也纳入积分入户政策中。

（2）创新：多元共治社会化的广州格局

第一，加强和改善多元共治，推进社区治理社会化。进入共治新时代，实现共治的社会化尤其重要。共治的社会化，即社会治理主体的多元化、治理利益多元化、治理手段和治理目标多元化。在社会化共治中，政府主体＋市场主体＋社会主体等多元主体，包括占广州一定比例的农民工，发挥本地人与外地人共同建设广州，参与治理的精神，通过平等协商、合作共赢的方式，根据各种不同的社会利益，达成国家、社会与个人之间良性互动与成果共享的目标。

第二，支持社会组织在供给侧改革中发力。广州在经济结构调整之后，公共服务的供给侧与市民群众的需求侧平等且充分配置，农民工为共建共治的创新发挥了重要作用。因此，广州在培育社会组织，发挥社会组织和其他服务供给主体的协同作用时，把农民工的社会服务纳入政府购买服务体系之中，使得社会组织在供给侧改革与农民工需求侧平衡且充分服务中继续发力。

第三，拓展农民工参与广州社会治理的途径和方式。广州是改革开放前沿阵地，是农民工人口聚集的大都市，也是基层治理的重要力量。习近平总

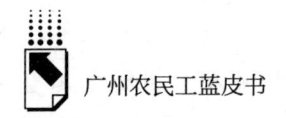

书记指出，要抓基层、强基础，还要进一步拓展农民工参与社会治理的途径和方式。广州较早地把农民工吸纳为党代表、人大代表、政协委员，在村居"两委"干部中，配备了一定数量的农民工，他们在融入广州和在参与社会治理中发挥了重要作用。

2. 推进"积分+服务"工程，提升农民工的认同感

进入新时代，人民对美好生活的期盼日益增长，支撑这些期盼就是共建共治的胜利果实。广州坚持共享发展理念，抓住基本公共服务均等化这个主攻方向，将互联网、人工智能、大数据等现代化设施的各种硬件、软件建设，特别是在资源环境、脱贫攻坚等方面，使之服务于广州民众，着力解决人民群众关心的教育、就业、医疗卫生、社会保障等问题，统筹推进户籍制度改革，让共建共治成果更好地惠及在广州工作和生活的民众。农民工"积分+服务"可以分为"底线均等服务"和"基本均等服务"两个层次，确保农民工"底线均等服务"，并在发达的市区率先实现"基本均等服务"，为此，广州市通过"积分+服务"的方式，提升农民工融入城镇的认同感。

当前农民工流动的主要原因是务工经商，就业是他们在城市中生活的最重要的前提。为农民工提供公平就业服务是最基本的公共服务，也是农民工融入城市的"基本民生性服务"。首先，需要为农民工建立公平的就业机制，统一就业介绍和相关服务的标准。其次，建立就业信息发布制度，并通过社区等渠道对农民工及时地推送不同类别的相关信息，保障农民工求职安全并尽量缩短求职时间、减少求职成本。最后，规范管理劳动派遣机构，完善劳务派遣的保障制度。

文化技能服务是农民工融入城镇的核心要素。当前以政府供给为主的单一供给模式很难满足农民工的公共文化服务需求，建议政府、市场、社会三者的协调合作，构建以政府提供为主，政府引导企业、市场和社会提供相结合的供给体制，采用政府"权威型供给"、市场"商业型供给"和社会第三部门"志愿型供给"相结合的方式，实现以公共文化需求为导向的公共资源配置机制。

3. 推进"积分+入学"工程,提升农民工的归属感

广州积分入户制规定,凡持有在广州市办理且在有效期内的"广东省居住证"满一年的积分申请人,可为其随迁子女申请入读公办学校或政府补贴的民办学校小学一年级和初中一年级学位,具体入学分值由各区按比例指标计划确定。且减分指标的减扣积分不适用于"为随迁子女申请公办学校或政府补贴的民办学校小学一年级和初中一年级学位"的公共服务。

各区政府负责组织本行政区域内随迁子女义务教育工作,应根据《广州市人民政府办公厅关于进一步做好来穗人员随迁子女接受义务教育工作的实施意见》和《广州市来穗人员积分制服务管理规定(试行)》的要求,结合辖区实际情况制订具体实施方案。

4. 推进"居住证"工程建设,提升农民工的自豪感

不断强化居住证制度建设,并将相应服务与居住证挂钩。充分运用社会化、规范化、精细化等工作手段,以信息化建设的深度开发和应用为引领,赋予居住证以特有功能。完善以居住证制为载体的农民工服务的配套政策,逐步扩大对农民工的公共服务内容,最终实现农民工的市民化待遇。

探索积分制服务模式。近年来,广州在推进农民工融入城市过程中作出了积极探索。农民工持居住证,根据参与城镇建设、义工服务贡献大小,按积分多少,申请入户、入教和入居。通过农民工服务管理中心及服务站,健全农民工动态管理机制,落实"以证服务人"的方式,实现农民工管理由静态管理向动态服务转变,积极推进农民工基本公共服务均等化。

(三)拓展社会工作服务,提高农民工社会融入水平

广州从2009年开始,通过政府购买社会工作服务方式,在各街(镇)设立家庭综合服务中心,其中一项重要服务领域就是农民工服务。

1. 倡导农民工社会政策的制定与执行,调适农民工心理问题

社会工作者是推动农民工社会政策制定的倡导者。目前,包括广州在内的我国大部分城市农民工的生活保障和劳保福利尚不完善,调查中我们发现,中国大部分农民工缺乏基本的五险,并且基本没有住房公积金。对此,

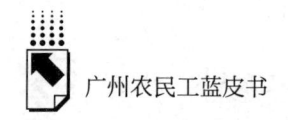

社会工作者应推动制定和完善保障农民工社会保障和福利的政策，并向农民工推广相关政策，协助办理相关保障。除此之外，也倡导社会爱心组织和人士加入，帮助农民工中的特殊困难群体。

此外，社会工作者还是农民工心理问题的调适者。当前农民工在城市生活压力大、难以融入城市生活，从心理学角度来讲，这种巨大的差异与隔阂容易产生"镜中边缘人"心理、受偏见心理、被剥夺心理等心理问题，个别心理问题严重的甚至会产生精神失控，有可能做出危害社会的犯罪行为。从一些极端的事例来看，跳楼的农民工进厂时间比较短，多数是从学校到工厂，从家庭到社会，存在社会阅历浅、抗压能力差、心理脆弱等问题，由于缺乏沟通，过大的压力和高强度的劳动，对于对未来充满迷惘的新生代农民工来说，这都是冲垮他们精神底线的重要因素。这时候，迫切需要社会工作者扮演心理医生的角色，运用个案工作、小组工作和社区工作方法，为农民工个人及其家庭或农民工群体调适心理问题。

2. 维护农民工权益，重建农民工城镇社会信任

社会工作者是农民工合法权益的维护者。大多数农民工缺乏法律意识，当其权益受到侵害时，多数是寻求在农村建立起来的社会关系，甚至为维护自己的合法权益而以身试法。社会工作者可以运用专业知识，研究并促进有利于解决农民工就业、社会保障、子女教育等问题的社会政策的制定，维护农民工的权利与权益。

社会工作者是农民工城镇社会信任的重建者。有些政府职能部门和就职单位对农民工的人文关怀工作不足或者滞后，一些农民工对政府和企业缺乏信任感，这在农民工的"工资拖欠"问题方面体现得淋漓尽致，也因此出现"民工荒""日薪制"等。社会工作者可以协调三方利益，协助重建政府、企业与农民工之间的信任关系方面。

3. 整合农民工服务资源，开发农民工城镇发展潜能

社会工作者是农民工服务资源的整合者。农民工社会工作就是社会工作者通过对农民工生活社区背景的了解，充分整合社会资源，帮助农民工满足其城镇生活的需求和愿望。近年来，我们在广州某街道创设农民工社会服务

中心，开展专项农民工服务。近些年，广州粤穗社会工作事务所探索的"一家两校"（农民工服务之家、农民工技能培训学校和农民工子女430学校）模式，有效提升了农民工的社区认同感和归属感。

社会工作者是农民工发展潜能的开发者和使能者。社会工作者认为，每一个处于弱势地位的农民工都具有潜在的优势和实现自己价值的能力。相对而言，针对农民工的社会工作在本质上是一种专业服务，其基本任务是对有困难、有需求的农民工提供有效支持，挖掘他们的潜能，发挥他们的积极作用，帮助他们解决问题，依靠自己的力量走出困境，顺利融入城镇社会，实现有序市民化目标。因此，社会工作者致力于通过专业价值理念、专业方法技巧，挖掘农民工自身的潜能，帮助农民工转变观念，正确认识自我，更好地融入城市社会。

（四）发挥市场作用，加强出租房屋和劳动市场管理

党的十九大提出发挥市场在资源配置中的决定性作用，这包括农民工劳动力市场和公共服务供给市场，只有这些资源配置的市场化、多元化、科学化，才有农民工的市民化。因此，我们不能仅仅是在积分入户问题上做文章，关键是农民工的公共服务供给和需求如何配置。广州市农民工规模庞大并保持增长的趋势，广州市政府不断改革积分入户政策，并同时拓宽社会保障范围，以构建一个身份、待遇、权利同一的新市民制度。

1. 推动健康住房建设，加强出租房屋管理

一线城市高企的房价，一定程度上影响了流动人口的安居与乐业。广州市房价高、农民工未能纳入住房保障体系的问题是全国各大城市面临的普遍问题。高房价收入比和不完善的租房市场，使住房市场与人力资源市场形成错位，如果商品住房市场排斥对城市发展具有长远意义的战略性人力资本，则不利于城市可持续发展。

对此，我们建议广州市借助城中村改造和保障性住房建设双重体制，建设一批可支付性健康住房，将城市建设与为流动人口提供小面积健康住房相

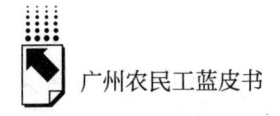

结合，租金设置在他们可以承受的范围之内，并且尽量建立健全室内生活所需的基础设施（如独立小厨房、洗手间等）。

此外，需要强化租房管理系统。构建出租房屋管理系统，完善出租房屋信息系统，加强管理机制，保障流动人口居住环境的安全。要加强出租屋管理，实现以屋管人、管事。对此，社区需要掌握辖区内出租屋数量、租住外来人员信息等情况，实行"报备式"管理，对房东、租住者等的基本信息都进行上报。规范对房屋业主主体责任的监管和约束，整治房屋中介，遏制群租行为。同时，可以借鉴北京市朝阳区建公租房的模式，公租房集中且好管理，能更好地掌握流动人口的信息，便于管理。

2. 加强人力资本积累，规范劳动市场管理

从广州市农民工目前情况来看，超过一半的人是初中以下学历。以教育为核心，从国家发展角度来讲，与社会经济发展、人口健康水平的提升具有正比关系；从农民工个人角度来讲，受教育水平低不仅不利于职业发展，甚至会使其在产业结构升级中被淘汰；从广州市发展角度来讲，劳动力人口受教育程度的提升有利于提高产业效率、推动产业升级，从而有效推动广州市的综合发展。因而，我们建议，针对包括广州市农民工在内的就业人口建立全新的职业培训体系，构建长效职业培训机制，保障农民工拥有顺畅的经济上升通道。

强化就业规范化管理，保护青年流动人口合法权益。凸显劳动合同的重要性，加强农民工劳动法意识的宣传工作，并普及签订劳动合同的相关法律政策。对于用人单位而言，要加强合同管理。政府要加强监管用人单位对农民工社会保险的缴纳等，保障其合法权利，对于违反规定的用人单位一定要严格处理。同时，保障农民工在应聘等环节的公平待遇，消除户籍歧视，保障劳动安全，保障合理的法定的劳动时间，对于超时加班，需支付合理的加班费用。通过一系列合理公平的制度，保障农民工的平等就业机会和职业发展，以帮助他们完成自我实现需求，更好地融入城市。

B.2 开创农民工随迁子女教育共建共治共享的广州新格局[*]

谢建社 等[**]

摘　要： 作为国家中心城市、珠三角地区门户，广州吸纳了大量外来务工人员。现在的问题在于农民工随迁子女日益增长的教育需求与教育资源的不充分、不平衡的差距比较大。农民工是现代广州城市的建设者，是共建共治共享中的有生力量。农民工生存与发展及其子女教育问题，已经引起了广州市委、市政府领导的高度重视。本研究以新时代中国特色社会主义发展理论为指导，以农民工子女早期社会化问题为导向，深入广州市白云区、天河区、海珠区、荔湾区等区域开展"流动的花朵"和"飘飞的蒲公英"专题教育调查研究，探讨新时代农民工随迁子女共享受教育资源的问题，并对此探讨创新且可操作的途径与方法。

关键词： 农民工子女教育　教育结构　广州模式

---

[*] 本文是国家重点社科基金项目"基本公共服务供给侧改革与农民工需求侧获得感提升研究"（17ASH001）、广州市来穗人员服务管理局委托项目"广州市来穗人员随迁子女教育现状及对策研究"的阶段性成果。

[**] 谢建社，社会学博士，广州大学公共管理学院教授、博士生导师，主要研究领域为流动人口与城乡融合研究。参与本文写作的人员有郭光前、陈穗杰、姜磊、谢宇、胡蓉、谢颖、谢棋君、陈玉燕、陈薇、隆惠清、李闯莲、雷艳辉、黄静瑜、吴凤琴、陈婷婷、袁淑芬、林淑琪、林嘉敏、胡文靖、郑怡清、吴倩等。

广州是改革开放的前沿大都市,是国家重要中心城市、珠三角地区门户。改革开放40年来,广州吸纳了大量的农民工。截至2018年6月,广州登记农民工为975.15万人,其中最多的区是白云区,达到252.5万人,超过全市农民工人口的四分之一,与之相应,白云区也是农民工随迁子女最多的区。调查组用了一个月时间,深入白云等7个区调研,发现农民工随迁子女日益增长的教育需求与教育资源的不充分、不平衡发展的差距比较大,从而影响农民工融入城市的获得感。

改革开放40年来,农民工子女教育政策不断调整,从改革开放之初的"管制"取向,到改革开放中期的"差别对待",再到新世纪的"两为主"原则,农民工子女平等教育理念随之不断提升。进入新时代,党和国家领导人高度重视农民工子女教育问题。习近平总书记在十九大报告中提出,推动城乡义务教育一体化发展,加强青少年享有公平而有质量的教育。全国都在积极响应习近平总书记的号召,通过扶贫途径,开展"原野计划"和"牵手行动",把习近平总书记的关怀送到千万个农民工子女身边。

农民工是现代广州城市的建设者,是共建共治共享中的有生力量。然而,农民工的子女教育问题已经成为他们融入广州城市的重要问题,关乎农民工的城市认同、教育水平和文化素质提升,关乎社会公正公平教育的实现,关乎广州城市产业工人整体发展后劲和新时代发展水准。因此,农民工随迁子女教育问题引起了广州市委、市政府领导的高度重视,要求各城区中小学校扩大招生规模,通过积分入学等方式解决农民工随迁子女教育问题。

农民工随迁子女教育状况构成了未来广州城市社会发展的基础。2016年1月,广州率先实施"融合行动计划",计划用5年时间,稳步有序地全面推动农民工在人文关怀、思想认同、心理悦纳、政治参与、乐业奉献等领域的全方位社会融合,有效促进农民工"个人融入企业、子女融入学校、家庭融入社区"。2017年,首次在全市11个区全面实施农民工随迁子女积分制入学,共有2.5万名随迁子女入读公办学校或政府补贴民办学校义务教育起始年级学位。因此，农民工随迁子女在共建共治共享中接受教育之对策研究，对于广州城市现代化发展具有重要的现实意义。

一 广州农民工随迁子女教育现状及其分析

进入新时代，新一代的农民工与老一代的农民工相比发生了重大的变化，新一代的农民工举家迁移渐成趋势，夫妇携子女在流入地居住、生活已成为当前人口流动的主要特征。在农民工随迁子女教育现实问题的基础上进行分析，我们研究发现农民工随迁子女教育存在的问题，突出表现在农民工随迁子女的教育公平和机会均等制度的不完善、农民工随迁子女没有在流入地的义务教育的同等待遇。具体体现如下。在新户籍制度改革初期，社会政策和制度逐步完善，农民工随迁子女义务教育政策不断调整，采取了一系列解决入学问题的对策，但是相关法律缺少保障农民工随迁子女教育权利的具体条文规定和实施细则，流入地政府、学校和家庭所承担的教育资金压力过大，严重影响义务教育的可持续发展。由于公办学校学位紧张，目前农民工随迁子女入学难题仍然难以解决。针对农民工随迁子女教育存在的现实问题，本课题组研究人员从政府、学校、家庭和社会四个维度系统地分析和研究，提出了解决农民工随迁子女教育问题的对策，特别是政府教育职能的行使，义务教育"两为主"政策的落实。因此，广州各级政府应在完善教育制度改革、健全义务教育规章制度、增加义务教育经费等方面给予大力支持；同时营造广州市区公办学校构建平等的义务教育环境、加强民办学校教育的扶植和管理、增强德育教育和心理辅导以达到教育公平的局面。

调查组深入白云区、天河区、海珠区、荔湾区、番禺区、从化区、花都区、增城区等地展开调查，通过随机抽样，共有调查问卷589份（有效问卷568份，有效率达到96.5%），举办座谈会26场（参加人数达到390多人），访谈对象35人。

表1 农民工随迁子女调查抽样情况

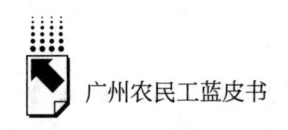

类别	被调查人次	百分比(%)
白云区	270	44.1
天河区	120	19.5
海珠区	75	12.2
荔湾区	36	5.9
番禺区	42	6.9
从化区	23	3.7
花都区	25	4.1
增城区	22	3.6
合计	613	100.0

从表2的抽样调查结果看,农民工随迁子女在男女性别上基本相等,分别是49.2%和50.8%。

表2 农民工随迁子女性别情况

类别	人数	百分比(%)
男	280	49.2
女	288	50.8
合计	568	100.0

调查发现,农民工随迁子女教育问题是一个涉及家庭、影响社会的重要问题,广州市委、市政府领导高度重视,要求农民工与本地人一起共建共治共享胜利果实,建构一个充满和谐与激发社区活力的新广州。

(一)农民工随迁子女教育供需矛盾突出

1. 农民工随迁子女入学人数逐年增加,义务教育压力大

据统计,2017年广州市义务教育阶段学校在读农民工随迁子女共64.24万人,占全市在籍学生的50.7%,已经超过广州市户籍学生数,且比2011年增加了15万人,平均每年增加超过2万人。

白云区由于特殊的地理条件,吸引了大量的农民工。白云区的农民工随迁子女数量在全市所占比例比较高。白云区和海珠区、天河区3个区需要通

过民办学校解决部分符合条件的农民工随迁子女入学问题。由于农民工数量增加,这三个区义务教育的基数也在不断增大,因此,需要以政府补贴民办学校的形式解决的农民工随迁子女学位数量也在增加。在访谈中发现,白云区农民工就其随迁子女义务教育问题反映比较多的是户籍问题、择校问题和赞助费问题,所占比例分别是30%、14.8%和12.2%。

为了解决义务教育的供需矛盾,有的学校通过增加借读费或捐赠费的方式把贫困的学生排斥在门外。在访谈中了解到,农民工的愿望只是让自己的孩子能与流入地的孩子享有一样的教育资源。调查发现,有1/4的农民工家长认为学杂费较高。按照国家和省市现行政策,农民工随迁子女不管上公办学校还是民办学校,都是不交费的。但是,在实施过程中仍然存在变相收费问题。

2. 农民工随迁子女入学总体需求逐年增加且难以预测

积分入学是农民工随迁子女入学的一个重要途径,以公办学校和政府补贴的民办学校学位解决随迁子女入读小学一年级和初中一年级的比例(2017年达到50%)逐年提高。海珠区、天河区和白云区3个区的情况显示,通过民办学校解决部分符合条件的农民工随迁子女入学问题是可行的。因此,需要以政府补贴民办学校的形式解决学位的区还会增多。

由于农民工随迁子女的流动性较大,对于学位的需求具有动态性,难以精准预测。

3. 白云区等部分区域已出现公办学校学位紧张现象

调查发现,庞大的农民工聚居在白云区,加剧了白云区公办学校学位资源紧张的现象,如果仅仅依靠一个区级政府的财力和物力来解决确实是一个难题,因为教育的背后涉及大量财政投入以及教育资源的利用问题。有学者算了一笔账,以小学阶段的义务教育为例,小学一年级增加1个班,相应就要增加6个(一至六年级)班,按主课语数英史地配备就得增加30位老师。如果解决300名农民工随迁子女读书问题,按1个班50人计算,一年级至少要增开6个班,那规划上其实要增加36个班,无论是校舍,还是财政经费都是一个极大的难题。

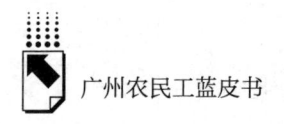

每年3、4月，农民工就开始盘算越来越紧张的公办学校学位问题。由于学位紧张，若某一学校不能提供学位，则由教育局统一安排需要被统筹的学生，于是出现统筹和被统筹现象。统筹是指安排学生进入相应的学校，但不一定是相同居住地户籍生所对口的学校。从2018年广州市各区公办小学报名数据来看，全市共计90所公办小学学位紧张，其中白云区就有19所，占全市的21.1%（见表3）。

表3 2018年广州市各区小学学位紧张情况

全市	荔湾区	白云区	海珠区	番禺区
90所	3所	19所	1所	5所

注：本表为不完全统计。

4. 市区两级财政压力渐显

20世纪90年代以来，在分权化的财政制度安排下，我国义务教育的财政投入不足与地区差异问题日趋严重。进入21世纪以来，中央政府在义务教育财政领域分别实施了两次重大改革，即2001年的"以区县为主"改革、2005年的"新机制"改革。改革实施至今，原有的教育财政投入不足与地区间差异问题虽得到了一定的缓解，但改革的实际成效在很大程度上取决于基层政府面对改革所做出的财政行为反应，也就是说，义务教育财政支出的主体是区县一级政府。

以白云区为例，2018年在校生中，农民工随迁子女入读民办小学生数达到55596人，参照白云区政府的积分入学补助标准，即小学每生每年0.5万元补助，市区两级财政共需补助约2.78亿元，不考虑逐年递增因素，小学6年后，市区两级财政共需补助约16.68亿元。

（二）农民工随迁子女教育结构矛盾突出

吉登斯把结构视为规则和资源的统一，而能动性涉及行动者的一种转换能力，即能动性不仅仅指人们在行动中所具有的意图，而是首先指他们行动中的能力。

1. 从教育结构视角看农民工子女教育

教育结构特别是教育过程的结构是一种复杂的双重结构。第一，在总体上，承担教育活动的教育者是教育主体，受教育者是教育客体，具有意向性意义和认识意义。第二，在具体的操作过程中存在一种层级结构，即教育主体——教育客体——教育主体。农民工子女教育的缺失所反映的是中国城乡二元社会结构中的教育权益和教育权利的问题。

调查发现，54.9%的农民工家庭月收入在7000元以下，也就是说夫妻2人平均工资是3500元/月。同时农民工在城市的日常开支也是比较多的，根据统计资料，农民工在广州的支出主要用于吃、住、行、孩子教育、通信费、人情交往等，44.8%的家庭月支出在2000元以上，这必然导致农民工对子女的家庭教育缺乏经济上的保证，从而影响孩子的教育质量，产生了流出地与流入地教育的差距（见表4）。

表4 广州农民工家庭的月收入

类 别	人 数	百分比(%)
4000元及其以下	85	15.0
4001~7000元	227	39.9
7001~10000元	138	24.4
10001元及以上	118	20.7
合 计	568	100.0

2. 从能动性视角看农民工子女教育问题

第一，和谐氛围中潜伏着不和谐因素。由于城乡教育理念和实施教育的差距，使处于同一个班的城乡两地孩子的生活方式、学习习惯、认知能力、语言表达等方面出现了一定的差异。

第二，健康成长中带来异常心理。农民工子女具有自卑感，自我认同低，自我封闭、心理压力大、人际交往能力弱、城市教育不适应等心理问题。

第三，教育方式与城市的脱离。农民工沿袭传统的教育观念和传统的教

育方式对待其随迁子女，即"棍棒教育"等不科学教育观念的影响，导致他们对子女的家庭教育方式有失理性和科学。

第四，教育认知的偏差。大多数农民工家长认为把子女送进了学校就是送进了"保险箱"，认为培养和教育孩子属于学校的应尽之责。农民工把教育孩子的责任全部推给了学校，主要表现为：家长从不主动与学校沟通，对孩子的学习情况不闻不问。

值得关注的是，由于接受教育的差距对应着收入的差距，教育不公平的因素会导致受教育者的就业和收入不公平，从而形成恶性循环，影响社会的利益格局，留下城乡之间、区域之间、阶层之间人际关系紧张的隐患，影响社会和谐和稳定。

3. 从学位结构看农民工随迁子女入学计划需要动态调整

按照国家"两为主"要求，农民工随迁子女要以公办学校为主，但实际上，广州市农民工随迁子女人数多，民办学校是解决农民工随迁子女接受义务教育的重要途径。2017学年，全市共有民办学校364所（中学210所，小学154所），共有36.09万名非广州市户籍学生在广州市民办义务教育学校就读，占非广州市户籍学生人数的57.4%。2018年，广州市的海珠区、天河区、白云区等地仍然需要通过补贴民办学校学位的方式解决符合条件的农民工随迁子女接受义务教育问题。从表5可见白云区义务教育阶段学生的分布情况，在小学阶段，有55.3%的学校是公办学校，而非穗户籍学生占公办小学总学生数的28.5%；再看初中阶段，有62.9%的学校是公办学校，而非穗户籍学生占公办初中总学生数的27.4%，这与"两为主"的要求甚远。

表5 广州市白云区义务教育情况统计

类别		学校数（所）		学生数			
				广州市户籍		非广州市户籍	
小学	公办	104	55.3%	56334	72.9%	22144	28.5%
	民办	84	44.7%	20969	27.1%	55596	71.5%
初中	公办	39	62.9%	24036	73.2%	4867	27.4%
	民办	23	37.1%	8781	26.8%	12877	72.6%
小计		250		110120		95484	

农民工子女异地参加中考、高考新政策和二孩政策的全面实施，会让未来广州市中小学校的学位需求更加旺盛，学位供给将面临更大压力。看看广州市的兄弟市——深圳。2018年深圳市中小学校的学生缺口情况严重，公办小一学位缺口达6.1万个，公办初一学位缺口3000多个。深圳市现有的238所民办中小学，主要集中在原特区以外。为此，深圳的解决措施是新增的教育基础设施重点向原特区外倾斜，满足关外适龄儿童的上学需求。2017年深圳新增中小学学位的75%将放在原特区外，新增普通高中学位2.5万个，基本全部放在原特区外。2018年深圳计划新改扩建34所中小学，新增学位4.7万个，基本缓解学位结构问题。

据全国调查情况，2017年，义务教育年龄段农民工随迁子女的在校率为98.7%。从就读的学校类型看，小学年龄段的农民工随迁子女82.2%在公办学校就读，比2016年提高0.4个百分点；10.8%在有政府资助的民办学校就读，比2016年提高1.7个百分点。初中年龄段的农民工随迁子女85.9%在公办学校就读，比2016年提高2.7个百分点；9.7%在有政府资助的民办学校就读，比2016年下降0.4个百分点。[①] 因此，地方政府教育部门要关注教育结构问题，做好学位统筹的各项工作，采取有效措施，提高教育公共服务均等化的实施效度和实现程度，从而营造全体人民群众在共建共治共享中的新格局。

（三）农民工随迁子女难以享有均等的受教育机会

均等的受教育机会是衡量一个国家和社会的教育是否公平的重要指标，农民工子女的受教育机会具体反映在入学渠道、入学费用、入学资源等方面。调查发现，与城市孩子同处一校的农民工子女，由于户籍的影响，必须比城市孩子多缴赞助费和借读费，没有缴纳赞助费和借读费的农民工子女要么就读于城市中基础薄弱的学校，要么就读于城郊偏远的乡镇学校。

对于义务教育阶段的农民工随迁子女，55.8%的家长反映在城市上学面

---

① 国家统计局：《2017年农民工监测调查报告》，2018年4月27日。

临着一些困境。"费用高""本地升学难""没人照顾"是农民工认同度最高的三个主要问题，认同率分别为26.4%、24.4%和23.8%。其中，"费用高"和"本地升学难"的认同率比2016年分别下降了0.8个百分点和1.7个百分点，而"没人照顾"的认同率比2016年提高了2.4个百分点。这一点十分切合农民工工作和生活的实际，他们早出晚归，孩子没有人照顾，更谈不上对孩子进行作业辅导了（见图1）。

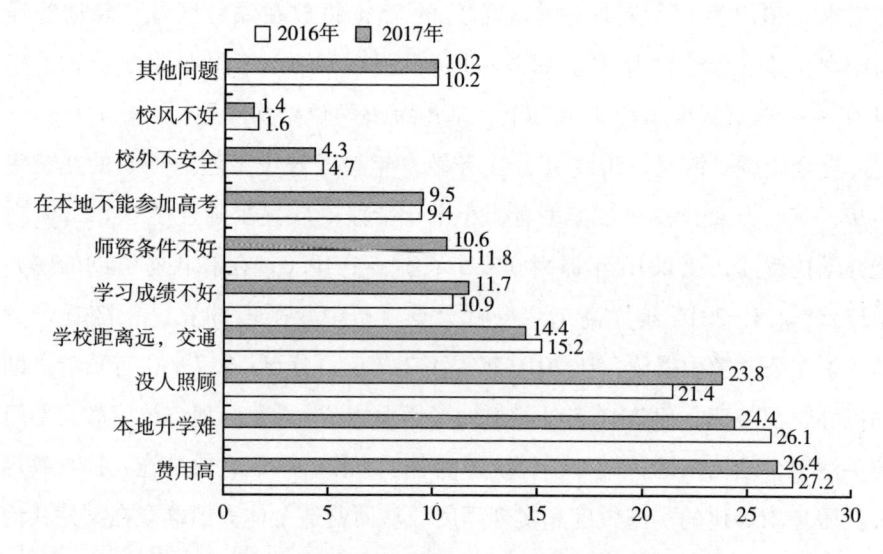

图1 义务教育阶段农民工随迁子女上学面临的主要问题

表6的调查显示，农民工受教育程度普遍偏低，也是其子女家庭教育受影响的重要因素。

表6 被调查的农民工学历情况

类 别	人 数	百分比(%)
小学及以下	25	4.4
初中	257	45.3
高中或中专	208	36.6
大学（包括大专或大本）	72	12.6
研究生（包括硕士、博士、博士后）	6	1.1
合 计	568	100.0

（四）农民工随迁子女"三高一低"现象严重

农民工最大的一个特征就是数量大、流动性强。调查发现，被调查的农民工子女转学频次在 1 次以上的达到 31.5%（见表 7）。

表 7　被调查的农民工随迁子女转学频次情况

类　别	人　数	百分比(%)	类　别	人　数	百分比(%)
0 次	389	68.5	4 次	22	4
1 次	107	18.9	5 次及其以上	6	1
2 次	26	4.6	合　计	568	100.0
3 次	18	3.0			

调查发现，被调查的农民工子女随迁后搬家的频次较高，搬家在 1 次以上的农民工达到 78.5%（见表 8），这是影响其子女频频转学的重要原因。

表 8　被调查的农民工子女随迁后搬家频次

类　别	人　数	百分比(%)	类　别	人　数	百分比(%)
0 次	122	21.5	4 次	33	5.8
1 次	132	23.2	5 次及其以上	19	3.3
2 次	161	28.3	合　计	568	100.0
3 次	101	17.9			

调查发现，新生代农民工跳槽的频率很高，平均每人每年要更换工作 0.45 次，而老一代农民工仅为 0.08 次，新生代农民工的跳槽频率是老一代农民工的近 6 倍。81.9% 的农民工都换过工作，其中有 44.3% 的人一年内换工作的次数高达 3 次。家长的工作岗位和工作地点不断更换和转移，导致儿童的转学率达 35.5%，其中母亲所带来的转学率达 27.5%。于是出现了流动的儿童、借读儿童和转学儿童，他们跟随父母南征北战，从一个城区流向另一个城区，有的在流动过程中成为失学儿童。转学、失学致使他们的入学年龄往往要比流入地的孩子高。这就是农民工随迁子女"三高

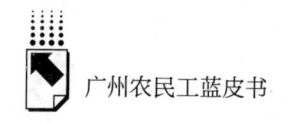

一低"现象,即入学年龄高、转学率高、失学率高、学习成绩低。我们的调查还显示,农民工随迁子女辍学现象也比较严重,他们多半继承父业,成为民工。

(五)农民工随迁子女所在的公办学校与民办学校的差异较大

1. 办学性质上的差异

民办学校即指私立学校,具有企业性质。由地产集团、民间教育投资或者外国人创办。民办学校需要优质的教育设备和一流的师资力量,以此来吸引孩子来入读。

民办学校在师资和设备上都需要花费较大的成本,相关部门的补贴也比较少,所以,民办学校的学费贵也就成了自然。学费不贵的民办学校,通常教学水平也是有限的。当然,也不能说学费贵的民办学校就一定好,主要还是看学校在师资建设上花费的精力和成本。

公办学校主要是指由国家政府部门举办的学校,学校所需资金基本全部来源于政府财政拨款。所以,在这方面公办学校的底气很足。而且其师资力量、教育水平也有较大的保障,特别是一些省级的重点学校,更是独得家长们的"宠爱"。

2. 学校师资上的差异

民办学校也有很多名校。它们能够成为名校,师资力量自然不在话下,老师们会想尽办法提高教学水平,但可能会有个缺点,就是教师的流动性很大,常常更换老师有时候会不利于孩子的教育,如需要重新适应另一个老师的讲课节奏等。就师资力量而言,民办学校和公办学校都各有千秋。

无论民办学校的待遇多好、工资多高,作为老师始终对公办学校情有独钟,每年有成千上万的老师为了进公办学校的编制而去考试。所以,经过层层选拔的公办学校的老师,质量自然是好的,最重要的是教师队伍相对稳定。

3. 教学质量上的差异

民办学校的教学内容更偏于西方化，比较善于挖掘孩子们的潜力。由于每个班的学生都相对比较少，所以更注重因材施教。教学模式新颖，除必需课程之外还开设了很多兴趣课，与家长的联系也会比较紧密。很多优质民办学校其实是为打造"精英"而生的，这里的教学内容丰富多彩，以至于学校的压力很大。比如老师用英语教学，而很多孩子却难以适应。

公办学校的教学内容严格遵循九年义务制教育的要求，为升学服务，极具规范性，由于班级人数较多，所以比较注重整体的教学水平。公办学校相对而言，学习压力没有那么大，孩子们更容易适应，比较有利于孩子的成长（不过有些名校的压力还是挺大的，因为尖子生实在是太多，竞争当然也就不言而喻）。但是在公办学校，孩子们也有家长为他们报各种课外补习班、兴趣班而带来的压力。

4. 办学条件的差异

公办与民办学校在办学条件上的差异，主要表现在教育资源的配置方面。因此教育改革就是将不平衡、不充分的教育资源重新合理配置，科学选择合理的、高效的教育资源配置方式，才能使有限教育资源的开发利用达到最佳效果。

第一，公办与民办学校资源需要科学对称。在广州，农民工及其随迁子女占广东全省流动人口的 1/3，但是国家在教育经费、教师编制、教育场所、教育设备等方面没有按新增农民工子女比例配套，而作为国家教育体系中的一种补充形式的民办学校主要是由社会力量创办，且自负盈亏，从而使得农民工的子女大多就读于民办学校，且承担一定数量的教育经费。

第二，城乡户籍制度导致农民工子女与流入地居民子女教育机会的差异。首先，户籍制度导致了教育起点的不公平，农民工子女与流入地居民子女受教育的起点就有差距，可以说不在一个起跑线上。众多的原因导致农民工子女与流入地居民子女难以享有同等的教育机会。其次，随着大批农民工向广州流动，农民工子女的数量急剧增加，这就意味着广州学校要提供基本的教育机会和条件，又由于广州学校数量有限无法满足农民工

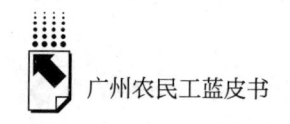

子女受教育的要求，同时农民工子女还要交纳借读费和择校费，这无疑对农民工造成经济上的压力，使大部分的农民工子女不得不面临辍学的选择，从而失去再进入学校学习的机会。

（六）农民工子女家庭教育的先天不足

1. 家长对子女的课外教育投入不足

根据调研团队在广州市白云区的调查了解，30～40岁的农民工达到78.5%，这个年龄段的人往往都是上有老下有小，养老和育小的经济压力特别大。农民工在城市拥有的经济资源、社会资源相当贫乏，由于城市生活的压力，所以对其子女进行的教育，无论是从理念上，还是教育方式上，无论是从经济投入上，还是时间保障上，都难以满足其子女教育发展的需求。具体表现在农民工子女买什么样的书，利用程度有多大，家长一概不问。

2. 家长对子女的教育辅导能力一般

从调研团队的调查情况来看，农民工的工作早出晚归，且劳动强度大，工作的疲劳使他们难以有精力顾及孩子的学习。调查显示，38%的农民工表示没有时间为子女辅导功课。即使在辅导孩子的学习功课时，也显得力不从心。农民工中低学历的人很多，大专及以上文化程度者只有5.3%，多数农民工不具备辅导孩子学习的知识和能力。

3. 家庭教育方式比较简单

由于农民工自身知识面的原因，导致其子女家庭教育内容比较狭窄。农民工的家庭教育观念比较陈旧，缺乏科学的教育方法，他们对孩子的教育还是以"家长专制型"和"任意放纵型"为主，当孩子学习成绩不理想的时候，他们仍然是以打骂的方式来管教孩子，这就是"棍棒式的家庭教育"。调查发现，"棍棒式的家庭教育"导致农民工的孩子性格叛逆，甚至伤害孩子幼小的心灵。

4. 亲子关系的密度较低

家长是孩子的第一任教师，孩子在家庭环境中的成长主要是接受父母的影响,父母在孩子身上倾注的天然的爱是谁也无法替代的,这种爱本身构成了强大无比的教育力量。但是,对于农民工家庭的孩子来说,他们缺乏起码的家庭教育的物质条件及应有的心理归依,因而家长的引导和教育更显得尤为重要。在子女的社会化过程中,父母是孩子生活、教育、成长的榜样,是未来的参照对象,亲子关系是孩子幸福成长的重要一环。调查数据显示,由于农民工忙于生计,因而每周与子女的沟通交流时间很少,农民工每周与子女的交流时间在4小时及以下的占68.6%,而4~8小时的占17.2%,8小时以上的只占10.8%。在交流时间少的原因调查中,农民工"没有时间"是最主要的原因,但是因为"不知道怎么与子女交流"和"子女不愿意与自己交流"的农民工家长也不少,共占32.4%。因此,农民工在城镇务工的同时,不论工作有多么忙,也要抽出一定的时间和孩子一起玩,平等地谈心,友好地沟通。当孩子做不到家长期望的事情的时候,家长不要发怒,先听听孩子的说法,找找问题的原因,甚至给予一定的鼓励。

二 农民工随迁子女在共建共治共享中接受教育

习近平总书记在2018年3月7日参加十三届全国人大一次会议广东代表团审议时指出,广东要在营造共建共治共享社会治理格局上走在全国前列,并对新格局提出了明确要求。习总书记的重要讲话是统领广东经济社会发展的总纲,赋予了广东新时代社会建设的新使命,我们要在新起点上奋力开创农民工随迁子女教育共建共治共享的广州新格局。

本课题是以广州农民工子女教育现状为主要研究对象,从客观的教育环境和主观的个体学习过程两个维度来研究广州农民工子女的教育实施效度与实现程度。

(一)先行先试走前列,探索农民工随迁子女教育新路

我们基于以上对广州农民工随迁子女教育现状与问题的分析,认为要有效解决农民工随迁子女教育问题,逐步提高农民工随迁子女教育的社会环

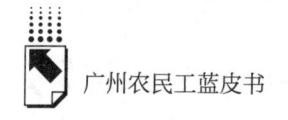

境，教育一个孩子，影响一个家庭，和谐一个社区，让农民工在广州共建共治中达到其子女共享教育的成果。

1. 以"教育财政投入先行"为保障，促进农民工子女义务教育发展

教育财政保障是指公共财政为公共教育提供足够的财政资源，以使得每一个学生都能达成特定的教育产出。从保障原则出发设计制度，可以同时解决公平与效率问题，实现两者的共进，这一特性符合当前义务教育财政体制改革的需要。广州已经提出了义务教育、优质教育均衡发展的目标，这就需要教育财政的保障。

第一，采用生均教育支出标准法，由市区两级财政按比例分担。第二，采用多维度的教育投入标准法，依靠政府财政投入，鼓励社会力量支持。第三，采用教育经费保障的测量方法，包括成本函数法、学校成本一般化方法、示范学校模型法、专家评估和判断法、高质量学校模型法。

2. 以多元化和科学化为目标推动义务教育财政转移支付的实现

（1）一般性义务教育财政转移支付的科学设计与实施

一般性义务教育财政转移支付主要以保证地方政府能够实现较高的义务教育基本财政投入水平、平衡各区之间教育财政能力为主要资助目标。有学者研究认为：市政府在财政支出分配上要加强教育投入；区级政府在接受市财政资助后配套经费必须及时到位；市区两级总财政支出中必须要有一定比例用于义务教育。

（2）配套性义务教育财政转移支付的具体设计与实施

配套性义务教育财政转移支付主要是以激励区级和社会力量多投入义务教育，实现区域间义务教育经费均衡且有保障，实施最优配套率的测算方法，以实现区域间义务教育财政保障为目标。

（3）专项义务教育财政转移支付的具体设计与实施

国家对于未来义务教育专项转移支付手段的改革应双管齐下，在适当缩减专项转移支付规模的同时，着重对义务教育专项财政资助做出以下三种设计调整：一是改变教育专项资金的资助方式，中央和省级政府降低或取消专项资金的配套性要求，并逐步将部分针对某一教育投入要素的教育专项资助

转变为无特定资助对象的一般性教育资助；二是增加教育专项资金的资助对象，加大对农民工子女的专项直补力度；三是转变教育专项资金的监管方式，将教育资助资金的监管方式由原先以监管教育投入为主转变为以监管教育产出为主。

3. 调整市区两级政府义务教育财政的支出职责分配

从广州市区两级政府权力分配的内容上看，分权或集权包含财权、支出职责和管理事权等多个维度权力的上收或下放。在维持现有财权分配结构不变，坚持义务教育管理事权分权化的同时，适度提高教育支出权责的集权化程度，并加大中央政府和省级政府对于地方义务教育的财政转移支付力度，对支出职责分配结构实行集权化调整，是一种较为有利的制度安排。维持相对集权化的财权分配结构，能保证中央政府对地方政府的控制力和宏观调控能力；坚持管理事权分权化，能最大限度地发挥地方政府在满足地区居民多样化教育需求方面的资源配置优势；加强政府间义务教育财政转移支付力度，可以缓解地方政府当前紧张的财政收支状况，有效地降低地方义务教育财政支出对于地方政府自有财政能力的依赖程度，改善市区两级政府间的义务教育财政非公平状况。据此，市区两级政府的义务教育支出职责的集权化改革应从实际出发，以保证区级政府在教育财政支出决策上的自主权，提高财政资源配置效率。

（二）深化教育体制改革，共建教育均等机制

教育均等首先是教育机会均等。具体体现在：第一，入学机会的公平问题。在我国，一方面适龄学生入学率还没有达到100%，另一方面学生辍学率还很高，尤其是农民工子女，这严重影响了我国人口素质甚至是下一代素质的提高。第二，教育过程中的公平问题。客观上，我国教育资源配置方面存在"两个不均衡"的问题，即城市和农村的教育资源配置不均衡，重点学校和一般学校的教育资源配置不均衡。主观上，教师在教学过程中不能平等的对待农民工子女。第三，教育结果的公平问题。教育权利平等和教育机会均等最终都将体现在教育结果的公平方面。由于城乡经济发展不平衡，发

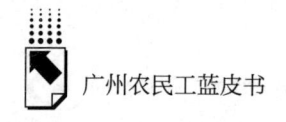

达地区与欠发达地区经济发展不平衡，教育经费投入的差异，导致了不同地区的教育质量不同。另外，不同家庭背景的学生成功机会不同。家庭的经济条件和家长的教育理念都是影响学生成功的重要因素。

1. 深化户籍制度改革，实现城乡教育统筹

解决农民工随迁子女义务教育的根本问题在于深化户籍制度改革，消除农业人口和非农业人口的二元结构，建立对农民工的动态管理与服务制度。

我国户籍制度现已成为农民工教育问题的根源，由于我国的户籍制度人为地把人口分为农业人口和非农业人口，导致了城市居民和农民在所有制、流通、交换、分配、就业、税赋以及教育、医疗、养老、劳动和社会保障住房等方面的经济和社会政策的不同，这种人为制造的等级和利益差别，致使流动人口沦为新的城市贫困阶层，就义务教育来说，正是由于城乡户籍壁垒的存在，才造成农民工随迁子女无法得到与城市儿童均等的受教育权利。

消除户口上的社会附加功能，消除户籍身份与利益之间的关联，才能改变户口与教育挂钩的不合理现象，实现城乡教育、区域教育一体化。然而，20世纪80年代以来，随着九年义务教育的逐渐普及，尤其是基础教育管理权的下放，大大加快了教育现代化的进程。这一过程同样受到"公平－效率"矛盾的制约，基础教育面临这样的选择：是优先满足大多数儿童的教育需求，使所有儿童受到必要的教育，还是通过强烈的竞争和筛选，使一小部分儿童受到较好的教育？我们选择了前者，但事实上实施了后者，走培养"尖子"的精英教育路线。突出体现在层层设置的重点学校和重点学科制度，加剧了基础教育领域内部资源配置的失衡，导致在地区内、区域内学校之间差距的拉大，甚至是人为地制造差距，造成了一大批基础薄弱的"差校""垃圾学校"。重点学校绝大多数设在城镇，从而有利于城镇学生的升学。这种把学校、学生分为不同等级，为了选拔少数"尖子"，而使多数儿童的利益受损；具有强烈竞争性的教育，违背了义务教育的规律。如果要缩小城乡教育的差距，就必须由城乡统筹来平衡教育发展的资源。

2. 深化义务教育体制改革，均衡配置教育资源

农民工子女教育问题已经成为我国义务教育体制改革的重要内容之一。

由于城乡分割的义务教育制度在农民工子女教育问题上的不公平现象,造成农民工子女离开农村后,其教育统筹费用没有随之划转,而农民工就业所在地的广州财政体制在义务教育支出中并没有包含农民工子女的教育经费,等于在我国目前的义务教育体制中出现了一个真空地带。历史上造成地区之间、城乡之间这种不平衡的教育差距的原因之一是强调教育的直接功利价值,希望迅速改变工业、科技落后局面,因而,教育的实际重心在高等教育,而计划经济体制下的教育资源配置,是从国家整体利益出发,并不是按地方社会、经济发展的需要进行的。当前教育资源的配置应当体现在以下两点:一是规则的公平,不再继续扩大差距;二是在可能的情况下向落后地区倾斜,以主动缩小差距。

第一,深化义务教育体制改革,实行公平的义务教育制度。义务教育具有"义务"性,广州各级政府有责任和义务率先突破现行的义务教育体制。一是从中央对地方政府的义务教育经费中划出一部分,部分解决农民工子女的基本教育问题。二是提倡流入地政府对民办学校加大补贴力度,一方面体现对农民工随迁子女教育的关怀,另一方面体现对农民工融入城市的支持。

第二,均衡配置教育资源。解决农民工的子女教育问题,着力解决导致教育领域受教育权利事实上不平等的体制性问题。因此,合理调整教育布局,多方加大教育投入,均衡配置教育资源,确保每一所学校基本达标是广州市政府成功而有效的做法之一。办好每所学校,强调"让薄弱的学校不再薄弱"。其一,广州市政府将优质学校的招生指标切块分配,即把示范高中的大部分招生指标提取出来,按每所学校初中毕业生人数的比例定向分配,使每所学校每年都有一定数量的学生升入示范学校就读。其二,加强教师资源配置,用最新教育理念办好每所学校,让优秀教师、优秀校长真正能流动到新建学校和薄弱学校,并在优秀教师、优秀校长的学习培训、职称评聘、工资津贴等方面给予政策倾斜,合理配置师资队伍。其三,农民工子女享同等的义务教育,广州市推行义务教育阶段均衡教育,实现教育资源的合理高效配置,让每个孩子都能在平等、快乐中学习。均衡教育资源关键在于让农民工子女可以享受和城市居民子女同等的教育权利。

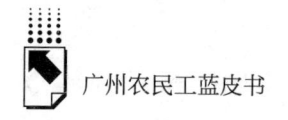

3.深化学校教师队伍建设改革,鼓励名优教师双向流动

随着城市化的进程和市场经济体制的逐渐建立,在城乡二元结构和高度集中的计划经济体制下,国家的公共政策优先满足甚至只反映和体现城市人的利益,这些政策显然已经不合时宜,但作为一种思维定式它仍有较大的惯性,依然潜存于社会决策之中。2018年1月20日,《中共中央国务院关于全面深化新时代教师队伍建设改革的意见》正式印发,这是新中国成立以来出台的第一个专门面向教师队伍建设的里程碑式政策文件,也是新中国教师队伍建设具有划时代意义的一个重要篇章,是加强新时代教师队伍建设的行动指南。深化义务教育学校教师队伍建设改革,是提高义务教育学校的师资水平,促进农民工随迁子女接受良好教育的有效举措。第一,提倡教育资源均衡。公办学校的硬件设施比较先进,民办学校的环境和条件相对比较落后。政府可以对民办学校加强政策支持和财政补贴,使其具有较多的资金吸收优质的教育资源。第二,鼓励社会力量参与创办更多的学校以接纳更多的农民工随迁子女入学。第三,组织优秀老师到民办学校任教、援教。建立民办学校和公办学校教师的合理流动机制,支持民办学校吸引、培养、稳定优秀教师,鼓励高校优秀毕业生、专业老师到民办学校任教、任职。组织公办学校和民办学校开展对口帮扶、援教,派遣公办学校名师到民办学校挂职或任教。

(三)创新"政校共建,政社共治,教育共享"的多元格局

1.政校共建人才"蓄水池",阶梯式提供基本公共教育

珠三角地区经济快速发展的过程中出现了"人才荒"问题,这不仅体现在数量上,更体现在质量上,这是对整个义务教育的挑战。"人才荒"和"读书难"是中国城市化进程中的社会产物。因此,要想从根本上解决"人才荒"问题,应把人才的培育放到义务教育上,政府与学校合作共建,设立各种奖学金、助学金,从中小学开始培养人才。加快城乡义务教育一体化、促进城乡义务教育发展,推进广州市义务教育从基本均衡向优质均衡发展,进而增强人民群众的认同感、归属感和幸福感。

第一，优化义务教育学校布局。广州市委、市政府应统筹考虑城市建设与发展、"二孩"政策全面放开的影响及流动人口的变化趋势。2019 年开始幼儿园入园高峰到来，2022 年小学入学高峰将至，2028 年初中阶段的入学高峰更是凶猛。因此，广州市应进一步整合优化教育资源布局，在新城区配套建设中积极创建义务教育发展优质均衡区，在财政投入、师资配备等方面重点向城郊地区、薄弱学校、新建学校倾斜。

第二，保障义务教育学校用地。广州作为国际大都市，最紧张的是用地，广州市委、市政府要努力盘活存量，用好增量，预留足够的义务教育用地，还要制定相关法律，保证城市新建居住小区都有配套学校用地，并严格执行用地环评程序。此外，还要办好郊区中小学和社区教学点，对闲置的校园校舍要优先用于义务教育事业，严格规范权属确认、用途变更、资产处置等程序，避免出现"边建设、边闲置"的现象。

2. 政社共治，规范义务教育，分类分层解决农民工子女入学问题

义务教育的实质是国家依照法律的规定对适龄儿童和青少年实施的一定年限的免费教育。义务的含义包括父母与家庭有使学龄儿童就学的义务，国家有设校兴学以使国民享受教育的义务，以及全社会有排除阻碍学龄儿童身心健全发展的种种不良影响的义务。义务教育具有强制性、公益性、普及性的基本特点。

广州作为改革开放的前沿，先行先试的排头兵，市政府及其主管的教育部门要切实负起农民工随迁子女义务教育的责任。

第一，依法加强市区两级政府的统筹职能，落实广州市区两级政府规范办学行为的责任。依法全面履行政府教育职能，推进教育机构的职能、权限、程序、责任法制化。广州市区两级教育部门要坚持法定职责必须为、法无授权不可为的原则，勇于负责、敢于担当，坚决纠正不作为、乱收费，轻视农民工子女义务教育的行为。

第二，依法完善义务教育经费保障机制，规范学校收费行为。为进一步适应新型城镇化发展要求，建立义务教育经费保障机制和实施义务教育奖补政策，实现"两免一补"经费随学生流动可携带，是深化教育改革、推进

基本公共服务均等化、促进社会公平迈出的新步伐。由广州市政府统一确定生均公用经费基准定额，对义务教育学校（含民办学校）按不低于定额标准给予补助，适当提高寄宿制学校和规模较小的学校的补助水平，鼓励各区结合实际提高公用经费补助标准。本次调查，有不少农民工家长反映学校还存在乱收费现象，有的学校虽然取消了借读费，但是另收捐款费，只是改变一个收费名称。因此，广州市政府职能部门要排除二元户籍制度所强加的受教育界限，取消教育赞助费等其他不合理的收费制度，保障农民工随迁子女的受教育权利，并为其提供公平的教育机会。

第三，加强公办学校、民办学校的协调发展，均衡配置公共教育资源。为了义务教育公平发展，广州市区两级政府部门要均衡配置教育资源。要正确认识农民工是广州城市财富的创造者，他们在共建共治中发挥了重要作用。一是落实民办学校的优惠政策。在校舍租赁、设备添置等方面建立完善的管理制度，保证对民办学校予以优先扶持。二是建立公办学校对民办学校的援助机制。积极鼓励合作办学，通过选派、任命干部参与学校管理，共同开展教师教研活动，学生互动交流等途径，帮助民办学校提高教育教学质量和管理水平。三是实现多渠道、多形式的资金帮扶。因此，广州市政府有责任落实农民工随迁子女义务教育政策，要着力解决导致教育领域受教育权利事实上不平等的体制性问题，注重义务教育公共投资的内部效益，建立科学的公共教育资源配置制度和合理的学校设置蓝图。

第四，依法规范教师职业行为，切实加强教师管理。首先，教师要做到依法执教，以马列主义、毛泽东思想、邓小平理论和习近平中国特色社会主义思想为指导，全面贯彻国家教育方针，自觉遵守《教师法》等法律法规。其次，教师要做到爱岗敬业，这是教师职业的本质要求。最后，教书育人是教师的天职，教师必须遵循教育规律，实施素质教育。

第五，探索出全市互认的公平积分入学办法。由于广州市各区、镇街之间存在发展差异，所以要探索出全市互认的公平积分入学办法，实现积分公平互认，让农民工有更多的选择，让更多孩子有书读。对不符合统筹安排学位条件的随迁子女，可通过积分制入学的方式由各区教育局会同区来穗人员服务管理局统筹安排本区的公办学校或政府补贴的民办学校学位,进行二次学位分配。

3. 坚持教育资源共享,推动义务教育均衡发展

义务教育均衡发展工作的推进,不仅使广州教育的强项得到强化,而且弱项也在不断增强,特别是义务教育教学质量、师资队伍、基础设施等方面都发生了重要的变化,这都要归功于义务教育均衡发展工作。

深入推进义务教育均衡发展的总体目标就是让所有学校都能同步发展。国家制定统一办学标准,教育资源基本均衡供给。但是,我们调查发现,广州市各区的义务教育发展不平衡,有的区教育需要与供给不匹配,公办学校与民办学校存在一定的差距。因此,教育资源共享,教学供需合理配置,能让教师的整体素质得到提高,能让每个学生都享受高质量的义务教育。

(四)拓展农民工随迁子女教育学位空间

(1)完善协调机制,加快公建配套学校建设。公建配套学校建设涉及规划部门合理规划学校地点和规模、教育部门准确预测学位需求及投入使用时间、街道办事处将规划用地上的住户及时拆迁、建设部门对学校建设的总体牵头协调和对实施主体的督促等,需要建立跨部门的定期协调、督促机制,建议最好是将公建配套学校建设问题纳入相关部门的目标考核。

(2)开辟绿色通道,实施学校改建、扩建。对学位紧张,又有改建、扩建余地的学校,一方面教育局要增强预见性,早计划、早启动相关学校的改建、扩建工程,另一方面,如果出现学生人数爆发式增加,改建、扩建学校时间紧迫的情况,建议相关部门在办理立项、发评、财评、招投标等环节开辟快速处理的绿色通道,全力避免学生无教室上课的情况。

(3)优化入学政策,遏制"学区房"现象。由于热点片区二手房买卖频繁,学区房带来的学位压力问题较突出,对于学位紧张的学区,一套住房优先解决一个家庭的适龄儿童、少年就近入学,其他的适龄儿童、少年则由教育行政部门统筹安排,并加强宣传,确保义务教育顺利进行。

(4)适时调整招生范围,平衡各校学位压力。坚持依法入学、就近入

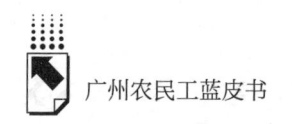

学、对口入学、公开公正等四项招生原则，按照"先登记后划片"的战略，适时、稳妥地调整热点学校的招生范围，减轻热点学校的学位压力，保障特殊群体学生顺利入学，为农民工随迁子女入学开辟绿色通道。坚持以流入地政府为主、以全日制公办学校为主的"两为主"政策，扩大公办学校资源，保障具有合法工作和稳定住所的农民工随迁子女应读、就读。

(5) 实行"义务教育补助卡"制度，改"户籍入学"为"居住地入学"。

第一，政府实行"义务教育补助卡"制度，让农民工随迁子女就近入学。"义务教育补助卡"制度可以有效处理好农民工随迁子女与教育分离的矛盾。现行的义务教育按户籍所在地入学的制度表面上看是一种户籍管理带来的行政体制问题，但深究其原因，可以发现其源头在于义务教育的费用该由谁负担的问题。

第二，实施"居住地入学"政策。现有的法律解决了"居住地入学"的障碍。农民工随迁子女进入城里的学校，"户籍入学"就成为入学的阻碍，这也是一些学校向学生收取借读费等各种费用的依据。但是在市场经济条件下劳动力按一定的方向合理流动，因此就要求以居住证、身份证取代户籍制度，农民工随迁子女要按居住地入学。

第三，增加家庭教育比重。农民工家长不能将子女的教育全部寄托在政府、学校和老师身上，要抽出时间多和自己的子女沟通和交流，为子女的教育提供更多帮助。农民工也要加强知识的学习，努力提高自身的素质，积极改变自身落后的教育观念，努力提高自身的文化素质，提高对教育的重视程度。

目前，农民工随迁子女的教育问题在我国的城市化进程中表现得比较突出，这些孩子的教育问题，不仅影响了少年儿童个体的健康发展，妨碍公民整体素质的提高，也影响到我国基本教育制度的落实，更直接影响了社会的公平，势必给我国的社会发展带来巨大影响。

（五）引进社会工作专业方法，开展农民工随迁子女教育活动

农民工随迁子女入学以前大都与爷爷奶奶一起生活在农村，得天独厚的自然环境，让他们的童年生活即使没有父母的长期陪伴也依然幸福快乐。然而，到了入学年纪，这些孩子却必须远离疼爱自己的爷爷奶奶、熟悉的生活环境以及情谊深厚的小伙伴，与父母一起搬到城市生活和学习。由于之前长期缺少父母的陪伴与关爱，农民工子女与父母之间的关系比较生疏，导致此时他们与父母之间的沟通出现了一定的障碍，心理压力得不到有效的缓解。另外，大多数农民工家庭的经济条件较差，父母每日忙于生计，无暇顾及子女进入城市之后的情绪和心理转变，他们有限的学识和文化水平使得他们一旦发现孩子学习成绩退步或者情绪不稳定就对其严加苛责，而不能运用教育学的相关知识分析和解决问题。总之，家庭环境直接关系着孩子的发展状况，这成为影响城市学校中农民工子女心理健康问题的又一重要因素。

我们的调查发现，54.5%的农民工随迁子女进入城市后开始出现了自卑、自闭、压抑、受不了批评等心理特征。其中，"性格内向"的占22.2%，"精神压抑"的占16.9%，"自卑和自闭"的占14.3%，"不愿听批评"的占11.2%。而"性格开朗"的（15.3%）和"自信、自尊"的（14.0%）共计只有29.3%。还有6.2%的人选择"说不清"。由此可见，农民工随迁子女的心理素质亟待提升（见图2）。

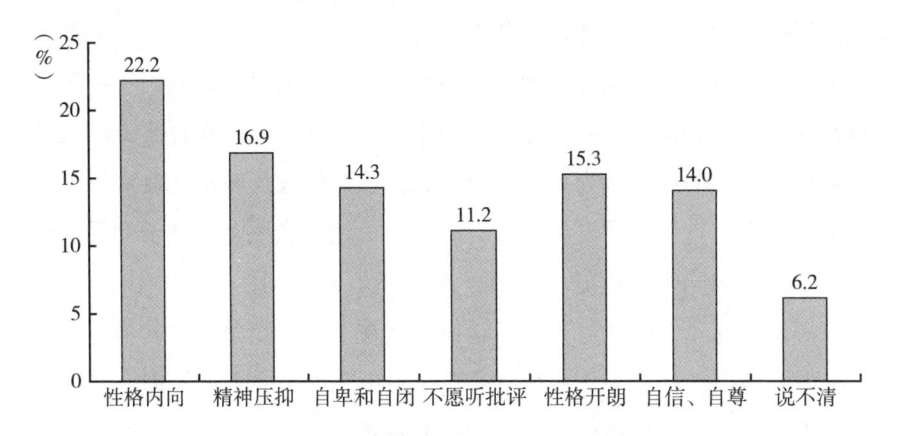

图 2 农民工随迁子女心理状况

在进城之前，农民工子女已经形成了自己固有的生活习惯、思考问题的方式以及基础的价值观，这些行为规范和准则在与城市学生保持一致的情况

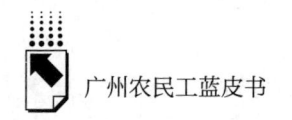

下，能够帮助他们更好地适应城市的学校生活，而那些与城市学生不同甚至冲突的生活习惯和思维方式则阻碍了他们与城市学生的交流与沟通，不利于他们适应城市的学校生活，进而可能影响其心理健康。有些农民工子女的知识水平比较薄弱，学习跟不上城市学校的教学进度，再加上教师不恰当的批评方式和同学的嘲笑都有可能使他们产生一定的心理压力，形成新的心理健康问题。

调查发现，农民工随迁子女缺乏教育资源和应有的教育权利，由于农民工子女家庭教育的缺位和错位，导致他们在成长过程中面临困境。实践证明，社会工作在介入农民工子女教育过程中，以社会支持理论为支撑，构建社会工作介入农民工子女家庭教育支持网络，整合城乡资源，从而使社会工作介入农民工子女家庭教育具有可行性、有效性。

第一，开展社会教育支持小组。农民工随迁子女的社会交往和社会支持网络相对比较薄弱，他们的朋友圈大多数仅仅局限在学校里的老乡之间。所以必须拓展他们的社会交往领域，扩大他们的社会支持网络。开展社会交往与支持小组是专门针对社会交往能力和社会支持网络比较薄弱的学生，通过以小组的形式把这些学生集合起来，不同类的小组有不同的内容，让他们在小组中分享和交流彼此的社会交往经验，共同探讨怎样才能更好地进行社会交往，提升他们的社会交往技巧和能力。

第二，开展认识自我与重塑信心小组。调查数据显示，农民工随迁子女的自我认同度比较低，他们对自己信心不足，只有13.26%的被访谈人员对自己是比较满意的或者认为自己是很棒的。这从侧面反映出这些农民工随迁子女信心不足、自我认同度比较低。一方面，这些农民工随迁子女觉得自己的家境不如别的同学家境好，因而产生自卑心理。另一方面，由于种种原因，农民工随迁子女的学习成绩不是很好，在学习上竞争不过其他同学而产生自卑感。所以，社会工作者很有必要针对上述两个方面的原因介入农民工随迁子女服务中去，让他们从不同的角度重新认识自己，提升他们的信心和自我认同度。

第三，开展学业辅导与互助小组。调查发现，57.03%的农民工随迁子女的学习需要辅导，而监护人没有能力对其进行辅导。可见，农民工随迁子女对学习辅导与互助小组的需求是比较大的,所以很有必要在他们中开设学习辅导小组。学习辅导小组是利用课余时间,社会工作者运用专业知识或者邀请学习成绩比较优秀的同学或者老师来做义工,对有需要的农民工随迁子女进行辅导,缓解他们在学习上的烦恼,且在农民工随迁子女之间形成互助关系,在学习上和生活上相互帮助和提高。

第四,开展职业发展规划小组。农民工随迁子女也有自我实现的需要。但是,农民工随迁子女中的大多数没有明确的个人发展计划,他们每天都无所事事,有些人初中毕业后就不再读书,有的进厂打工,有的流浪街头,根本就不知道自己要干什么或者可以干什么。所以,很有必要协助他们进行个人职业规划,让他们清楚地知道自己未来的人生道路应该怎样走。社工通过邀请职业规划方面的专家或老师给他们讲解或做相关的职业辅导,鼓励农民工随迁子女进行个人的职业规划,实现自己的个人价值,满足其自我实现的需要。

(六)构建农民工随迁子女教育环境新模式

由于农民工大多居住在城中村,为此,我们提出了农民工随迁子女教育环境建设策略(见图3)。

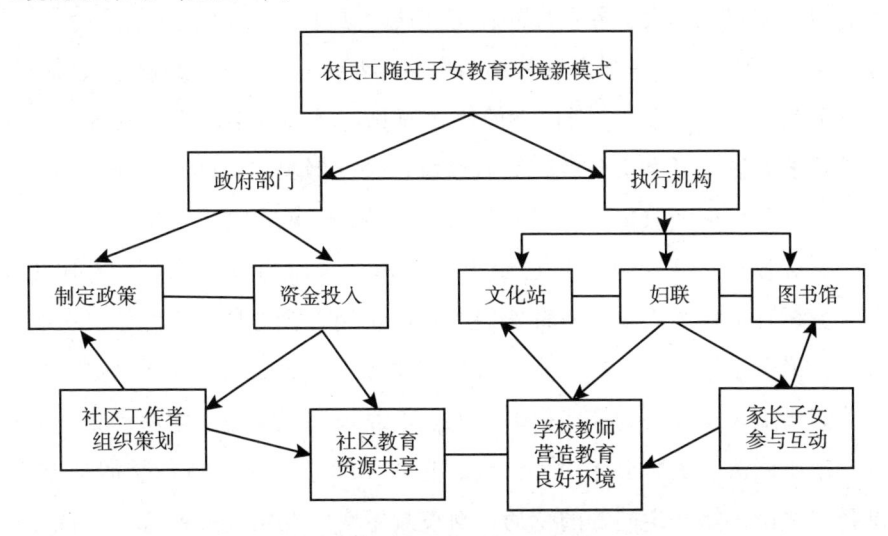

图3 农民工随迁子女教育环境建设网络

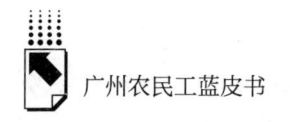

1. 形成教师为主导，农民工随迁子女参与的氛围

当今义务教育产生一个问题，即由教师"满堂灌"变为学生"满堂网上看"的现象比较严重，教师的主导作用未能很好地体现。课堂上，教师要适时监控，使教学氛围活跃而不乱，教学过程松弛有度，教学内容多而不杂。特别是要调动农民工随迁子女的学习积极性、主动性和创造性。按照建构主义理论，只有学生自主建构，才能使知识活化，赋予知识新的内涵，更利于知识的巩固记忆、探索创新。教师在教学过程中是一个设计者、组织者、指导者、促进者和咨询者。

2. 创新农民工随迁子女教育的广州模式

以创新农民工随迁子女教育为目标，以创建学习型社会为载体，营造崇尚学习的文明环境。紧紧扣住发展这个主题，大力创建"学习型城市""学习型社区"，把全民重视学习、开展学习、不断学习和善于学习作为基本点，努力使学习由个人行为转向群体行为，使教育由阶段教育扩展为终身教育，努力为构建和谐社会奠定基础。搭建社区学习平台，组织农民工及其子女参加读书活动，促进学习体系社会化，建立有效的学习机制、激励机制、约束机制、保障机制，强化管理。

（1）农民工子女义务教育纳入政府发展规划

早在2010年，广州市有关部门联合印发《关于进一步做好农民工子女义务教育工作的意见》（以下简称《意见》），要求各级政府把来广州务工就业的农民工子女义务教育纳入经济社会发展规划。即在广州市居住半年以上的务工就业农民工，只要具备相关条件，就可为子女申请在广州市接受义务教育。该《意见》还要求各区镇把来广州务工就业的农民工子女义务教育工作纳入本地教育发展的总体规划，合理规划与配置义务教育资源，确保足够学位，进一步完善来广州务工就业的农民工子女义务教育的政策措施。学校要为来广州务工就业的农民工子女建立学籍档案，确保其在学历认可、入队、入团、评优、选拔学生干部及参与各类活动方面，享受与本市户籍学生同等的待遇；对按规定完成九年义务教育、考试合格且符合毕业条件的学生应颁发九年义务教育证书。这些具体政策说明，广

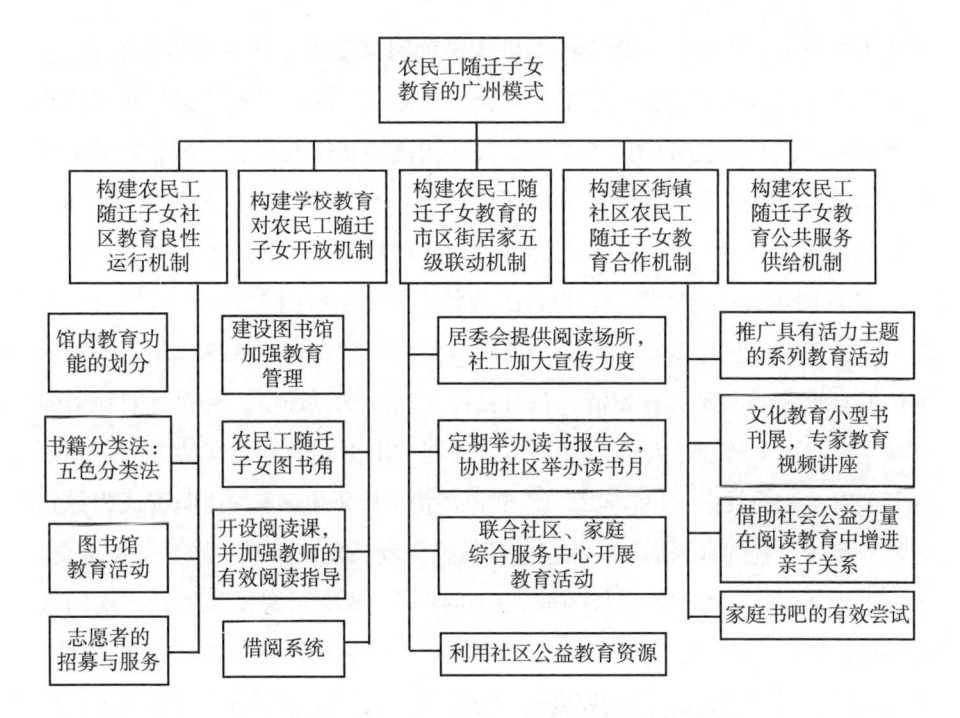

开创农民工随迁子女教育共建共治共享的广州新格局

图4 农民工随迁子女教育环境建设的"广州模式"

州市政府开始注重对农民工随迁子女与本市户籍子女的教育实行同等待遇。

(2) 构建农民工随迁子女社区阅读的开放机制

学校是现代社会教育的主要承担者和提供者，社区阅读可以作为广州农民工随迁子女教育的重要组成部分，对农民工随迁子女的教育环境建设不可或缺。广州有些城中村建有社区图书馆，为发挥城中村农民工子女学校的阅读培养的基础性作用。通过建设学校图书馆、班级图书角、开设阅读课、联合社区家庭综合服务组织阅读活动（如诗歌朗诵、小小馆长、数字阅读等），构建学校－社区－家庭良好的阅读环境。

(3) 构建农民工子女教育的市区街居家五级联动机制

家庭是社会的细胞，社区是青少年成长的大摇篮。据媒体报道，2018年8月24日下午，温州市一位20岁女孩遭司机奸杀身亡，这个司机小时候就是留守儿童。这说明一个良好的社区教育环境对农民工随迁子女的成长有

065

着极大的意义。街居委会联合社工机构借助市区图书馆的相关资源和资金，定期举办一些读书报告会或读书分享会，让农民工随迁子女与家长在宣传阅读过程中既建立了良好的亲子关系，又在阅读中获得教育。广州在农民工随迁子女教育过程中不断探索，形成了市政府出台政策，市区两级财政资助，街道社区两级支持，家庭积极配合的五级联动机制。

(4) 构建农民工随迁子女教育的公共服务供给机制

农民工融入城市最重要的一个需求就是公共教育资源共享，调研中发现有一些社区之间共享教育资源，且有良性互动的学习环境，从而有效地增强了城中村农民工随迁子女的教育环境，并创设出更好的社会支持力量。在社区开展以"书香社区，快乐阅读""书香伴我，快乐生活""让阅读成为你我习惯"等为主题的系列活动，内容包括轮换流动阅览室书刊、推介各类读物、举办小型书刊展、通过投影仪播放视频讲座等，改善了农民工随迁子女的教育环境，提升了农民工随迁子女的读书能力。社区还逐渐推广"家庭书角""家庭书吧"等新形式，辅助家庭的教育环境建设，这些使得广州市成为有自己特色的城中村阅读探索地和教育环境建设先锋力量，为寻求城中村农民工随迁子女教育环境的建设提供了独特的广州模式。

（七）促进公办学校和民办学校义务教育双轮驱动

广州农民工随迁子女的教育事业，只靠公办学校这一个"轮子"推动、发展速度总是有限的，如果再加上另一个"轮子"——民办学校的推动，那么广州的义务教育事业一定会发展得更快、更好，农民工随迁子女将在共建共治共享的广州治理新格局中接受良好的教育。

要解决农民工随迁子女教育问题，必须发展民办学校，但是对民办学校的创建、扩建用地，包括社会力量参与建设的学校后勤设施如宿舍、食堂等用地以及各种配套设施建设等，都要给予优惠政策，保障民办学校建设的顺利进行。同时，政府也要充分挖掘民办学校潜力，使民办学校成为公办学校的有力助手。其中的关键在于切实加强民办学校教师队伍建设。首先，在民办学校方面，就是要通过保证教师的基本收入稳定，按时为教师缴纳养老保险、社会保险等，保障教师的基本利益。其次，在政府方面，要为民办教师提供一定的教学资源，出台优惠政策以便吸引外地优秀教师，在一定程度上强化民办学校的教育教学能力，使其承担起解决农民工随迁子女教育问题的重任。最后，通过政府职能部门的倡导和鼓励，促使公办学校的教师向民办学校进行对口支教活动，实现双轮驱动目标，从而推动民办学校教学水平的提高，达到互利互助共赢。

分报告

Subject Reports

B.3 广州农民工服务管理的实践与探索

陈 超*

摘 要： 广州是一个开放包容的城市，改革开放40年来，数以百万计的农民工在广州创业、生活，同时也为广州市政府的服务与管理带来机遇和挑战。广州与时俱进，不断创新，农民工服务与管理从探索起步，到整合实践，再到规范优化，且从建章立制、顶层设计到主动破解农民工融入难题，进而提升广州城市治理能力。

关键词： 服务与管理 农民工 广州实践

---

* 陈超，毕业于解放军南京政治学院新闻学专业和中国人民大学人力资源管理专业，从事过综合计划、报纸编辑、组织人事工作，作品集《观潮》由作家出版社出版发行。现就职于广州市来穗人员服务管理局。

广州是广东省省会、国家重要的中心城市、国际商贸中心,从秦朝开始一直是华南地区的政治、军事、经济、文化和科教中心,还是中国古代海上丝绸之路的发祥地,滨江向海、通衢八方,它的繁华富庶及包容开放的特质,吸引着全国各地,乃至世界各地的有志之士为之向往、奋斗、圆梦。可以说,异地来穗的务工者遍及广州经济社会建设和人民日常生活保障的各个领域。

一 与时俱进,不断创新农民工服务管理体制机制

岭南文化具有务实、开放、兼容、创新的特质,广州作为岭南文化的中心和发祥地,基于独特的地理环境和历史条件逐渐形成自身独有的特点,对人们常称的"流动人员""外来务工人员""农民工",统称为"来穗人员",这足以彰显广州市委、市政府和广州人民包容、多元化等基本特征。

随着广州市经济、社会、文化的快速发展,越来越多的外来人口流向广州成为来穗城市流动人口。这些流动人口在加快广州城市化进程的同时,也为城市管理带来一系列的问题,极大地挑战了广州市政府的管理和服务能力。农民工服务管理工作从最初的松散初放、被动防范到如今越来越规范完善,并逐步迈向以服务促管理的历程,总体而言,可以划分为四个阶段。

(一)起步探索阶段(1978~1998年)

自改革开放以来,来穗流动人员逐步形成群体并渐成规模,成为劳动力相对不足的制造业、建筑业、餐饮业、运输业、商业、服务业等行业的主力军,由于受文化水平和工作技能的影响,他们较多地从事苦、脏、累、重、险、毒、高温等工种,但在一定程度上填补了当时广州某些行业的人员空缺,保证了相关产业的持续发展,为广州市的经济发展作出了较大贡献。当然,由于当时劳动力市场信息存在不充分性,特别是就业管理政策引导不力,导致了大批农民工盲目、无序地流动。这个阶段广州市政府对流动人口的管理基本处于防范姿态,新情况、新问题不断涌现。从法律法规来看关于

流动人口的立法还是空白,1987年出台的《广东省流动人口计划生育管理办法》,是关于流动人口管理最早的法规,但此法规仅针对流动人口计划生育一个方面进行规范,没有涉及其他方面。此阶段的广州流动人口管理以公安机关为主,着重抓好治安管理和劳务管理的工作,工作原则是"以户口管理为基础,治安管理为重点,劳务管理为根本,其他管理相配套",突出表现在控制性、被动型、临时性,服务意识欠缺、服务手段单一滞后。

(二)整合实践阶段(1999~2003年)

以1999年3月《广东省流动人员管理条例》正式实施为标志,广州市开始对农民工的散乱现象进行整合。结合2003年3月"孙志刚事件"的发生,以及随后《城市生活无着的流浪乞讨人员救助管理办法》的正式公布和《城市流浪乞讨人员收容遣送办法》的废止,加速了流动人口管理乱象的整合工作。2003年9月,广州市委办公厅、市政府办公厅联合印发《关于加强我市出租屋管理工作的意见》,确立了"党委领导、政府牵头、各家参与、统一管理"的流动人员和出租屋服务管理工作机制,成立了组织协调机构,即各级流动人员和出租屋管理工作领导小组,并在市级层面成立农民工出租屋管理专门机构——广州市政府办公厅出租屋管理处,使广州市流动人口管理工作走上了法制化、规范化和科学化的轨道。

(三)规范完善阶段(2004~2013年)

广州市持续向好的经济社会环境,赢得有识之士的青睐。2004~2013年,农民工总量从315万人涨至666万人,增加了111%。随着农民工越来越多,广州市政府对相应的服务管理工作也越来越重视。2005~2010年,围绕政策规章制度创新,广州市政府相继出台了《广州市房屋租赁管理规定》《广州市流动人员管理规定》《广州市出租屋整治专项工作方案》《关于加强流动人员管理工作的意见》等。搭建了比较完善的服务管理机构,成立了市、各区流动人员和出租屋管理办公室,各街(镇)流动人员和出租屋管理中心以及各社区(村)流动人员和出租屋管理工作站。2004年起,按照"统一招聘、统一培训、统一服装、统一职责、统一持证上岗"的要求,广州市建立了第一支出租屋管理员队伍。2005年按照"统一开发、统一标准、联合共建、数据共享"的要求,广州市开始搭建信息化综合管理平台,开发流动人口信息系统。

(四)提升优化阶段(2014年至今)

2014年1月,作为广州市政府工作部门的广州市来穗人员服务管理局建立并正式运作。这是在全国省会城市、副省级城市中设立的第一个负责流动人口服务管理的职能局,随即结合市、区政府机构改革,广州市的11个区相继成立了区来穗人员服务管理局,全市在172个街、镇均建立了来穗人员和出租屋服务管理中心,为街镇所属的正科级公益类事业单位,配备632名事业编制人员,受相关职能部门委托集中办理辖区内的房屋租赁合同登记备案、来穗人员登记及居住证办理、计生管理和出租屋综合税代征(税务部门为简化手续,将房屋租赁税种按租金档次归纳为不同的综合税率,委托街镇中心统一实施征收,以下简称出租屋综合税收)等相关工作。各街镇根据工作需要,在来穗人员集中的社区(村)、工业园区设立了服务站,目前广州全市已建有1100个服务站。按广东省提出的每500名流动人口或每200间出租屋配备1名出租屋管理员的标准,目前广州市组建了10100多名实行劳动合同制的管理员队伍,专门负责出租屋的巡查登记、督促落实治安、计生措施、政策宣传、征收出租屋综合税收等相关部门委托的工作。

二 建章立制,围绕农民工服务管理加强顶层设计

广州市来穗人员服务管理局随着时代发展应运而生,机构从无到有,职能从分散到集中,模式从单一到多元,是一个不断探索、实践、再探索、再实践的逐步完善过程。广州市来穗人员服务管理局注重着眼顶层设计,稳步有序推进农民工服务管理工作法治化、规范化进程。

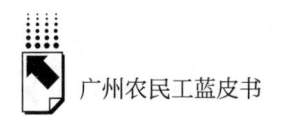

（一）结合实际，牵头全面梳理相关法律法规

2014年广州市来穗人员服务管理局（以下简称"来穗人员管理局"）正式成立，这时中央、省有关流动人口和出租屋服务管理等方面的法律法规相对缺乏且呈"碎片化"分散形态，缺乏系统性、配套性、规范性和可操作性。由于缺乏上位法的支持，广州市的相关法律法规建设显得先天不足且相对滞后，与依法治国的要求以及推进国家治理体系和治理能力的现代化有较大差距。为此，来穗人员管理局积极适应依法治市要求，突出"人""屋"工作重点，对相关流动人员和出租屋服务管理领域内的法律法规进行了全面梳理，列出了14项急需修订或制定的法规、规章和制度工作计划表。如对出租屋管理层面，现行的国家房屋租赁法律法规调整范围较窄，与出租屋相关的国家法律法规主要有《土地管理法》《城市房地产管理法》《商品房屋租赁管理办法》（住建部令第6号）等，这些法律法规未对大量存在的农村土地集体所有制的农民房屋租赁行为做出规定，而1994年7月1日施行的《广东省城镇房屋租赁管理条例》和2010年2月1日施行的《广州市房屋租赁管理规定》，对出租屋内人均居住面积也没有明确的规定。但随着市场需求的不断增长，导致"房中房""床位房""时租日租房""胶囊公寓""太空舱"等形式单一或混合存在的各类密集居住"群租房"日益增多，带来了严重的治安、消防、卫生、防疫、结构安全甚至涉恐涉暴等诸多安全隐患问题。如2010年7月23日发布的《广东省实施〈中华人民共和国消防法〉办法》，对出租屋没有明确的消防标准和规定，尤其是出租屋在结构、治安、消防、安全等方面缺乏科学规范的准入标准，未能为隐患整治提供强有力的法律支撑，造成管理上的盲区。又如对房屋租赁不办理登记备案手续的，由房地产行政主管部门责令其限期补办，逾期不补办的，需经过收集违法合同或收据、发放催办通知书、审查有关资料、现场做笔录、分管领导审核、发出《行政处罚告知书》和《行政处罚决定书》（当事人10天内没异议）并送达当事人、开具缴款单等约13个工作流程，需耗时1个多月，但仅对违法当事人处以50元的罚款，根本起不到法律的震慑作用。

（二）未雨绸缪，积极制定相关服务管理规章

针对现行规章不系统的实际情况，来穗人员管理局牵头起草了《广州市积分制入户管理办法》及实施细则、《广州市来穗人员积分制服务管理规定》及实施细则和《关于进一步加强来穗人员服务管理工作的若干意见》等。来穗人员管理局积极会同市住建委联合起草《来穗务工人员申请承租市本级公共租赁住房实施细则（试行）》、修订《广州市房屋租赁管理条例》，会同市教育局起草《关于进一步做好来穗人员随迁子女接受义务教育工作的实施意见》。来穗人员管理局制定了《广州市人民政府印发关于加强我市人口调控和服务管理工作的意见及配套文件的通知》并牵头出台了积分制入户实施细则；多次与市人大、市国土房管局（市房屋租赁所）沟通协调，全程积极配合推进《广州市房屋租赁管理条例》立法工作；会同或配合有关部门起草了《广州市来穗人员承租市本级公共租赁住房实施细则（试行）》《关于进一步做好来穗人员随迁子女接受义务教育工作的实施意见》《广州市慈善医疗和应急救助实行办法》等。当然，即使在具体执行过程中仍存在处罚轻、执行难、程序复杂、违法成本低、执法成本高等问题，但是有法规规章进行参照，对于提高监管的规范性、有效性，已经有很大的帮助了。

（三）战略谋划，实施农民工融合行动计划

广州的农民工人口数量已经超过户籍人员，入户和谐融入，共建共治共享广州城市经济社会发展成果，是广州乃至全省、全国的课题。广州市政府继续奉行先行先试，敢为人先的原则，审议通过了《广州市来穗人员融合行动计划（2016—2020年）》。其目标是计划用5年左右的时间，在全市开展全方位的专业化、个性化、优质化融合项目培训，加快推进农民工在文化、经济、生活等领域全方位融入广州社会，有效促进农民工"个人融入企业、子女融入学校、家庭融入社区、群体融入社会"。率先探索破解中国超大城市大量流动人口服务管理难题，以及探索破解全国农民工进城后城市融入和市民化难题，在全国超大城市中全面系统地推动900多万来穗流

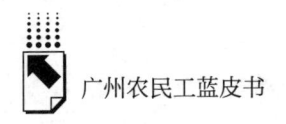

动人员全方位、多领域的社会融合融入，既具有推进中国城镇化进程重大社会实践探索价值，又具有较强的社会引领和示范效应，体现了广州"开放包容、敢为人先、勇于担当"的城市品格，体现了广州城市的温度和人性的关怀，为广州经济社会全面协调可持续发展和幸福广州建设提供了有力支撑。广州市委第十届委员会第七次全体会议通过的《中共广州市委关于制定国民经济和社会发展第十三个五年规划的建议》，将"开展全市农民工融合行动计划"列为促进社会融合发展的重要内容。新华社、人民日报等社会主流媒体都对此进行了跟踪报道。有专家学者表示，广州以实际举措在全国率先全面规划户籍和非户籍人员的融合融入、率先探索破解中国超大城市大量流动人口服务管理难题，在全国省会城市、副省级城市、国家中心城市中是一个重大创新，这将使得广州服务管理农民工的工作形成一个比较完整的、系统的体系。

三 勇于担当，主动破解融入难题提升城市治理能力

据统计分析，16~60岁的农民工占农民工总数的96%，但是初中、高中（中专、技校）学历的农民工占76%、小学学历或文盲的农民工达11.65%。由于农民工大多居住在各类出租屋内，多数就业于低端产业，且自由流动频繁、结构成分复杂、思想诉求多元、实时管控困难、违法犯罪频发，既为广州经济社会发展建设做出了重要贡献，也给广州城市社会治理带来了巨大的压力与严峻的挑战。能否服务管理好这一特殊群体，事关广州社会公平正义、社会和谐稳定大局、更干净更整洁更平安更有序城市环境的营造，来穗人员管理局大胆统筹协调、锐意创新、攻坚克难、真抓实干，在创新社会治理，助力城市治理能力提升等方面取得了可喜成绩，推动广州市农民工服务管理工作上了新台阶。

（一）以居住证为载体，稳步推进基本公共服务均等化

（1）稳步开展积分制入户工作。从2011年起，广州市持续开展了农民

工积分制入户工作。2014年起由广州市来穗人员服务管理局负责统筹协调和组织实施，始终坚持把积分制入户作为树立农民工服务管理系统形象的品牌工程来抓。广州市政府印发的《广州市积分制入户管理办法》和《广州市积分制入户管理办法实施细则》，进一步制定了科学的指标体系，对积分制入户的"门槛"和"规则"进行了修订。调整后的积分指标只设有文化程度、技术能力、职业资格或职业工种、社会服务、纳税5个项目，取消了原来的年龄、房产、务工企业类别、表彰奖励、捐款等项目，申请人只要在5个积分指标项目中累计总积分达到60分即获得"入户门槛"，然后根据申请人在广州市缴纳社会医疗保险的时间进行排序。从以前的"按分排名"变为以累计缴纳社会医疗保险时间长短排序，为长期在广州市有合法稳定工作，但学历、技能资格尚未达到人才引进等迁入条件的人员入户打开了一个通道。同时，对于成功积分入户的人员，准予其配偶、未成年子女同时迁入本市居民户口，大大节省了入产人员的配偶及随迁子女入户另行申办入户的时间。

2016年结合修订后《广州市积分制入户管理办法》及实施细则，广州市政府进一步体现以人为本的理念，充分考虑本市实际情况和社会各界的意见建议，对本市积分制入户的政策进行了进一步的优化调整。一是增加"创新创业"指标及分值，明确在广州市高新技术企业、新型研发机构就业并从事专业技术工作的申请人，可按照从业时间获得相应积分。这一贯彻落实"大众创业，万众创新"国家战略的实际举措，将为推进广州建设国际科技创新枢纽、吸纳高新行业技能人才发挥有效导向作用。二是完善"急需工种或职业资格"指标，每年修订印发"积分工种目录"，将辅警、公交车司机、养老护理员等广州市急需或艰苦行业列入目录，符合工种目录的从业人员可以获得相应积分，为学历、技能资格等尚未达到人才引进等迁入条件的特殊艰苦行业人员入户打开一个通道，也实现更加精准地为广州吸纳经济社会发展急需的技能人才。三是增加"职住区域"导向指标及分值，明确申请人就业地和居住地由越秀区、海珠区、荔湾区、天河区转移到本市其他区，可获相应积分。这是为贯彻落实广东省城市工作会议关于"区分主

城区、郊区、新区等区域，分类制定落户政策"的要求，通过加强落户引导实施中心城区"抽疏"战略政策，广州市进一步优化调整积分制入户政策，《人民日报》、《光明日报》、《工人日报》和新华网、凤凰网等媒体对积分制入户政策、服务措施等进行了广泛报道。

（2）认真做好农民工随迁子女入学工作。农民工随迁子女是祖国的未来、时代的希望，也是农民工及家庭的重要牵挂。广州市教育局会同市来穗人员管理局制定了《关于进一步做好来穗人员随迁子女接受义务教育工作的实施意见》，并于2016年9月26日经广州市政府常务会议审议通过，明确落实农民工随迁子女接受义务教育工作以输入地政府管理为主、以全日制公办中小学为主的"两个为主"措施，广州市、区两级政府共同解决随迁子女接受义务教育问题，2017年广州市11个区全面开展了农民工随迁子女积分入学工作。同时明确凡持有在广州市办理的"广东省居住证"满1年的农民工，可为其随迁子女申请入读义务教育阶段小学一年级和初中一年级，农民工可根据其在广州市的稳定职业、稳定住所、依法缴纳社会保险其中1个险种的年限等条件中的任何一项的发生地，向为随迁子女所在区申请积分制入学。2016年广州市政府出台了《广州市中小学校基础教育设施三年提升计划》，拟在3年内投入118亿元建设129所中小学，提供学位16万个。据2016年春季学籍统计，广州市全市义务教育阶段农民工随迁子女学籍人数为64.24万人，占全市在籍学生的50.68%，已经超过广州市户籍学生数。

（3）率先开展市本级承租公共租赁住房。为了让来穗务工人员享受更多的经济社会发展成果，2014年6月至10月，来穗人员管理局主动作为，会同市住房保障办开展外来务工人员的住房需求情况调查，并撰写了《广州市来穗务工人员住房保障需求调查报告》，得到时任市长陈建华的批示肯定。报告显示，来穗务工人员的住房保障需求率为9.32%，这一惠民措施也迅速提上广州市委、市政府的决策议程。2015年广州市住房城乡建设委与市来穗人员服务局联合印发了《来穗务工人员申请承租市本级公共租赁住房实施细则》，明确从2016年起，面向来穗时间长、稳定就业的中低收入来穗务工人员和高技能人才或受表彰、获荣誉称号的来穗务工人员,首批提供市本级公租房房源600套,在全国超大城市、省会城市中首创外来人员承租市本级公租房之先河。2016年9月进行摇号分配,138户来穗务工人员获配租公租房,得到国内外媒体好评。

(二)围绕"底数清、情况明",开展出租屋专项整治

来穗务工人员是广州经济社会发展的重要力量,出租屋是保障来穗务工人员居住安全的重要支撑。据统计,农民工80%选择居住出租屋,而80%以上的治安案件也发生在出租屋。为此,来穗人员管理局按照"底数清、情况明"和"人来登记、人走注销、定期更新"的要求,认真组织开展了一系列"人屋"全面登记纳管集中行动,进一步加大信息采集力度,通过抽查、暗访、通报、约谈等措施,切实提高农民工的登记率和纳管率。

(1)切实开展"人屋"长效机制建设。一是总结固化之前的经验做法,探索建立"人屋"登记纳管常态化工作机制。提出"以屋管人"的思路,根据人流动而屋不动,且大部分问题都出在出租屋的特点,抓住农民工落脚点管理,通过管好出租屋实现对人的有效管理。研究完善农民工服务管理部门、公安部门市、区、街镇、村居四级联动信息采集常态化工作机制,建立出租屋门牌地址编列联动机制。二是研究制定了"干净整洁、平安有序"的出租屋标准。结合广州市"干净整洁平安有序"的城市环境创建工作,制定一套符合实际、操作性强的"干净整洁、平安有序"出租屋创建标准,为全市的出租屋创建活动提供指引,建立"干净整洁、平安有序"出租屋的长效机制。三是出台出租屋安全管理规范。把涉及出租屋的主体结构、空间、生活设施、功能和使用、卫生防疫、消防、治安管理等分散在各部门的管理标准和要求进行整合,制定了出租屋安全管理规范。通过集中专项整治,取得了"人屋"登记纳管率进一步提升、门禁系统覆盖率进一步提升、出租屋管理水平进一步提升和出租屋突出安全隐患大幅度降低的"三升一降"显著成效。

(2)突出开展全市出租屋3年专项整治。为加强安全隐患的排查整治,

2015年来穗人员管理局会同广州市公安局，按照《广州市出租屋专项整治暨干净整洁平安有序出租屋创建活动3年行动计划》（2015~2017年）的工作部署，对全市11个区开展了近几年来最大规模的"人屋"登记纳管抽查。对出租屋安全问题，主要采取日常管理和集中整治相结合的方法，实行日常巡查告知制度，对轻微问题管理员督促出租人和承租人及时处理，消除安全隐患，防止问题累积，对较严重问题告知职能部门处理。对出租屋管理中存在的突出顽疾问题，以及问题较多、事故频发的区域或部位，集中时间、集中人财物开展专项整治活动，为平安广州建设做出了重要贡献。

（3）扎实推进重点地区综合整治工作。为全面助力"干净整洁、平安有序"城市环境建设，根据广州市委决定和任学锋书记指示，自2014年下半年起，广州市来穗人员管理局会同有关职能部门，历时8个月对广州市白云区石井街的社会管理突出问题开展了综合整治行动。整治后石井街的城市环境和社会管理水平得到了大幅提升，"人屋"纳管率达98%以上，建立了出租屋管理社会化、城市管理制度化、专业市场管理民主化等三大长效治理机制，得到了广州市委、市政府的高度肯定。在少数民族居住集中的马岗村，来穗人员管理局创造性地建立了全市首个"两站一队"工作机制（即少数民族社会服务管理工作站、少数民族法律援助工作站和少数民族志愿者服务队），为少数民族同胞提供行政事务、纠纷调解、法律援助、政策法律咨询、生产经营和生活居住等6大方面服务，受到了国家民族宗教委和新疆维吾尔自治区党委的充分肯定。

（4）在全市推广建设出租屋门禁系统。为破解管理人员入门难、信息登记难、安全隐患整治难等难题，针对出租屋门禁系统建设存在的技术标准不统一、覆盖面不够广、信息数据无法同步系统传输的问题，广州市来穗人员管理局会同广州市公安局，对全市已安装门禁出租屋数量、未安装门禁规模以上出租屋数量、安装门禁费用，以及门禁系统类型、安装范围和技术标准等，进行广泛调研摸底，充分听取基层意见，在此基础上制定印发了《广州市来穗人员服务管理工作领导小组关于印发广州市出租屋门禁系统建设工作方案的通知》（穗来穗领〔2016〕8号）。在市方案的基础上，各区制订并印发本区工作方案,进一步细化工作措施,分解年度任务。2016年,广州市攻坚克难,共新建了10多万套出租屋门禁视频系统,计划再用2年左右时间,把全市有一定规模、隐患比较多、有条件的出租屋,特别是城中村的出租屋全部装上门禁视频系统(约需新建18多万套),确保出租屋的安全。实践证明,凡是安装门禁视频系统的出租屋,对重点人员和特殊人群管控到位,治安刑事案件发生率大幅下降。

(三)开展系列关爱服务活动,依法维护合法权益

(1)农民工评优推先工作。为激励和引导广大农民工和社会各界人士为广州经济、社会和文化发展做出更大贡献,广州市于2008年开始,每年评选表彰一批优秀异地务工人员(含技能人才)和先进集体。评选对象为当年在广州地区就业创业的农民工,吸纳来穗务工人员就业创业的公共服务机构、企事业单位及其内设机构。优秀异地务工人员一般应具有高中毕业(中专、职中、中技)及以上学历,模范遵守国家法律法规和广东省、广州市政府有关规定,热爱本职工作、热爱广州,积极传播社会正能量,事迹突出且具有先进性、典型性、代表性,无违法犯罪记录、无违反计划生育政策或接受处理满5年期限;持本市有效居住证连续3年及以上;签订劳动合同、办理就业登记,在现单位连续工作和缴纳社会保险达到3年及以上。推荐评选工作在单位推荐、个人自荐和各区及各有关部门评审申报的基础上,经专家评审、市来穗人员服务管理工作领导小组审定并经公示等流程。获得"优秀异地务工技能人才"或"优秀异地务工人员"荣誉称号者,享受异地务工人员入户政策,同时在本市子女入学、技能培训、申请公租房资格等方面优先安排。2016年初,根据国家、广东省有关要求,来穗人员管理局联合市人力资源社会保障局开展全国优秀农民工和农民工工作先进集体评选推荐工作,广州市秦小青等7人获评"全国优秀农民工",广州市中级人民法院民事审判庭获评"全国农民工工作先进集体"。

(2)协调做好保障农民工权益工作。来穗人员管理局为保障农民工权益,做了如下工作:积极建立健全工作联络机制,建立了"泛珠三角驻穗

机构来穗人员服务管理联络员制度"，定期邀请泛珠三角地区福建、江西、湖南、广西、海南、四川、贵州、云南8个省（自治区）驻广州办事机构、广东省泛珠办、广州市相关职能部门负责同志，围绕"农民工融合促进"的主题进行座谈，协调解决农民工服务管理问题；与团市委联合成立广州市来穗青年服务管理工作联席会议，促进来穗青年服务管理工作的制度化、规范化，及时发现、研究、处理来穗青年民生相关重大问题；承担"广州市未成年人保护委员会"成员单位相关职责，参与协调推进和完善农民工未成年子女公共服务体系等多项工作；参与"圆梦100"新生代产业工人骨干培养发展计划的组织实施工作，并资助50名来穗务工青年参加"圆梦计划"特色班等，不断推动农民工权益保障工作纵深开展。

（3）开展节假日关爱服务专题活动。每年春节前后、暑假期间，广州市来穗人员服务管理工作领导小组成员单位、各级来穗人员服务管理部门和驻穗机构、群团组织、社会组织主动作为，开展面向农民工的迎新春送温暖系列关爱活动，形成的《关于2016年春节前后我市开展关爱服务来穗人员工作情况的报告》报市委、市政府，获时任广东省委常委、广州市委书记任学锋，广州市副市长谢晓丹批示肯定。2016年的暑假期间，广州市各区、各有关单位开展面向来穗务工人员随迁子女尤其是来穗"候鸟儿童"的关爱活动，共开展面向来穗家庭的特色活动300多次，包括了解安全教育、岭南文化、文体比赛、观看电影和读书会等内容，为来穗"候鸟儿童"暑期学习成长提供了良好平台，拉近了来穗"候鸟儿童"与广州这座城市的距离，并形成《广州市来穗人员服务管理工作领导小组办公室关于暑假关爱来穗"候鸟儿童"工作情况的报告》呈报市委、市政府并经任学锋、谢晓丹等市领导批阅。

（四）不断拓展宣传教育阵地，营造良好社会氛围

（1）开展全方位新闻宣传。来穗人员管理局在新闻宣传方面，做了如下工作：牢牢把握正确的舆论导向，注重先进文化的教育引导和典型引路，建立并完善了新闻发言人制度机制，建立定期发布信息机制，新闻宣传逐步

规范化、制度化；针对融合行动、示范区创建、积分制入户、公租房申请、随迁子女入学以及出租屋整治，及时在市政府组织召开新闻发布会等；在积极与人民日报、新华社、中央电视台等 20 多家驻穗媒体建立了长期良好的合作关系的同时，建设开通了来穗人员管理局门户网站和官方微信公众号"广州来穗局"，构建起了全方位、多层次、宽领域的立体化宣传大格局；开办报纸专栏，2015 年在《南方日报》开辟"广州·寻梦"专栏共计 50 期，坚持每周用一个整版记录农民工在广州工作、生活的经历以及心路历程，并通过"记者手记""来穗宣寄语"等方式引导宣传农民工服务管理相关政策；2016 年结合全国"两会"政府工作报告中关于培育、弘扬"工匠精神"的有关内容，会同广州市人社局在《南方日报》合办专栏"创新之城·羊城匠心"共 24 期，结合政府部门的中心工作，从工匠人物事迹、政府政策举措、部门领导访谈等角度进行全方位的宣传报道，展现广州产业创新发展的面貌，彰显广州的包容度与开放性。

（2）持续开展普法用法活动。来穗人员管理局在普法用法活动中做了如下工作：针对农民工的特点，积极适应形势任务的新要求和人民群众法律需求的新变化，推进法制宣传教育工作创新，不断增强法制宣传教育的针对性和实效性；2014 年会同广州市司法局、普法办联合举办了首届农民工法律知识竞赛，积极组织各区、街（镇）流管办配合普法部门在农民工中广泛开展各项主题普法活动，协调组织各区（县级市）和市直属部门举行选拔赛、全市预赛，还特别邀请 3 名外籍人士组成国际队参加决赛，在农民工中掀起学法、用法的热潮，并于"12·4 国家宪法日"宣传活动期间在广州电视台播出决赛实况；2015 年与广州市关工委、普法办、司法局联合开展"法律进民办中小学活动"，在广州广雅实验学校以赠送《宪法学习读本》、开办法律常识课、有奖问答和互动交流等形式向民办学校青少年开展普法教育；与广州市普法办、司法局、依法治市办联合举办"文明守法随手拍"活动，通过向全社会征集照片和微视作品，鼓励群众随时捕捉日常生活中文明守法的行为和瞬间，弘扬法治精神、传递法治广州正能量。

（3）编印《广州市来穗人员服务指南》。为引导农民工在广州遵纪守法、安居乐业，来穗人员管理局每年编印中、英文版《广州市来穗人员服务指南》。内容主要包括广州城市简介、租房居住、公共交通、企业分布、文体设施等方面的介绍，面向农民工的就业创业、积分入户、人才引进、评优推先等政策规定和服务举措，农民工办理出入境以及计划生育、子女教育、医疗救助和法律援助等方面的指引，受到了农民工和社会各界的好评，被誉为农民工的"暖心指南"。随着农民工享受基本公共服务均等化的不断推进，农民工服务管理的范畴越来越广、触角不断延伸，一些相关政策措施也在不断优化调整。《广州市来穗人员服务指南》在"居住指引"部分详细介绍了非广州户籍人士的居留（包括工作类、学习类、团聚类等）证件办理及延期、换发和补发办法、需提交资料等内容。来穗人员包括来穗外国人，来到广州后，通常会遇到租房的问题。《广州市来穗人员服务指南》在"就业创业指引"部分明确来穗务工需要满足的基本条件，向来穗务工人员介绍了就业、租房、签订劳动和租房合同、缴纳社会保险等的注意事项。广州市每年由政府职能部门组织优秀农民工的评选工作，《广州市来穗人员服务指南》在"评优推先活动指引"专题介绍了广州市优秀异地务工人员（含技能人才）和异地务工人员工作先进集体推荐评选工作的有关情况。另外，有关部门还专门为农民工查阅方便，选编了广州各类服务窗口或管理部门的详细地址和咨询服务电话，其中包括受理居住登记、房屋租赁备案等业务的172个街（镇）流动人员和出租屋管理服务中心，办理"健康证"业务的市、区疾控中心，提供职业介绍等服务的人力资源服务机构，办理出入境业务的各区出入境办证大厅，市内各慈善会、救助管理站和法律援助机构，以及餐馆、体育馆、图书馆、博物馆、公园等主要文体设施，被誉为深化服务理念、创新服务模式的又一举措。

四 开拓创新，运用"互联网+"激发服务管理新活力

针对农民工数量庞大、来自不同地方，年龄结构多元、文化层次多元、风土民情多元的实际情况，主管部门主动适应城市发展的新形势、新任务，

以战略眼光积极加强信息化建设，运用现代技术推进农民工服务管理，大力加强农民工服务管理信息系统建设，引进大数据应用平台、运用"互联网＋"做好农民工和出租屋基础数据研判分析。

（一）搭建广州市农民工服务管理系统

为精准实施农民工服务管理，2007年广州市建立了流动人员信息系统。该系统涉及公安、房管、人社、计生等诸多部门，涵盖了流动人口和出租屋服务管理工作的方方面面，具有兼容性、操作性强的特点，为广州市开展流动人口服务管理提供了有力的技术支撑。因应时代发展，为进一步提高服务管理效率，来穗人员管理局积极规划用"互联网＋"提升便民化服务水平。2015年开始，根据"一级建库、一网运行、统一管理、信息共享"的新思路、新要求，来穗人员管理局着手对原信息系统进行了优化升级。新系统于2016年9月起陆续上线试运行，经过前期系统功能和业务流程集中审核，"来穗人员服务管理系统升级改造项目"已在广州11个区全面上线，并投放200台自助终端安装到各街镇农民工和出租屋服务管理中心，让农民工在城市生活得更方便，提高了农民工的生活质量和农民工服务管理工作的精细化和智能化程度。

（二）推进广州市农民工大数据应用平台建设

统计数据是反映经济社会发展的"晴雨表"和"温度计"，为党委、政府的科学决策提供有力数据支撑和坚强统计保障。广州市农民工服务管理目前有信息系统、积分制入户系统、办公自动化管理系统和来穗人员管理局门户网站，正在规划建设大数据应用平台、居住证门禁＋视频系统，农民工基本公共服务"大积分体系"正在规划建设阶段，每天更新的数据超过25万条、存储的数量近1GB，共存储7TB数据。但广州全市来穗人员服务管理相关部门间的信息还未真正实现互联、互通、互认与共享。对照"精、准、实、全、新"的来穗人员和出租屋信息要素标准要求，信息化要素集成建设步伐仍需进一步加快；对照"底数清、情况明"要求，广

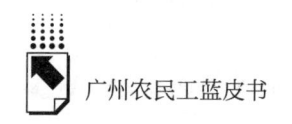

州全市"人屋"基础综合数据登记核查仍有提升空间。同时,"人屋"重点信息的采录、更新、维护与比对、研判、预警、发布制度机制还不够健全完善。来穗人员管理局制定了《广州市来穗人员服务管理大数据应用平台规划方案》,并通过了广州市工信委的审核,作为广州市政府大数据综合应用管理平台首批试点应用开展建设,并将其列入2017年新建项目。广州市工业和信息化委推动实现广州市来穗人员和出租屋服务管理专项与广州市卫计、人社、质监等部门累计约6.8亿条数据共享。广州市政务办牵头将全市1869万条来穗人员的初始数据导入市级网络化系统。做好来穗人员和出租屋基础数据统计与分析研判工作,努力为广州市委、市政府提供决策咨询服务。

(三)建立健全农民工基本公共服务"大积分体系"

结合贯彻国务院《居住证暂行条例》和国家、广东省、广州市关于进一步推进户籍制度改革的实施意见,按照广东省城市工作会议精神"以常住人口市民化为牵引,坚持'两证并行',梯次享受城镇基本公共服务保障"的要求,来穗人员管理局会同有关部门,正抓紧制定《广州市来穗人员积分制管理规定》及计分项目,积极构建"以居住证为载体、以积分制为办法"为农民工提供基本公共服务的"大积分体系"。对农民工文化程度、专业技术能力、办理居住证、缴纳社保、获得荣誉称号、参与社会服务及违纪违法等情况,按照一定标准、权重、流程计算个人积分,并将积分档次与本人享受公共服务的内容、层次进行关联,形成层次分明、结构合理、功能健全、公平公正、简便高效的基本公共服务保障机制,全面引导农民工多为广州经济社会发展做贡献。

(四)做好农民工和出租屋基础数据统计和分析研判

针对农民工流动性强的特点跟进做好农民工和出租屋基本数据更新。每月、每季度报送情况分析报告,包括该季度农民工流入地域及性别、年龄、民族、文化程度、居住地变化以及出租屋类别、分布情况,通过数据模块展现农民工和出租屋纳管率变化情况，每年报送综合情况报告。包括汇总统计全年农民工和出租屋的基本数据，结合全年农民工相关政策规定的实施和服务管理工作的推进情况，梳理居住证办理、农民工和出租屋纳管率变化，查找数据与上年度发生明显变化的原因，分析数据变化的积极或消极现象，推动实现农民工数据在政府公共服务和行政管理中的广泛应用。

B.4 广州Z街农民工社会服务需求调查分析[*]

谢建社[**]

摘　要： 农民工已经成为广州经济社会发展的一支重要力量，他们在共建共治中达到共享，他们的城市融入标准之一就是公共服务均等化政策。广州通过政府购买服务的方式，把农民工社会工作服务打包在其中，因此，社会工作者必须从农民工的社会服务需求出发。社会服务需求是农民工社会工作的基本问题，也是农民工社会工作的核心问题。因此，农民工社会工作要从服务需求开始，以需求为本，提升农民工服务水平。

关键词： 农民工　社会服务需求　广州

一　引言

农民工伴随着改革开放的春风，汹涌而至。改革开放40年来，广州的农民工来来往往，不计其数，他们为广州的经济社会发展做出了重大的贡献。广州是一个包容的城市，对农民工的接纳、服务，在全国都处于领先地位。调查发现，农民工的各种需求也非常迫切，主要体现在以下几个方面。

第一，劳动就业与社会保障。劳动就业是农民工在城市生存发展和融入

---

[*] 本文是国家重点社科基金项目"基本公共服务供给侧改革与农民工需求侧获得感提升研究"（17ASH001）、广东省哲学社会科学"十二五"规划2015年度资助项目"城镇化进程中的农民工越轨行为研究"（GD15YSH02）的阶段性研究成果。

[**] 谢建社，社会学博士，广州大学教授、博士生导师，广州市社会工作学会会长。

城市的根本前提，更是他们在城市生存和发展的立命之本。中国社会进入新时代，新一代农民工进城就业的要求已经大大超过老一代农民工，同时城市就业的要求也大大提高了，于是农民工劳动就业的服务转向依托社区、就业服务中心。社区和就业服务中心的就业信息能帮助农民工掌握获得就业的方法，并协助他们了解如何安全顺利地获得一份适合的工作，包括就业选择、劳动权益和就业安全等内容，还可对有创业意愿的农民工提供必要的咨询服务。社会保障与劳动就业紧密相连，也是劳动就业后的持续服务。主要通过劳动技能知识普及和培训教育的方式使得农民工了解城市社会保障的基本情况，尤其是关乎农民工自身的社会保险和职业安全，为劳动就业后避免可能的风险奠定基础。新一代农民工更加看重社会保障。

第二，健康教育与心理辅导。健康服务是当前农民工社会服务中突出的一个问题，主要包括生理健康和心理健康两个方面。新一代农民工就业与老一代农民工有很大的差异。新一代农民工的就业要求高于老一代农民工，表现在要求舒适的就业环境、较高的薪酬待遇，一旦就业受挫，就会产生严重的心理失衡。另外，农民工也是各种传染疾病预防知识的重点宣传对象。由于农民工进入城市后，受生活条件的影响的欠缺相关的卫生知识，致使各种疾病，包括艾滋病等的发生。针对农民工及其家庭开展健康知识普及、家庭卫生保健常识、职业病预防、生殖健康常识、艾滋病预防和心理咨询等服务活动是非常必要的。心理层面的咨询服务和个案辅导已经成为农民工社会服务工作的重要内容。社会工作者运用个案工作方法和团体工作方法，为农民工解决生活困难和完成心理转换发挥了重要作用。农民工在心理上既受到就业的歧视，又感受到制度方面的排斥，容易产生"镜中边缘人"心理、受偏见心理、被剥夺心理等心理问题，再加上农民工在城市生活中又缺乏文化休闲的娱乐，所以他们容易产生精神失控而做出一些不理性的行为。因此，社会工作者应该针对农民工的心理问题，利用所学的专业知识和专业技巧，为农民工提供社会支持，帮助农民工恢复正常的心理状态以适应城市的生活，对农民工融入城市具有重要的现实意义。

第三，法律普及与权益维护。新时代的中国将进入法治社会，农民工的

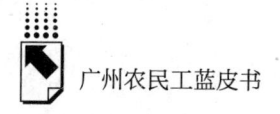

维权意识也越来越强烈，这是城市化进程中的里程碑。但是，多年来，我们看到不少农民工在维权时失去理性。劳动法律法规的宣传和劳动权益维护是农民工社会服务工作的重中之重，但它在内容上不同于单一的法律服务，它侧重对农民工维权过程中的赋权增能、信心建立和情绪疏导等，更加注重服务的专业性和综合性。法律普及是预防阶段，普及与农民工相关的政策法规，协助农民工提升其法律意识和公民意识，并预防或减少农民工违法行为的发生。权益维护是在农民工的合法权益受到侵害时，协助农民工提升他们的维权意识和能力，依照合法途径争取合法权益。

新时代的新广州人（农民工）服务于"五新"工程：新服务、新身份、新认同、新家园和新市民，促使农民工更好地融入广州，并将农民工纳入广州市的公共服务体系，让农民工在共建共治共享中获得市民待遇和公共服务。

如何更好地了解和进一步满足农民工的需求，如何营造农民工一起参与广州共建共治共享新格局？即农民工在融入广州这座城市的过程中，如何顺利就业，参与社会治理，享有公平的公民权利和履行相应的义务，获得良好的社会支持。本研究以广州Z街为例，通过社会调查进行分析和研究。整个调查问卷共有101份，采取自愿填写原则，最后用SPSS19.0社会统计软件进行数据分析处理。

二 农民工基本状况分析

（一）基本情况分析

从实地调查问卷来看，样本中男性为51人（50.5%），女性为50人（占49.5%），男女比例协调，相差不大。从年龄上看，16~25岁的为27人，占26.7%；26~35岁的为29人，占28.7%；36~45岁的为15人，占14.9%；46~55岁为17人，占16.8%；55岁以上为13人，占12.9%。从数据上看，超过一半的农民工集中在35岁以下，而且从他们的婚姻状况来看，主要集中在未婚、已婚，其中未婚29人（占28.7%），已婚68人（占67.3%）。

从受教育程度上看，绝大部分农民工的受教育水平在高中或者中技及以下，占80%左右，而本科及以上仅仅只占2%，这样看来，农民工的受教育水平普遍不高，以初中、高中学历为主，分别占32.7%和38.6%（见图1）。

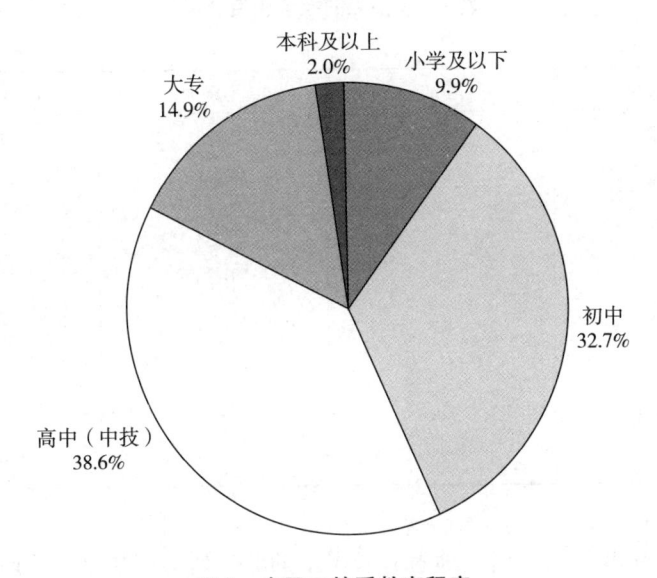

图1 农民工的受教育程度

从收入和所从事的职业来看，农民工的工种主要集中在个体户、普通工人和服务业，分别占25%、21%、20%，而技工相对而言很少，只占2%。从工资收入上看，农民工每月收入在1500元及以下的占11.9%，1501~3000元的占55.5%，3001~5000元的占10.9%，5001元及以上的占19.4%。从工种和工资收入两者之间的关系来看，收入在5001元及以上的农民工个体户占绝大多数，服务业和普通工人一般每月都是3000元以下，一般管理人员的工资收入则是1500元左右。

（二）农民工的业余生活状况

"干活累，没事睡。"这是在农民工群体中广为流传的顺口溜。调查人员在一家企业了解到，下午班后农民工回到简易出租屋，有的趴在窗户前东张西望，透过玻璃看马路上熙熙攘攘的车流、人流，有的则三五成群聚在一起，吹吹牛，打打牌，晚上八九点就洗洗睡了。除了工作之外，农民工的业余生活十分单调（见表1）。

表1 农民工的业余生活状况

单位：%

业余活动	参加	不参加	缺失
玩棋牌	5.9	93.1	1.0
上网	23.8	75.2	1.0
炒股	8.9	90.1	1.0
休息	37.6	61.4	1.0
聚会	9.9	89.1	1.0
带孩子	25.7	73.3	1.0
照顾家人	9.9	89.1	1.0
其他	7.9	91.1	1.0

从表1中我们可以清楚地看到农民工的业余活动还是比较单调的，他们平常下班之后更多的是待在家里休息，或者和亲人在一起，而聚会、玩棋牌等其他的娱乐活动很少，比重都不超过10%，这也就意味着他们除了上班就是待在家里的情况较普遍，娱乐需求还是比较大的。

（三）对目前生活状态的满意度调查

从调查情况看，农民工对目前的生活状态总体上是基本满意的。非常满意的占7%，不满意的占11%，非常不满意的占2%，所以大部分人还是比较满意在广州的生活。但是，通过分析经济与生活满意度之间的关系，调查人员发现经济对生活的作用还是比较明显的。

在调查生活满意度时，有一些可量化的指标，即工作不如意、住房条件差、子女教育问题、老少无人照顾、对广州的生活习俗不了解、社会保障制度不完善通过这些指标以及其他方面的调查，调查人员发现农民工参与社会活动的频率相对少，最高的不过20%，那就意味着他们业余时间参与的社会活动少。

（四）农民工融入问题

外乡人融入本土一直是一个问题，因为两地的语言、风俗习惯、个性特征迥异。本调查中，选择了以下几个方面，具体情况见表2。

表2 农民工对融入广州的态度

单位：%

社会活动	是	否	社会活动	是	否
不懂广州话	21.8	78.2	很少参与社区活动	28.7	71.3
在广州没有熟人	16.8	83.2	缺乏归属感	14.9	85.1
不熟悉广州的地方	9.9	90.1	可以融入	35.6	64.4

从表2中可以看出，大部分农民工懂广州话，在广州有一定的人际关系圈子，并且比较了解广州，这说明他们来广州的时间比较长，但是大部分农民工与当地人联系不紧密，不过还是有一部分人可以融入广州的生活，融入率35.6%。当然，这仅仅是一少部分的人，大部分的农民工还不能很好地融入广州的生活，这需要更多的社会参与机会和相关的培训。

（五）农民工的服务需求

农民工因自身抵御社会风险的能力弱，社会保险参保率低，所以遭遇社会风险的概率高，这就决定着他们对社会服务有着迫切的需要。根据马斯洛需要层次论，农民工同样也需要各种服务来满足他们的需要（见表3）。

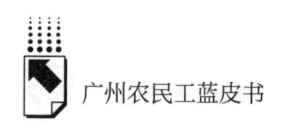

表3　农民工社会服务的需求

单位：%

服务　　　意愿	是	否	缺失
政策法规咨询服务	8.9	85.1	6.0
就业技能提升服务	18.8	75.2	6.0
社区融合服务	13.9	80.2	5.9
社交文娱康乐服务	31.7	62.4	5.9
子女课外辅导服务	16.8	77.2	6.0
危机个案介入服务	0	94.1	5.9
学习教育服务	7.9	86.1	6.0
劳动维权服务	5.0	89.1	5.9
心理咨询辅导	9.9	84.2	5.9
婚姻交友服务	5.9	88.1	5.9
其他	7.9	86.1	6.0

从表3来看，农民工的需求并不高，他们所需要的服务主要集中在社交文娱康乐、就业技能提升、子女课外辅导等方面，分别占31.7%、18.8%、16.8%，而其他的需求相对来说比较少，比如劳动维权、婚姻交友等，分别只占5.0%和5.9%。还有一点需要特别说明的是，关于危机个案介入，没有人选择这一项，为0，可能农民工对危机介入还不是很了解。

三　农民工服务存在的问题及原因分析

（一）农民工服务存在的问题

由于农民工的工作和生活条件艰苦，在城镇就业谋生艰难，特别是收入偏低的农民工，多是居住在城郊接合部的一些危房、工棚或简易房里，因而消防、卫生等安全隐患突出。这种情况使部分农民工在工业化、城镇化过程中易沦为城市贫困群体。加上在我国现行的法律法规中，对农民工没有明确的权益保护条例，制度的明显缺失，直接导致了农民工处于弱势地位。

1. 文化素质不太高

正如前面的调查所示，农民工的受教育水平大多集中在初中或高中学历，这一部分农民工主要是个体户、普通工人和服务业人员，所以，他们所从事工作的环境以及居住的环境普遍不是太好，一般聚集在郊区，各种服务的发展比较迟缓，同时由于自身的诸多局限性和文化素质低下，致使这部分农民工思想顽固、认识极端以及对各种政策和服务需求认识不清。

2. 社会参与度较低

调查发现，农民工除了工作之外，其他的业余活动比较有限，即使是有活动，也多半与家人一起或者在家里休息，而外出活动则相对较少，与当地的居民互动也不多，虽然有少部分的农民工可以融入广州这座城市，但是更多的人还是不能很好地与本地人交往，并且对于社区活动的参与率不高，在一定程度上，对于城市的"心理围城"还是存在的。对于如何调动他们的社区参与积极性，家庭综合服务中心要多关注这类群体。

3. 服务需求不明

对于服务需求的调查，除了社区文娱、就业、子女教育问题之外，接受调查的农民工似乎不知道还有其他的服务需求，或者说，他们不知道什么样的服务是他们想要的，也不知道家庭综合服务中心可以更有效地帮助他们。对于一些政策的了解及运用，还有一些相对应的人群享有什么样的权利与应尽什么样的义务，他们似乎也不知道，进而他们对于自己的需要也不是特别了解。从表面上看，农民工来这个城市的目的是谋生，为了生活质量的提高，但他们忽略了作为一个人的权利的维护。

（二）农民工服务问题的原因分析

农民工问题是指农民进入城市参与经济社会建设后涉及的一系列权益保障的总称。针对农民工问题，政策研究界和学术界有两种观点：一是部分学者的观点，即让农民工在城市住下来，从而基本解决"三农"问题。二是创造农民工市民化的条件，搭建让农民工成为稳定的城市产业工人和市民的

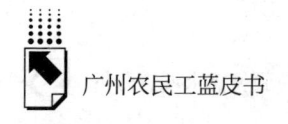

平台。农民工问题在深化经济和社会改革的新时代，城市与乡村的矛盾就日渐突出。

1. 农民工自身因素导致融入城市的难度

从农民工自身的情况来看，由于受教育水平的局限，因而很多人的认知能力受限，对于需求的认知也比较有限。另外，从社会心理学的角度看，农民工作为外乡人，自然有一种从众、学习模仿当地人的心理，但是，没有途径和机会让他们学习，所以存在对广州或者广州人的认识不清。

2. 农民工融入城市的社会环境影响

这里的社会环境主要是指社区的环境，即农民工所居住的社区，而非大的宏观环境。社区环境是积极向上，还是得过且过，是欢快愉悦，还是死气沉沉，社区工作人员服务态度是热情还是冷淡对居住在这里的农民工有一定的影响。积极的社区环境有利于农民工的融入，有利于鼓励他们参与社区服务与社区治理；消极的社区环境只会让城市之间的邻里关系更加的冷酷和漠视，更谈不上社区居民的互助。

3. 农民工家庭环境的改变

众所周知，家庭是避风的港湾，这说明家对于一个人的精神起着重要的作用。农民工来到广州务工或做工，或经商，根据相关资料记录，以前的农民工多是一个人来广州务工，但是今天的形式发生了改变，从个人到举家外迁，大多数的农民工不仅仅自己来，而且带着自己的家人和孩子，这样，无形中增加了他们的城市生活成本，而且，他们的业余时间也多被困在家里，或者和家人在一起生活，或者照顾家人，很难有时间出去参与社会活动，融入当地的社会。

4. 农民工社会支持网络的局限

传统中国农村社会是以家庭、家族和宗族为基础，以血缘、姻缘、地缘、业缘为纽带，以家庭伦理为核心构建起来社会关系，这种社会网络是"先赋性"的，在他们出生之前，这个社会网络就已经存在。这种社会网络，在满足农民的物质和精神需求方面都具有重要作用：一方面，可以动用嵌入其中的各种资源，实现行动目标，获得社会地位；另一方面，也可以通过这一网络获得情感支持和归属感。但农民工进入城市后，就失去了农村里的社会支持网络，进而失去了这种社会网络所提供的资源支持。因此，农民工较难获取正规渠道的工作，且难以通过更换工作或者职务晋升，来实现垂直社会流动。在精神和情感方面，农民工的城市世界属于"陌生人社会"，来自五湖四海的人们聚居在一起，他们之间不具备基于血缘和地缘的天然感情。农民工的"先赋性"关系网络一下进入"后赋性"关系网络，这就需要培育他们的人际交往能力。

一般情况，农民工聚集在广州的城中村，很多地方都形成了一个社区是一个农民工同乡会聚集的地方，还有一部分人散居在各处。这里主要探讨的是同乡聚集的地方中同伴的作用。如果同乡都住在一个社区，那么他们的生活语言、行为习惯、心理特征、社会归属感等都有比较一致的看法，所以，集中农民工同乡中积极且有影响的个人，专门针对他们开展社会工作是家庭综合服务中心社工服务的一个突破口。

5. 社会工作服务机构与社会政策的关联

广州自 2009 年政府购买社会工作服务的试点开始，投资巨额资金购买社会服务，同样辐射到来穗的农民工。从而也推动着广州社会工作服务机构的发展，在街道、社区、学校、医院、企业，到处都可以看到社会工作者的身影。社会工作者在促进农民工融入城市的过程中，助推农民工的社会正式制度建设，助推农民工的社会支持网络构建。在农民工集中就业的企业，在农民工子女集中就读的学校，在农民工生活的社区，社区工作者为农民工搭建沟通和交流的平台，使农民工及其子女有机会参加更多的社区活动，拓宽人际交往的范围，进而构建农民工更广泛的社会支持网络，为农民工融入城市生活，促进新型城市化的顺利实现作出贡献。

多年来，广州市推行"积分入户"的办法，鼓励农民工尽快融入广州，成为广州的新市民。"积分入户"的考核指标分为很多方面，有学历、社保、在广州居住的时间、社会服务时间、做公益时间以及获得省市的荣誉或奖励等。这一政策的实行，让很多农民工跃跃欲试，有些人认为可以获得广州市的户口就是希望，即可以享受到广州市市民待遇。

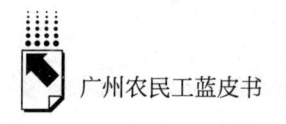

四 农民工社会服务对策建议

基于我们对农民工社会服务的需求具有调查，发现农民工的需求具有复杂性和多样性，农民工社会工作服务必须运用社会工作的专业方法，整合社会资源，构建传统的与现代的社会关系网络，使用扩展性服务方法，把社会工作的专业性服务方法和综合性方法相结合，形成农民工社会工作服务体系，从而适应农民工的群体特点和实际需求。

1. 加强社会工作宣传与服务，将农民工纳入社会服务体系

加强社会工作服务工作的宣传，尤其是到农民工聚集的地方开展活动，让更多的农民工在参与中认同社会工作者，认同家庭综合服务中心的社会服务。

第一，加强农民工社会服务的领导。农民工流入地政府要进一步明确责任，切实把保障农民工基本公共服务纳入当地政府的基本职责。各级政府要把做好农民工工作作为政府的政治责任，将农民工作为当地公共服务的重要对象，把维护农民工权益、满足农民工服务需求当成基本职责。同时，把农民工服务工作的实际成效，作为衡量地方政府科学发展质量和水平的重要内容。

第二，加强城乡统筹，切实把改善农民工社会服务纳入地方经济社会发展规划。地方各级政府在编制和实施经济社会发展规划时，要充分考虑农民工群体服务的改善和发展，特别是在公共服务体系的建设布局、项目安排、资源配置和服务提供等方面，应兼顾辖区内农民工群体工作、生活特点和基本服务需求，科学规划，统筹安排。

第三，加强保障、落实经费，切实把农民工社会服务项目纳入当地公共财政经常性支出预算。地方各级政府要深入工厂、社区，深入调研农民工的实际需求，结合农民工服务需求特点，因地制宜地设计好农民工基本服务需求的实现渠道、途径和方法，有针对性地测算和安排好公共财政保障的范围、内容、产品、项目和活动，建立稳定长效的经费投入机制。

第四，加强引导、整合力量，切实把农民工服务工作纳入城市共享过程。城市社区和企业是农民工生活、工作的主要场所，做好农民工服务工作尤其需要发挥好城市社区和企业的重要作用。城市社区要充分考虑辖区内农民工的规模、特点和文化需求，鼓励和吸引农民工利用城市公共资源，推动农民工逐步融入城市社区生活。

2. 更多关注农民工，加强政府政策的倾斜

除了"积分入户"，希望有更多的政策关注农民工的社会服务需求，可以从农民工的角度去分析和探讨农民工，关注他们的身心健康、就业理想、婚姻家庭、子女教育问题等，希望更多的优惠政策有利于农民工的生存和融入。

3. 加强社会工作服务机构的建设，提供更高效优质服务

社会工作服务机构是吸纳社会工作人才的重要载体，是有效整合社会工作服务资源的重要渠道，是开展社会工作专业服务的重要阵地，促进专业社会工作机构发展，提升社会工作服务专业水平，具有现代意义。众所周知，社会服务机构的服务态度和专业水平的好坏直接关系到农民工接受服务的质量，因此，社会服务机构的建设十分重要。

第一，加强社会工作服务机构内部治理能力建设。社会工作服务机构建立健全以章程为核心的各项规章制度，健全理事会、监事会制度，完善法人治理结构，恪守民间性、公益性、非营利性原则。以政府购买社会工作服务为杠杆，发挥市场配置资源的决定性作用，促进社会工作服务机构提升战略谋划、项目运作、资源整合、创新发展和组织管理能力。

第二，着力提升社会工作机构服务水平。政府职能部门、社会工作协会和社会工作学会要加强对社会工作服务机构提供政策和专业指导，确立社会工作服务机构的自身优势和特点，加强服务品牌建设，形成一批社会认可、特色鲜明、具有示范指导作用的优秀社会工作服务项目，逐步优化社会工作服务机构的区域布局、业务结构和服务功能。建立健全社会工作服务机构的服务成效评估指标体系，为评价社会工作服务机构的服务水平提供科学依据。通过社会工作服务机构一线社会工作者的教育培训，不断提升社会工作

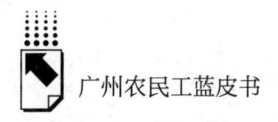

者的综合素质和专业水平。进一步发挥社会工作服务机构承接社会工作专业人才的实习、实训、实务任务，积极引导和鼓励高校社会工作专业毕业生到社会工作服务机构就业创业、建功立业。

第三，着力于服务社区居民，不断完善社区服务体系。社会工作服务机构的基本出发点和落脚点是以服务居民为本，以增强社区居民对社会工作服务的认同感、归属感为目标，创新发展多元化的社会工作服务新格局，形成以政府购买公共服务为主、市场化有偿服务和志愿者义务服务为辅的社区服务体系。

4. 提升农民工自身能力，促进农民工社会融入

不管外在支持有多完善，自身的努力也不可忽视。社工的理念是"助人自助"，更多的是协助农民工提升自己的技能，可以更好地在新的环境中生活，并且很好地融入进去。从调查分析来看，应继续提升农民工的素质教育，开展技能培训，以及鼓励他们更多地参与社会服务，培养他们的满足感，与本地人的交往，成为一个真正的广州人。

B.5 广州新生代农民工城镇融入问题分析*

陈 薇**

摘 要： 当今中国，"80后""90后"的新生代农民工人数大增，并逐渐成为农民工中的主力军，开始发挥越来越重要的作用。然而由于种种原因，新生代农民工无法顺利融入城镇。本文结合马斯洛的需求层次理论，分析当下新生代农民工融入城镇的必要性，为寻找新生代农民工顺利融入城镇的路径提供新思路。

关键词： 新生代农民工 城市融入 农民工市民化

新生代农民工是指，出生于20世80年代以后，进入城市打工，但又没有城市户口的群体。我国农民工人数现已达2.8亿，其中新生代农民工占60%，广州的农民工数量更是超过广州本地人口数量，农民工在广州开始发挥越来越重要的作用。党的十九大报告指出，我国已进入了新时代，社会主要矛盾也已经转化为人民日益增长的美好生活需要和不平衡不充分的发展之间的矛盾，因而解决新生代农民工需求问题，为其发展创造条件，是解决广州长期"用工荒"的关键所在。

---

* 本文是国家重点社科基金项目"基本公共服务供给侧改革与农民工需求侧获得感提升研究"（17ASH001）、广东省哲学社会科学"十二五"规划2015年度资助项目"城镇化进程中的农民工越轨行为研究"（GD15YSH02）的阶段性研究成果。

** 陈薇，广州粤穗社会工作事务所发展部长，硕士研究生学历，中级社工师。

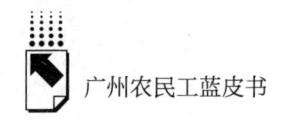

一　新生代农民工的"新特征"

新生代农民工的数量越来越多，逐渐成为广州企业的重要力量。随着新时代的到来，各新兴产业带动下的岗位用工，新生代农民工的数量远超老一代农民工，在很多岗位上他们开始发挥着无可替代的作用，推动着广州的发展。而这一群体自身的特点也越加明显，有着自己的个性，无论在学历、素质还是在技能上，都有了很大的进步，对企业用工产生了重要影响，促进了制度的不断完善。

新生代农民工生长在改革开放经济飞速发展时期，受到了比父辈更好、更高水平的教育，有了一定的文化素质，且生活方式也发生了很大的变化。和父辈相比，他们能够更快地接受新事物，对城市中的现代生活也更加熟悉。新生代农民工不再像老一代农民工那样单纯为了改变生活条件而去从事任何能干的工作，而是不再仅仅满足于挣钱，在工作获取报酬的同时，他们也注重自己的娱乐、交际，相较于物质，他们更加重视别人是否尊重自己，自我肯定意识强烈，更愿意从事轻松、体面的工作，他们抱着融入城市的梦想在城市中打工，开始懂得追求自身发展、不断提升自己，为自己创造发展的机会，也越来越关注自身的利益，开始懂得用法律武器维护自己的合法权益。

新的变化让新生代农民工对工厂、单位、企业的要求也变多，他们开始主动挑选他们认为合适的工作，而并不再甘于被动接受工作。他们开始重视自身的权益和是否被尊重，如果不能达到预期，他们会对所在单位甚至城市产生不满，很可能会选择辞职走人。这样就会有很多企业不在他们的选择范围之内，自然就造成了此类企业的用工短缺，而频繁变换工作的行为又加重了企业的"用工荒"现状。

了解新生代农民工的变化和特点，为其提供更好的工作、生活条件则会在一定程度上缓解民工荒问题，而问题的根本解决还在于满足他们的需求，促进他们在新时代顺利融入城镇，增加对城市的认同感，为城市发展贡献力量。

二 新生代农民工广州融入现状

(一) 新生代农民工广州融入经济现状

新生代农民工的就业范围和内容较老一代农民工有了很大变化,但并不意味着他们的经济压力得到了有效的缓解。他们在城市中的工资依旧很有限,却面临着吃饭、交通、租房、社交等日益增多的花费,他们比老一代农民工更喜欢参加娱乐活动和社交活动,因而存在不少"月光族"。随着年龄的增长,很多新生代农民工已经结婚生子,开始面临买房、孩子教育等越来越多的问题,工资也越来越无法支撑他们的日常开支。在大城市,特别是广州,房租是一笔不少的花费,买房后的房贷更是让很多新生代农民工觉得生活艰难。新生代农民工在孩子的教育方面也会遇到重重阻碍,会让农民工背负比城市居民更多的经济压力。

(二) 新生代农民工广州融入社会现状

随着经济的发展、社会的进步,新生代农民工的境遇虽然有了较大改善,但依然还处于较为劣势和不平等的位置。因为户籍制度等衍生的各类制度问题,除了给农民工的生活带来了诸多不便外,还让他们在其他方面有着不平等的待遇,如在医疗救助、教育资源等方面,他们无法享受到与城市居民同等的待遇。新生代农民工虽然有了较多参加娱乐活动的想法和机会,但他们依然很少同本地居民交流,社交的对象依然徘徊在固有的圈子中。

(三) 新生代农民工广州融入心理现状

新生代农民工虽然积极融入城市生活,学习城市的生活方式,但与城市居民相比依然还有着较大的差距,他们一方面希望能够融入城市、得到城市的认可、被城市所接纳,内心深处渴望着平等的交往,但另一方面也担心被排斥、被看不起。有些新生代农民工虽然很想融入城市,但面对有限的收入

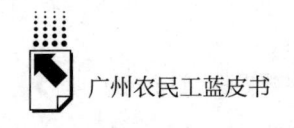

和现实的差距,往往很无奈,也有一些新生代农民工觉得无法在城市中长久生活,就抱着过客一般的心理,想先打几年工,等挣钱后就返乡。

三 新生代农民工广州融入困境原因分析

(一)劳动权益保障不到位

长期以来,农民工在就业中处于劣势,经常发生被克扣、拖延工资,同工不同酬的现象,他们无法维护自己的合法权益。而随着广州企业的转型升级、新生代农民工队伍的壮大,与第一代农民工相比,新生代农民工的整体特征有了很大变化,他们有着较高的学历,开始有更多的选择机会,更加注意维护自己的合法权益,尤其特别关注薪资保障等问题。当他们的合法权益受到侵害时,其中的一些人开始懂得寻求法律途径维护自己的合法权益,不再忍气吞声,然而维权是一个较为复杂的过程,也需要相关法律资源的支持和律师资源的有效连接,因而在一定程度上影响了新生代农民工维权的积极性和自信心。

(二)制度保障有待完善

随着新生代农民工的逐渐增多,对社会保障的需求,特别是医疗保障的需求开始越发明显,社会保障在新生代农民工群体中应该发挥应有的作用。新生代农民工虽然比较年轻,身体较为强壮,但生病在所难免,而且一些人从事高强度劳动、住宿条件较差,就更容易生病。目前广州市医保政策虽已将农民工纳入基本医保,但还面临着诸多问题,并不能满足新生代农民工的医疗需求,而且依然有一些单位拒绝为新生代农民工缴纳社保,损害了他们的合法权益。

除了社会保障,与农民工息息相关的还有住房保障、教育保障等,这些制度在很大程度上影响着农民工融入城市,而现在新生代农民工依旧面临着这些问题。一些新生代农民工已经有了小孩,如果孩子的教育问题得不到有效解决，很容易就引发返乡现象的出现，影响新生代农民工顺利融入城市，也影响城市用工。

（三）社会支持网络薄弱

相比老一代农民工，新生代农民工在工作的同时，也很注重生活质量，喜欢参加各种活动，建立自己的社交圈，但实际上新生代农民工的社会支持网络还很薄弱。虽然他们会认识一些人，但真正的交流往往会局限于熟悉的老乡、同事之间，真正同本地人的交流、沟通比较有限，当他们遇到困难时更倾向于找原有的支持系统寻求帮助，在城市中所认识的人一般不在考虑范围之内，这在一定程度上反映了关系的薄弱。

（四）工作技能有待进一步提高

科技的不断发展、社会的不断进步，对新生代农民工提出的要求越来越高，需要他们提高自身技能，跟上时代的步伐。新生代农民工在一定程度上有了很大的改变，但若要顺利融入城市则需继续努力。新生代农民工需要通过提高工作技能和能力来提高自己的生活水平，新生代农民工拥有的技能高低，决定了他们在城市中的生活状态。新生代农民工需要不断提高自身的文化素质，来增加城市对自己的认同，很多农民工因成长环境，有着很多不被城市居民所认可的生活方式和行为，这为他们的形象带来了负面影响。

四 新生代农民工融入广州的必要性分析

在新生代农民工融入广州的必要性分析上，本文将从马斯洛需求层次理论进行解析。马斯洛需求层次理论，将需求分为五种，从低到高分别为：生理上的需求、安全上的需求、情感和归属的需求、尊重的需求、自我实现的需求。新生代农民工融入城市不仅对其自身意义重大，而且对所在城市也会有很大的影响，他们顺利地融入城市既能解决城市的用工问题、促进经济发

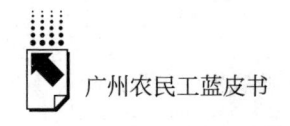

展，又能稳定社会秩序。因此，本文在分析每个层次需求对新生代农民工的重要意义时，也会分析满足新生代农民工每个层次的需求对城市发展的意义。

（一）基于生理需求的必要性融入

生理需求是级别最低、最基本的需求，如食物、水等必不可少的需求。新生代农民工进城务工，他们要生存下去、满足最基本的生理需求就必须找工作挣钱。在城市中生活要承担很多的消费事项，由于种种原因，农民工大多依然从事着较为底层的工作，而这些工作往往不稳定、收入低、环境差，虽然对于新生代农民工来说，这种状况已经有了很大好转，但却依然存在，导致他们在满足最基本的生理需求方面会受到限制，比如，他们大多数都居住在环境相对较差的城中村或一些偏远地方，饮食方面受到很大的限制，医疗卫生条件虽有所改善，但依然不能得到有效满足等。农民工的这些生活基本条件都需要很大的改善，然而，又由于他们并非城市居民，不能享受城市居民所拥有的一些社会保障，造成生存环境更加困难。农民工生活水平的提高、生理层次需求的有效满足，能够在保障他们拥有健康身体的同时，为城市发展提供持续劳动力。

（二）基于安全需求的必要性融入

安全需求同生理需求一样，也属于较低级别的一种需求，它包含很多内容，如人身的安全、生活的稳定等。新生代农民工更多地接受了现代思想的教育，文化素质较他们的父辈有了很大的进步，他们开始有了更多的权利意识和进取意识，更加明确自己所要承担的角色，不再只是单纯地挣钱，更愿意积极地融入城市。可是，在现实生活中即使他们努力地生活、打拼，却仍然不能改变收入较低、社会地位不高的境遇，这同他们理想的状态有太多的差距，使他们感到压力与紧张，没有安全感会渐渐对城市群体形成一种不满情绪，并不断升级，直至演变成各种不同程度的冲突。因此，推动新生代农民工顺利融入城市，不仅会让他们有安全感，还能够让他们在城市里轻松地生活下去，对维持城市的稳定、安定也有很大作用。新生代农民工的顺利融入能够让他们对城市有更大的认同感和归属感，为他们安定下来、定居下来提供条件，同时留住城市所需的劳动力。

（三）基于情感需求的必要性融入

情感需要指个体爱别人或被别人爱的需要。新生代农民工不同于老一代农民工，他们对自己的身份和城市居民的看法、态度更敏感。他们希望能够融入城市、得到城市的认可、被城市所接纳，可希望越大失望越大，理想总被现实所阻碍。他们有被城市爱的情感需要，内心深处渴望着平等的交往，虽然目前状况有所好转，但却依然不能真正完全体会到平等。如此往复，长期下来新生代农民工的心理健康必然会受到影响，会产生自卑、消沉、苦恼，甚至反社会的情绪。所以，从情感需求的角度看，新生代农民工在城市中的顺利融入，对他们的身心健康十分必要。从城市发展来看，身心健康的工人会更积极的工作和生活、热爱他们所工作的企业和城市，而一个城市对新生代农民工所给予的态度，同样决定了新生代农民工对这个城市的态度。

（四）基于尊重需求的必要性融入

尊重的需求是属于较高层次的一种需求，它包含成就、名声、地位和晋升机会等，它既包括个人对成就、自己的评价，也包含他人对个人的尊重和认可。

在新生代农民工看来，尊重比收入更重要，他们把自己的人格看的更重。在新生代农民工心中，平等意识越发强烈起来，他们不希望自己是被同情的"弱势群体"，不希望人们特意地尊重自己，他们希望获得真正基于人格平等上的尊重。对于他们而言，"获得城市的平等待遇，比在城市生存更重要"，"尊重比收入更重要"。相比于经济，新生代农民工更加关注的是社会地位、工作的人文环境。因而，为新生代农民工提供能够满足他们继续社会化的条件，让他们拥有同城市居民同等的社会地位和政治权利，才能真正促使他们融入城市。一个懂得尊重的城市也必然会被尊重所回馈，新生代农民工在顺利融入城镇后会更加积极的工作，用自己的努力回报城镇的接纳，也会更加努力地进一步融入城镇。

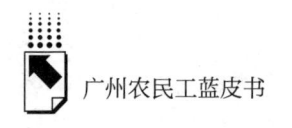

（五）基于自我实现需求的必要性融入

自我实现是最高层次的需求，与自我实现的积极进取相对应的一个概念是习得性无助。习得性无助是指一种因为重复的失败或惩罚而造成的听任摆布的行为，是一种通过学习形成的一种对现实的无望和无可奈何的心理状态。

新生代农民工在进城之前大都接受过至少九年的义务教育，对新事物的接受能力比较强，因而他们努力从各方面学习新技术、接受新观点，积极向城市居民靠拢，并参与城市居民的各种娱乐活动，但他们的这些努力却没有收到很好的成效。经济方面，他们的工资不高待遇低，权利方面，他们的各种保障依旧比较欠缺，社会声望方面，他们只是外来务工人员。新生代农民工发现经过努力，他们依旧没能改变与城市居民的多个维度的差距后，就会落入失望之中并影响他们努力的积极性和进取精神。新生代农民工对于一个城市来说至关重要，他们会在工人中占据越来越高的比例，他们的成长与进步，将会变成巨大的生产力，进而创造价值，推动社会的发展。因此，应为新生代农民工提供不断学习、成长的机会，鼓励他们不断进步，在实现自我梦想和价值的同时，贡献社会。

促进新生代农民工顺利融入广州，能够在满足他们自身五大层次需求的基础上，为城市发展提供身心健康的稳定劳动力，解决城镇用工问题，具有重要意义。

五 新生代农民工融入广州的路径思考

新生代农民工能够顺利融入广州对他们自己自身和城市都有重要的意义，因此应该积极分析阻碍因素，从内因外因两个方面进行思考，以期问题能够得到较完善的解决，探寻融入路径。

（一）突破现有的社会分层阻碍

社会分层是指，由于获得社会资源的机会、能力的不同，社会成员在社会生活中呈现出不同等级、层次的现象及过程，反映出一种结构性不平等。农民工的社会地位不高，造成这种情况的原因有多种，并不是简单的个人因素，反而应该更多地从社会制度方面进行思考。

城乡二元结构体制，主要表现为城乡之间的户籍壁垒，户籍制度本身并不麻烦，但其衍生出的社会利益分配格局却十分复杂。农民工在社会中，最常遇到的问题便是医疗问题、教育问题、住房问题等，没有城市户籍往往意味着远离好的医疗、教育、住房资源等。虽然目前广州市采取了一系列改善措施，但依然无法从根本上使问题得到解决。

我国目前虽然已经制定、实施了专门针对农民工的社保制度，但因为制度操作等存在一定的现实问题，这一制度并未十分完善，农民工依然较难享受到和城市居民同等的社保待遇，特别是新生代农民工的需求不能得到有效解决。而相关法律的缺失，也对农民工融入城市产生了很大的影响。如何突破现有的社会分层阻碍，促进新生代农民工真正地融入城市，依然是一个值得思考和研究的问题。

（二）实现由社会排斥到社会认同

社会排斥是指，一定的社会成员或者社会群体在一定程度上被排斥在社会主流关系网络之外，不能获取正当的经济、政治、公共服务资源的过程或者状态。

农民工进入城市，在一定程度上造成当地公共资源使用紧张，占用原本属于城市居民的医疗、教育等公共资源，自然会引发一些人的不理解、不满，进而产生排斥心理。又因为很多老一代农民工身上存在一定的缺点，在一定程度上增加了排斥现象，新生代农民工虽然接受了更多的教育，素质有了很大提升，进步很多，但难免还有局限，与当地居民在思维方式、生活方式等方面还有着一定的差异，一时无法完全摆脱被排斥的状态。

随着社会排斥的逐步消失，新生代农民工的社会认同感则将进一步增强，而最明显的表现就是他们的社会行为倾向发生显著的变化。逐步减少社会排斥现象、减少社会排斥行为、减轻社会排斥心理，认识到新生代农民工

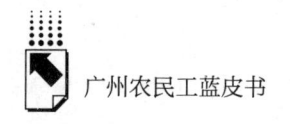

的变化和优点，看到他们对城市的贡献，将会加深新生代农民工对城市的认同感和归属感。

广州市为提升农民工的认同感，已经为农民工提供了各项服务来丰富他们的业余生活，促进他们的身心健康。但如何保证所提供的服务真正为农民工所需，真正发挥效用，以及保证服务技巧的专业化，这是提升服务质量的关键所在，因此还需要在实践中不断完善。

（三）全面提升广州新生代农民工的素质

新生代农民工虽然在学历和素质上已经有了较大的提升，但并不能满足时代变化的需求。时代的不断进步，经济的飞速发展，社会文化的不断进步都要求新生代农民工全面提升自身的素质。

农民工是广州产业大军中的一支重要力量，尤其新生代农民工更是如此，因此他们的政治思想、生产技能水平等，直接关系到广州产业的发展。新生代农民工，虽然接受过一定的教育，但大部分还停留在比较低的层次，且很多都没有一技之长，只能从事对技术要求不高的职业，他们对新兴技术掌握少，在城市社会分工中仍然面临较高的技术门槛，只能在低级劳动力市场徘徊。因此有必要对新生代农民工进行融入性教育，全面提升他们的素质，为早日融入城市做好充足的准备。

在现有的职工大学堂等培训基础上，完善城市职工培训机制，丰富培训内容，提供各类可供选择的、充足的培训，让农民工有不断学习的机会和氛围，促进个人素质的不断提升。

农民工融入城市分为两个层次，基本层次和理想层次：基本层次是能够在城市中维持基本的生活；理想层次是能够被城市真正地接纳和认同。实现两个层次的融入，需要政府、社会和新生代农民工共同努力。政府和社会应为农民工提供较为完善的社会保障制度，保障他们在城市中生活的基本权益，让户籍制度不再成为限制他们发展的门槛；社会和城市居民应给予农民工充分的理解和支持，做到宽容接纳，为他们提供成长空间；新生代农民工自身还需要不断进取与努力，全面提高自身能力和素质。

B.6 广州农民工培训福利三角的自主性及其消解策略

袁小平 成兴兴[*]

摘 要： 农民工培训事关农民工素质的提高和收入的增加，关涉农村城镇化进程，是解决"三农"问题和实现全面建设小康社会宏伟目标的重要举措。当前我国农民工培训是一种福利三角的模式，但是由于国家、市场与家庭三者均存在自主性，导致了这种模式存在解体的张力。因此，要使福利三角能够有效地相互配合，就要消解福利三角中存在的不利于农民工培训的自主性，运用融资和规制的手段，加强三者的整合力，从而构建有利于国家、市场与社会三者相互合作的长效机制。

关键词： 农民工培训 福利三角 自主性

一 引言

就业对农民工而言具有特殊的意义和内涵。从政策内涵上来说，农民工的就业是解决农民工市民化、促进农民工能力提升和身份转变的关键一步。

---

[*] 袁小平，社会学博士，南昌大学社会学系主任、副教授、硕士生导师，主要从事社会政策的理论与应用研究；成兴兴，南昌大学行政管理专业2017级研究生。

因此，我国早就将农民工就业纳入积极的就业政策中，采取各种措施保障农民工就业。对农民工进行人力资本投资是其中的一项重要举措。这种举措具有发展型福利政策取向，希望通过培训给农民工创造更多的就业机会。2014年国务院下发文件，对农民工职业技能提升、农村新成长劳动力职业教育、农民工就业创业工作等提出了许多具体的目标规定。2018年5月，国务院印发了《关于推行终身职业技能培训制度的意见》，提出要将农村转移就业人员和新生代农民工培养成为高素质技能劳动者。[1] 可以说，我国已初步建成了农民工就业培训的制度体系。这一体系的最大特征，就是希望通过国家的努力，将市场与家庭拉入农民工的培训体系中，在国家、市场和家庭之间建立起一个福利三角合作框架。例如，在2003年国务院办公厅下发的《关于做好农民进城务工就业管理和服务工作的通知》中就明确指出，为农民工提供的劳动技能性培训服务，应坚持自愿原则，由农民工自行选择并承担费用，政府可给予适当补贴，用人单位应对所招用的农民工进行必要的岗位技能和生产安全培训。

但是，福利三角理论认为，由于各福利主体的自主性不一，它们各自具有对外的张力，会使得福利三角之间并不必然呈现合作状况，由此使福利三角框架不稳定，存在断裂风险。当前，学界也关注了农民工培训中政府或市场存在不合作的风险，例如，梁栩凌和王春稍就曾指出，政府在农民工培训中存在缺位和越位的嫌疑。[2] 但很少有学者从合作的角度讨论农民工培训福利三角存在的系统性风险及其防范策略。因此，从福利合作的角度讨论国家、市场与家庭在农民工培训中的张力形态就显得非常必要，且有意义。鉴于此，本研究从国家中心主义对福利主体自主性的讨论视角出发，具体分析福利三角存在断裂的系统性风险以及研究如何消解这种不合作的自主性。

---

[1] 国务院：《关于推行终身职业技能培训制度的意见》（国发〔2018〕11号）。
[2] 梁栩凌、王春稍：《缺位或越位：农民工培训中的政府角色研究》，《经济问题》2014年第9期。

二　福利三角自主性的分析框架

在福利三角国家中，国家、市场与社会三者都是具有自主性的实体，具有各自不同的动机、价值观和行动能力。正是由于三者不同的自主性，导致福利三角中的每一方在福利供给时往往并不是从整体出发，而是从各自的动机出发，使福利三角关系呈现不同的组合形态。因此，自主性的存在使福利三方具有脱离福利三角框架的张力。

本研究所使用的自主性概念来自国家中心主义对国家自主性的分析。20世纪80年代，国家中心主义主张将国家带回社会政策研究的中心，并提出分析国家的策略：第一个策略是将国家看作是解释社会发展的一个中心变量，并认为国家的结构安排影响社会群体的形成以及它们参与、影响政策制定的能力；第二个策略是将国家本身视为一个行动者，并且在政策制定上有它自己的影响力，这一策略分析关注国家在政策制定中的自主性，即在政策制定中，国家会有自己的能力与偏好特征，正是基于这样的特征使得国家成为独立的行为主体。国家能力的研究需要选择的基本要素都涉及国家财政收入的来源和数量，以及国家聚集并调度这些财源的可能的弹性程度。[1] 这些变量都会影响到国家对福利政策的干预能力。此外，偏好也会影响国家对福利政策的侧重点。"一个国家或许没有能力改变其医疗体系结构，但或许却能够建造一个高效率的交通网络，而另一个国家或许能够相对较容易地让人们任意迁徙，却无法解决民众的医疗保障问题。"[2]

如同国家一样，市场与家庭也会有自己特有的偏好和能力。这些能力与偏好会使市场、家庭在农民工培训中扮演不同的角色，由此使福利三角呈现出不同的关系形态。目前，关于福利供给主体自主性的研究文献大多是对国

---

[1] 〔美〕彼得·埃文斯、迪特里希·鲁施迈耶、西达·斯考克波编著《找回国家》，方力维等译，三联书店，2009，第21页。
[2] 〔美〕彼得·埃文斯、迪特里希·鲁施迈耶、西达·斯考克波编著《找回国家》，方力维等译，三联书店，2009，第22~23页。

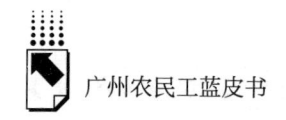

家或社会组织的自主性进行探讨,很少有学者研究福利三角框架中的自主性。伊瓦斯曾借鉴平克的观点,深刻论述了动机对福利三角关系的影响。这种特殊动机实际是偏好的体现。但是,偏好与动机又受国家能力的影响,不同水平的国家能力又会影响国家的偏好与动机,使国家适时根据自身的能力对偏好进行调整,这种调整恰好是国家自主性的重要体现。

三 农民工培训的福利三角自主性分析

我国目前的农民工培训体系在供给主体方面主要由国家、市场与家庭构成。在该体系中,国家的政策支持措施、企业对农民工的职业培训以及农民工家庭对培训的支持,这三者构成了农民工培训的福利三角,因此,本文对农民工培训的福利三角也主要围绕国家、企业和家庭来展开论述。

(一)广州农民工培训中国家的自主性特征

1. 广州农民工培训中的国家偏好

李莹和周永新曾经从国家中心主义的角度出发构建了一个农民工社会政策分析框架,认为国家具有两种面目,分别为行为主体和制度集合体。[①] 因此,对国家偏好的讨论可以从制度集合体和行为主体两个层面进行。

首先,从制度层面来看,国家在农民工培训中存在明显的福利责任偏好。2006年六部委颁发的《2003—2010年全国农民工培训规划》首次明确了政府在农民工培训中的福利责任,确定了"政府支持、齐抓共管"的原则。2006年《国务院关于解决农民工若干问题的意见》中将农民工培训上升至权利角度,保证农民工在培训方面能和城市职工享有同等的权利和义务。《就业促进法》以法律的形式将地方政府对农民工培训的责任固定下来。2010年,国务院提出健全面向全体劳动者的职业培训制度,真正将农

[①] 李莹、周永新:《我国农民工社会政策的变迁——一个分析框架及其应用》,《中国人民大学学报》2012年第5期。

民工作为劳动者的一员公平对待。2012年国务院又提出建构劳动者终身职业培训体系。2018年国务院颁布的《关于推行终身职业技能培训制度的意见》中也将农民工纳入进去。从国家的这一系列政策可见，国家对农民工培训已从原来的引导目的变成了一项发展型福利政策。通过国家层面的努力，农民工培训越来越成为一种普惠型福利机会，使每位农民工都能从中获益。这反映出福利责任偏好是国家对农民工培训的重要偏好。

其次，从行为主体层面来看，国家对农民工培训具有较强的考核偏好。随着农民工培训政策的不断完善，为农民工提供培训已成为各级政府（尤其是地方政府）就业工作的一项重要内容。每年各级政府都会安排相应的培训任务，并进行考核。其依据为2008年实施的《就业促进法》。考核偏好最重要的体现就是每年国家重点推行的"阳光工程"和"春风行动"，各地政府都会依据一定指标分配任务，并进行考核。在当前中国行政体制框架下，农民工的就业考核通过与否，会对当地就业部门领导人的升迁及整个部门来年的就业工作开展造成影响。因此，考核成为各级政府开展农民工培训的"指挥棒"。受此影响，考核偏好成为国家开展农民工培训的重要偏好。

2. 农民工培训中的国家能力

对国家能力的衡量有多种理论，其中，国家回归学派主张从实现国家决策和国家目标的程度来衡量国家能力。例如，有的学者从国家对社会的控制程度来讨论国家能力，国家对社会的控制程度越高，达到国家目标的可能性就越高。在社会政策领域，对国家能力的衡量更多的是从国家的经济能力（如财政能力）和制度设计能力两个方面进行。基于此，本研究主要从经济能力和制度设计能力两个方面来考察农民工培训中的国家能力。

在经济能力方面，改革开放以后，我国经济的高速发展使我国的财政能力有了极大改善。近十多年来国家财政始终保持两位数的增长速度。根据《就业促进法》的规定，县级政府是农民工培训的责任主体，需将农民工培训的资金纳入就业专项资金。地方财政的改善为农民工培训提供了较为坚实的经济基础，同时也使就业专项资金的总量有了提高。除了就业专项资金外，地方政府还为农民工设立了其他各种专项资金，这就使得农民工培训有

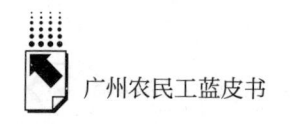

充裕的资金来源。在此影响下,近年来,各省市纷纷加大对农民工培训的资金投入力度。例如,广东省早在2006年就已印发《广东省农民工技能提升培训计划实施方案》,该文件明确指出要在2006~2010年,组织400万在粤农民工参加技能提升培训,年均培训80万人,培训后农民工获得职业资格证书或专项职业能力证书的比率达到90%以上,与用人单位签订1年以上劳动合同的比率不低于80%。①

与经济能力相比,目前,地方政府的制度设计能力则相对较弱。在农民工培训中,地方政府更多的是扮演政策执行者的角色而非制度设计者。培训任务由省、市部门规定,培训项目的开展和培训补贴的发放等都是遵从中央与省、市的专门文件。在培训项目方面,县级政府每年的培训任务都是根据当年市农村劳动转移就业工作联席会议所分解的考核任务执行。在培训资金的发放上,地方政府也是根据省、市相关部门颁发的文件进行,从这方面来看,地方政府在农民工培训方面的制度设计能力上没有权力可言,因而只是政策的执行者。

综上所述,在偏好方面,国家的福利责任偏好使其不得不承担对农民工培训的责任,但是由于考核偏好大于福利责任偏好,这就导致由国家开展的农民工培训大多流于形式。在能力方面,国家具有较强的经济能力去开展农民工培训,但是,低制度设计能力限制了地方政府在农民工培训中的创新,而是会强化自己的执行角色,因此不会主动承担起对农民工培训的责任,表现在行动中是宁可选择缺位也不会越位。

(二)广州农民工培训中企业的自主性特征

农民工培训中企业的自主性主要表现在企业偏好方面,由于偏好的形成与需要、动机、效用密切相关,其中动机是偏好的一个重要维度,而产生动机的内驱力是需要。从企业对农民工培训的投入来看,企业对农民工培训的

---

① 广东省劳动和社会保障厅:《广东省农民工技能提升培训计划实施方案》(粤劳社〔2006〕90号)。

动机考量，与其生产和发展有关。此外，基于企业的市场性质，追逐利润是企业的最终目的，因此在对待农民工培训上，企业也持逐利的偏好。体现在生产中，则是要求农民工培训以有利于生产，提高劳动效率为目的。这种偏好影响了企业对农民工培训内容的安排，也影响了企业对培训的投入，对有利于企业发展的培训多投入，不利于发展的就少投入。

除偏好外，能力也是影响企业行为的重要因素。企业对农民工的培训与其经济能力密切相关，经济能力强的企业对本企业内农民工培训的投入自然比经济能力弱的企业要多，而且提供的培训形式要比其他的企业更正规。但是，企业能力又是一个变量，除了受企业生产技术能力的影响外，还受市场行情的影响。当市场行情不好时，企业的经济效益较差，对农民工培训的热情就会降低。因此，企业能力的变动使企业对培训的自主性也处于不断变化之中，同时也反映了企业对农民工培训的经济考量。例如，在笔者曾经调查的广州市 A 企业，近些年经济不景气使得建筑、汽车等终端的客观需求下降，企业的产值虽然仍在增长，但效益却明显下降了。A 企业对农民工的培训投资热情与之前相比有了显著下降，外派培训的人数也明显减少。

简言之，生产偏好使企业对农民工培训呈现出高度的自觉性，并且义不容辞地承担起培训责任。但是，这种生产偏好制约了企业与政府合作的积极性。能力方面，我国企业的跨越式发展增强了企业的能力，使其有能力开展农民工培训。但这种能力容易受外部经济环境影响，进而影响企业的培训偏好。

（三）广州农民工培训中家庭的自主性特征

农民工培训的家庭偏好主要体现在就业效用偏好和文化效用偏好两个方面。

就业效用偏好方面，培训虽然能促进农民工的就业能力，但也具有短期效用和长期效用之分。短期效用体现在就业机会的供给和就业岗位的获得上，长期效用体现在职业的流动上。从我国农民工家庭对培训的投入与支持情况来看，家庭更偏好于培训的短期效用而非长期效用，因为就业培训的短期效用非常明显，它是农民工获得就业岗位的前提，而长期效用注重职业技能的提升，其效用不太明显。农民工对职业技能培训的参与兴趣并不高，其中一个重要原因是来自家庭的支持较弱。例如，在笔者所调查的广州市 A 企业，农民工及其家庭对岗前培训、安全培训和岗位培训等短期培训比较欢迎，但是对技能提升培训却不够热情。虽然技能提升培训能快速地增强农民工的职业竞争能力，但需要耗费农民工很多的时间，并且需要一定的经济投入，这对农民工的家庭是一笔重要的时间和经济成本，因而农民工的参与度低。此外，广州市的流动农民工大多是以中青年男性为主，他们同时也把自己的小家庭迁移到广州市，大部分都是男性外出打工，女性租房照顾孩子的模式，因此，照顾家庭这一因素也成为大部分农民工不愿接受长期技能培训的原因之一。

文化效用偏好方面，近 20 年来，社会政策学家对东亚福利制度进行思考时，非常注重文化的福利内涵。我国传统文化一直都有重视教育投资的偏好，认为教育投资对个人的长期发展具有帮助作用，这种传统的文化偏好也影响了家庭对农民工培训的偏好，使农民工家庭对培训非常重视。许多家庭认为，培训具有生产性。这一偏好不仅会使农民工脱离学校后仍主动对自己进行人力资本投资，还会使农民工在就业后对培训持正向评价态度，积极参与培训。目前，越来越多的新生代农民工参加的"两后生"培训就是源于家庭的支持，希望新生代农民工能在培训中学到一技之长。

农民工的家庭能力是影响农民工培训的又一重要因素。家庭能力可从经济条件、家庭结构等方面来衡量。经济条件方面，农民工家庭经济实力的强弱严重制约着家庭对培训的投入。经济实力较弱的家庭在农民工培训方面的投入明显不足。《2016 年农民工监测调查报告》显示，农民工月均收入为3275 元，仍处于较低水平，其中，广州市农民工的月均工资为 3379 元，而该市的年人均可支配收入已经超过 3 万元，由此可见，农民工家庭的可支配收入与当地的人均可支配收入相差甚远。

此外，从家庭结构方面来看，如果农民工已婚，农民工自身就会成为照顾家庭的主要力量，家庭支出压力相对就大，在这种情况下，对培训的投入和热情就会相对较小。这两个方面表明，低家庭能力使农民工无法从家庭方面获得足够多的培训支持。

总体来看，在偏好方面，注重短期效用和教育投资的家庭文化是农民工家庭对培训的偏好，这种偏好实际上有利于国家、市场在农民工培训中与家庭的合作。但在能力方面，家庭能力的不足既使家庭不能成为农民工培训的主导者，又使家庭在培训方面具有与国家、市场合作的意愿。

四 自主性对农民工培训福利三角的影响

（一）农民工培训福利三方的自主性会导致福利三角的倒置与碎片化

在西方发达国家的就业培训中，国家与市场紧密结合，在培训中占据主要地位，是主要的服务供给方，承担主要的责任，而家庭居于从属地位。而且，三者之间的关系是彼此互补的，整个福利三角形呈现"上小下大"的特征。与西方国家相比，由于国家、市场和家庭的自主性特征，我国农民工培训的福利三角具有明显的倒置与碎片化特征。福利三角的倒置主要反映在福利三角的形态方面。农民工培训的福利三角形呈现"上大下小"的特征，企业发挥主导作用，政府和家庭居于下方（见图1），发挥有限功能。碎片化方面，主要体现为政府与家庭之间、政府与企业之间的关系呈断裂状态，只有企业与家庭之间呈现出合作的状态。具体而言，企业的生产偏好使企业具有与农民工家庭合作的动力，但同时也使企业不愿与政府进行合作，家庭对农民工培训的短期效用偏好决定了当政府和企业对农民工提供培训时，家庭的投资就会迅速地退居其后，变成协调者，国家的考核偏好和低制度设计能力决定了国家仅愿意承担对农民工培训的有限责任，而不愿与企业和家庭合作。

（二）福利三角的自主性导致农民工培训效率低下

由于福利三方各自具有自主性，福利三角不能有效合作，从而造成农民工培训的效率低下，资源浪费。具体表现在三个方面。

第一，培训经费来源渠道少，投入保障薄弱导致培训效率低下。农民工

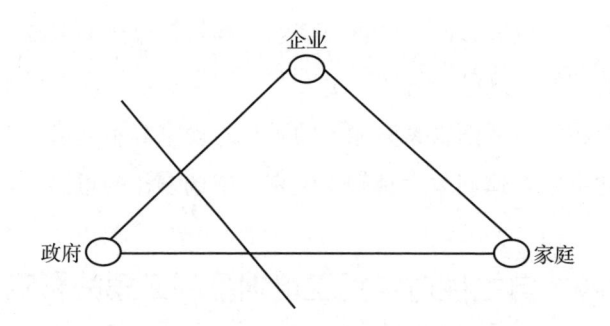

图 1　农民工培训中的国家、市场与家庭的关系

培训的经费主要来自政府，但是，在经济能力方面，目前政府的资金供给仅能维持政府所组织的免费培训，要开展政府补贴培训，当前的资金供给还很不充裕。在培训资金的补贴上，政府的培训补贴资金也只是补贴基本费用，对企业的吸引力不大。培训资金供给的不充裕致使政府和企业对开展农民工培训的兴趣不高，从而使培训效率也不高。

第二，培训信息传递不畅，最终造成培训效率不高。培训信息不畅主要是政府、企业和家庭不合作，不能有效沟通造成的，对于农民工而言，很多培训信息不能及时获取，在培训中一直处于被动的地位。在国家方面，国家的考核偏好和低制度设计能力决定了国家仅愿意承担对农民工培训的有限责任，而不愿与企业和家庭合作；而企业的生产偏好使企业具有与农民工家庭合作的动力，但同时也使企业不愿与政府进行合作；在家庭方面，家庭对农民工培训的短期效用偏好决定了当政府和企业对农民工提供培训时，家庭的投资就会迅速地退居其后，变成协调者。由此看来，三者都具有不合作的自主性导致三者在农民工培训方面不能及时沟通，造成培训信息不畅，最终影响了培训效率。

第三，培训内容和培训方法单一，致使培训效率不高。在制度设计能力方面，由于地方政府的制度设计能较低，加上考核偏好的压力，地方政府并不会在农民工培训中有创新性行为，而是会强化自己的执行角色，不会主动承担起对农民工培训的责任，对培训的内容和方法只是按照上级的指示行事，因此，造成培训内容和方法单一，很多培训流于形式，最终导致培训效率低下。

(三)农民工培训的福利三角自主性特征有使福利三角解体的风险

由于政府的考核偏好和低制度设计能力,加上当前的培训考核体系中,国家市场与社会的合作并没有被纳入,这就使国家在与市场、家庭的合作方面拥有较多的自主性,合作还是不合作以国家的需要来定。在目前培训资金监管较为严格的背景下,地方政府只要能完成农民工培训的考核任务,就不会与市场和家庭进行合作,因此,考核偏好限制了国家与市场、家庭合作的可能性。此外,企业的生产偏好制约了企业与政府合作的积极性。在生产偏好的影响下,企业热衷于保持对农民工培训的主导地位,只有这样才能保证企业根据自己的情况来安排培训。但是一旦和政府合作,政府就会对培训的形式和内容进行规定,而企业往往难以达到这些规定。在家庭偏好和家庭能力的影响下,家庭对企业和政府组织的培训采取选择性配合态度。只有那些符合家庭的短期效用且不需要家庭直接经济投资的项目才会得到家庭的支持。最终,这些因素的存在将会导致福利三角的解体。

五 广州农民工培训福利三角的自主性消解策略

(一)福利三角自主性消解的宏观思路

首先,加强福利三角之间的整合力。我国的福利三角明显存在倒置与碎片化的现象,具体而言,在我国的福利三角中,政府的作用不显著,国家与企业的合作不紧密,国家与家庭之间存在断裂。因此,在重新建设福利三角的过程中,应该着重解决国家的缺位问题,加强福利三角的整合力,建立起国家、企业和家庭之间的合作关系。而融资和规制是福利三角整合力的重要因素,因此本研究主要从融资和规制两方面来加强福利三角的整合力。

融资是一个经济学术语,主要指资金的筹集过程。在社会政策领域,融资与福利制度之间有密切的联系。在吉尔伯特建立的社会福利政策思维的分析框架中,融资方式是一个重要的维度,它包括资金的来源与转移支付两个

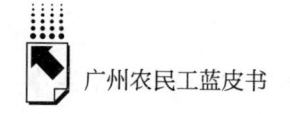

部分。通常而言，福利制度的融资来源涉及公共部门的国家与社会、私人部门的家庭和个人。融资方式可以在公共部门和私人部门之间有不同的组合。约翰逊等学者认为，融资方式是福利三角整合在一起的重要力量。通过资金在国家、市场与社会中的流动，能有效激发三者在福利供给中的作用，有助于实现福利三角的参与和分权。

规制是政府独有的能力。在现代社会科学领域，规制一词具有多种含义，既可以被认为是政府对市场的干预，也可以被认为是针对私人行为的一种公共行政政策，是政府进行社会管理的主要方式。例如丹尼尔认为，规制是由政府机关制定并执行的直接干预市场配置机制或间接改变企业和消费者的供需决策的一般规则或特殊行为。规制实质上是政府与市场、社会互动的一种形式，通过规制能够纠正市场机制的诸多缺陷，促进资源的有效配置，同时也能促进分配公平。鉴于规制能使政府对市场和社会产生影响，因此伊瓦斯认为，规制与再规制是影响福利三角整合的重要变量。

正是因为有融资和规制的存在，使得福利三角能够整合在一起。而且，从福利国家的就业培训来看，融资与规制是培训领域福利三角能够整合在一起的主要原因。

其次，统一福利三方的自主性。由于福利三方各自的自主性导致福利三角不能相互配合，办事效率低下，因此，要解决这一问题，就得约束福利三方不利于合作的自主性，加强三者之间的统一性。国家、企业与家庭的自主性中暗含着福利三角的内在张力，这些张力既有各自的偏好使然，也与各自的能力相关。要使福利三角平衡，除了要加强福利三角的整合力之外，还应尽量消解福利三角内在的张力。为此，福利三角建设的一个重要思路是从消解张力入手，尽量消除国家、企业与家庭中不愿意对农民工进行培训的偏好，增进国家、企业与家庭对农民工进行人力投资的能力。

最后，构建福利三方的合作机制。西方国家的福利多元经验显示，张力与整合力的均衡只能保持福利三角的平衡，要使福利三角之间相互合作，需要有相应的社会文化和相应的政治支持空间。从发达国家经验看，国家、市场、社会在福利制度中的地位平等与相互信任、公共部门和私人部门伙伴关系的构建等是福利三角平衡的重要社会基础。为此，重新构建福利三角需要从更为宽广的制度文化空间入手。

（二）农民工培训福利三角的自主性消解的具体策略

根据以上的宏观思路，针对农民工培训中福利三角自主性消解的具体策略如下。

第一，强化国家的融资角色。融资角色体现在投资角色和筹集角色，前者体现了国家的责任，后者可以引导资金在福利三角内的流动，从而增进福利三角的合作。首先，在投资方面，目前我国对新生代农民工培训的投资不足，在就业专项基金中，用于农民工培训的经费比较低。为此，要促进农民工培训，就要加大国家对资金的投入。在引导资金流动方面，主要是让资金在国家、市场和家庭中流动起来，循环使用。在西方国家社会福利资金供给中，已经出现了明显的公司混合现象。而我国农民工培训资金的流动完全封闭化。由于没有资金的流动，不能将企业和家庭整合进培训中。因此，一方面要推动资金直补农民工家庭，另一方面要大力推动政府购买培训服务。通过政府向社会或市场购买培训服务，可以将农民工培训的福利三方紧密联系起来。其次，应加大政府对农民工培训的补贴力度、改变补贴的发放方法。目前的培训补贴力度较小，无论是对企业还是对农民工家庭都没有吸引力。因此，国家应该提高对农民工培训的补贴额度，采取多种补贴方式，例如，食宿补贴、交通补贴等多种手段相结合的方式。最后，要增加政府的融资手段，实施多元化的融资方式。目前的融资仅以财政补贴为主，中央政府和地方政府各自都要承担补贴责任，所筹集的资金非常有限。因此，政府应增加多元的融资渠道，一方面政府要监督企业培训经费的落实情况，另一方面应充分利用金融、税收、社会保险补贴等多种方法，使资金来源多元化。

第二，在规制方面，加强和改进国家对企业和家庭的规制。规制具有直接促进行为主体进行投资的效果。国外经验表明，充分利用好国家的规制角色对企业和家庭进行规制可以有效提升企业和家庭在培训中的参与程度。对企业而言，首先，要继续执行现有的职业岗位准入规制和生产安全规制。目前，农民工就业技能较高的群体都是因为这两条规制而获得了就业能力，因此，我国应继续做好这两条规制的监督和执行。其次，要适当增加企业的培训经费规制水平，并严格执行。最后，对企业增加激励规制减少惩罚规制。政府应考虑在税收返还与优惠、信贷、社保减免等方面对企业开展农民工培训进行激励规制，并设置好激励方案，从而提升企业培训的积极性。对家庭而言，目前在农民工培训领域，国家对家庭几乎不存在规制。为此，可考虑对家庭实施惩罚规制和激励规制并重的方法。综合现有条件，可考虑将劳动预备制度变成强制规制，要求农民工在进入劳动市场前，必须参加劳动预备培训。另外，还应对家庭采取激励规制。为此，可将培训与求职结合起来，建立培训时长与就业服务的关系，对培训时长超过一定限度的家庭实行就业服务方面的奖励。

第三，约束国家、企业与家庭中不利于农民工培训的自主性。首先，从国家层面来说，国家的考核偏好和低制度设计能力决定了国家仅愿意承担对农民工培训的有限责任，而不愿与企业和家庭合作，因此，一方面，要约束国家的考核偏好，加强政府的福利责任偏好，让国家在农民工培训中扮演供给者的角色。通过供给来凸显国家的责任，另一方面，要提高地方政府的制度设计能力，中央政府要适度地放权，把一部分权力让渡给地方政府，从而激发地方政府在农民工培训方面的制度创新能力，而不是仅仅执行中央政府的政策，使农民工培训流于形式。其次，从企业方面来说，企业的生产偏好使企业具有与农民工家庭合作的动力，但同时也使企业不愿与政府进行合作，因此，在政企合作方面，政府既要适当地抑制企业的生产偏好，又要赋予企业一定范围内的自主权，比如说，对培训的内容、形式等方面的规定可以让企业根据自己实际情况来制定。最后，从家庭方面来说，注重短期效用的偏好以及低家庭能力影响了家庭在农民工培训中与国家和市场的合作。为此，要促进三者的合作就要改变家庭的短期效用偏好，同时要适当地对农民工家庭进行教育和宣传，使他们看到培训投资带来的更长远的发展，同时还要提高农民工家庭的能力，这就需要政府和企业的相互配合，政府改变培训补贴方式，加大对农民工家庭的补贴，企业增加对农民工家庭的福利补贴，从而提升农民工家庭对培训的积极性。

　　第四，建立有利于国家、企业和家庭三者相互合作的公私伙伴关系。西方国家的福利多元经验显示，张力与整合力的均衡才能保持福利三角的平衡，要使福利三角之间相互合作，需要有相应的社会文化和相应的政治支持空间。从发达国家经验来看，国家、市场与家庭在福利制度中的地位平等和公私伙伴关系的构建是福利三角平衡的重要社会基础。为此，建立有利于国家、企业和家庭三者相互合作的公私伙伴关系是农民工培训福利三角架构张力消解的重要路径选择。虽然伙伴关系具有多种形式，但是根据合作治理理论，其核心是要建立起多方的参与机制，使参与的多方既有共享的空间，又能进行共同决策。例如，美国1982年的《岗位培训伙伴关系法》倡导在联邦、州和地方政府之间，以及政府与私人企业之间建立双重伙伴关系。对我国而言，当前国家对福利制度的治理逻辑已经注意到了公私伙伴关系的效能，但在相应的制度化方面进展依旧缓慢。从国外的经验来看，公私伙伴关系的营造与国家角色密切相关。为此，需要科学规划国家角色，给社会组织、企业和家庭一定的发展空间，政府应对与农民工培训相关的社会机构、企业与家庭给予相应的鼓励和资助。此外，还需积极拓展国家、市场和社会的合作范围，设立市场和社会参与培训制度的制度化方式。通过制度化方式的参与来建立国家、市场与社会在农民工培训中的信任。最后，还要探索多样化的公私合作方式。除政府购买外，还应积极探索公私合营、规制等方式。

B.7 广州农民工返乡创业培训政策研究

黄 尧*

摘 要： 在新时代乡村振兴战略视角中，如何调动返乡农民工的创业积极性，让在沿海城市掌握先进经营管理技术的农民工转换身份成为乡村振兴战略的实践者是现阶段的重要议题。调查研究表明，返乡农民工创业意愿普遍较高，具有从雇员转换为雇主的强烈愿望。然而，在实践中返乡农民工创业受到较大阻力，其中大量问题在于返乡农民工本身不具备创业能力，对农民工返乡创业政策不了解。同时，积极实施农民工返乡创业培训是农民工输入地应该肩负的社会责任，也是城市发展带动农村振兴的重要举措。本研究以广州市来穗人员服务管理局培训计划作为依托，采用混合型政策分析工具视角剖析农民工返乡创业培训政策的执行效果。

关键词： 乡村振兴 农民工返乡创业培训 广州

一 研究问题的提出

党的十九大报告指出："实施乡村振兴战略。农业农村农民问题是关系国计民生的根本性问题，必须始终把解决好'三农'问题作为全党工作重中之重。要坚持农业农村优先发展，按照产业兴旺、生态宜居、乡风文明、

---

* 黄尧，广州大学公共管理学院助理研究员。

治理有效、生活富裕的总要求，建立健全城乡融合发展体制机制和政策体系，加快推进农业农村现代化。"①

（一）振兴乡村的人才资源匮乏

实施乡村战略，要改变过去乡村由城市供血扶持，对口扶贫的现状，使农村由依赖城市对口支援到能够自主"造血"，自主产生乡镇企业并形成独具地方特色的产业结构链条。农村要自主发展和振兴，人才是关键问题。早在舒尔茨和贝克尔创立的人力资本理论中就强调人力资源的重要性，而2018年全国"两会"期间习近平在参加广东代表团审议时发表的重要讲话中提出："发展是第一要务，人才是第一资源，创新是第一动力。中国如果不走创新驱动发展道路，新旧动能不能顺利转换，就不能真正强大起来，只能是大而不强。人才政策创新机制都是下一步改革的重点。"②

乡村振兴涉及乡村的规划、建设、管理、服务和运营，然而这一切都离不开人的作用。而缺乏人才进一步弱化了乡村自主产业的形成，导致乡村缺乏特色产业，无法增加农作物的附加值。在村内产业凋敝的前提下，农民收入势必下降，优秀人才流失更加严重，形成恶性循环。

全国人大代表、广东省城乡规划设计研究院副总工程师熊晓冬在接受采访的时候这样说道："广东乡村振兴战略的突出问题，一方面是人才问题。目前，广东省内大部分乡镇都缺乏规划、建设、管理、服务和运营的专业人才，导致规划实施过程中陷入基层无专业指导的困境。比如，我们发现一个地方蔬菜种植过剩，告诉农民可以改种花卉，但他们做不来。"③

---

① 习近平：《决胜全面建成小康社会夺取新时代中国特色社会主义伟大胜利——在中国共产党第十九次全国代表大会上的报告》，人民出版社，2017，第1页。
② 王肖军、孔明：《习近平在广东代表团参加审议重要讲话引热烈反响》，http：//country.cnr.cn/focus/20180308/t20180308_524157843.shtml。
③ 杜弘禹：《乡村振兴将释放巨大发展潜力 破解人才匮乏难题是当务之急》，《21世纪经济报道》2018年3月15日，第4版。

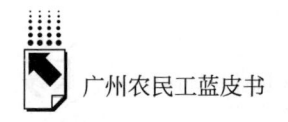

（二）乡村人才引进战略缺乏

乡村无法像超大型城市天津那样颁布"海河英才"计划进行人才引，现阶段乡村地区普遍面临公共服务设施老化，公共服务资源缺乏的问题。乡村财政收入最主要的来源就是农民的农业收入，在新的历史形势下，我国通过农业税改革和农业制度改革，彻底的取消了中国千百年来向农民征税的农业税制度，打破了我国乡村财政收入依赖于农民的现状，从根本上阻断了乡村财政的主要收入来源。[①]

因此乡村地区引进人才更应该依靠传统乡村的乡土血脉联系与本土观念，在《史记·项羽本纪传》中项羽曾说："富贵不归故乡，如衣锦夜行。"这句话将中国传统社会中衣锦还乡的观念描述得淋漓尽致，在现代社会中依然如此。

然而现阶段大量农民工及其子女面临着进退两难的现实局面，既无法完全融入城市中获得城市的身份以及户籍，又由于离乡多年已经失去农耕意愿或乡村土地已经被村集体回收，这一问题已经越发凸显。

面对现实困境，本文将运用混合型工具分析农民工返乡创业培训政策，并对广州市来穗人员服务管理局的培训政策进行分析。

二 广州农民工培训政策解读

广州是农民工务工的重要城市之一，广州的农民工管理一直走在全国前列。早在2016年1月4日，广州市政府常务会议审议通过了《广州市来穗人员融合行动计划（2016—2020年）》，计划用5年时间，稳步有序地全面推动来穗人员在人文关怀、思想认同、心理悦纳、政治参与、乐业奉献等领域的全方位社会融合。[②]

[①] 李会妮：《对乡村财政收支的思考》，《中国乡镇企业会计》2016年第12期，第128~129页。

[②] 万玲：《广州市来穗人员社会融合的困境与对策》，《探求》2017年第5期，第40~44页。

（一）广州市来穗人员服务管理局

2014年，广州市来穗人员服务管理局正式成立，该机构的主要职责是："贯彻执行国家、省、市有关农民工服务管理的方针政策和法律法规，起草来穗人员（非本市市区户籍人员，含来穗外国人）服务管理的地方性法规、规章草案；拟订来穗人员服务管理的发展规划、相关政策和规定标准并组织实施。"[①] 该机构能够更好地统筹协调来穗人员管理工作，防止对外来人员包括农民工政出多门的混乱状况。

针对广州农民工的培训方案的制定工作也是由广州市来穗人员服务管理局进行，广州市政府对广州市来穗人员服务管理局的职责定位中的第三条这样写道："负责开展来穗人员和出租屋服务管理相关政策的宣传教育；受理来穗人员咨询和投诉并督促相关部门调查处理，协调督促有关部门做好来穗人员的服务、培训和权益保障等工作。"[②] 所以，广州市来穗人员服务管理局的培训政策直接关系到农民的切实培训与教育问题，农民工返乡创业培训也是培训的重要内容。

（二）广州农民工培训政策概要

广州市来穗人员服务管理局制定的培训政策主要集中在《就业创业指引》中，在该《就业创业指引》中向包括农民工在内的来穗人员群体提供了以下三种职业培训方式。

（1）政府寻求企业合作，为新员工或在职员工提供相应的课程。

（2）按照《广州市财政局广州市人力资源和社会保障局关于进一步做好省级劳动力培训转移就业专项资金管理的通知》（穗财社〔2014〕79号）、《广州市人力资源和社会保障局广州市财政局关于转发进一步落实劳动力技能晋升培训政策意见的通知》（穗人社函〔2014〕1473号）规定，

---

① 广州市来穗人员服务管理局：《主要职责》，http://www.gz.gov.cn/lsgl/zy_index.shtml。
② 广州市来穗人员服务管理局：《主要职责》，http://www.gz.gov.cn/lsgl/zy_index.shtml。

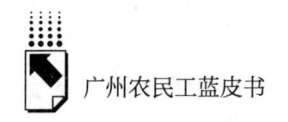

符合条件的来穗务工人员可以到签约机构参加免费培训，若自费参加培训或自学获得资格证书者，可享有培训补贴。

(3) 根据《广州市人力资源和社会保障局广州市财政局关于印发广州市创业带动就业补贴办法的通知》(穗人社发〔2015〕57号)，政府还将为有创业意向的来穗人员提供专项创业培训和为符合条件者提供创业补贴，参与培训的来穗人员或下岗职工除了学到技能，考核通过后还能获得国家承认的学历技能证书。①

综上所述，《就业创业指引》主要依照《广州市财政局广州市人力资源和社会保障局关于进一步做好省级劳动力培训转移就业专项资金管理的通知》(穗财社〔2014〕79号)、《广州市人力资源和社会保障局广州市财政局关于转发进一步落实劳动力技能晋升培训政策意见的通知》(穗人社函〔2014〕1473号) 这两份政策文件从经济上给予来穗农民工培训支持，同时从《广州市人力资源和社会保障局广州市财政局关于印发广州市创业带动就业补贴办法的通知》(穗人社发〔2015〕57号) 政策文件上给予来穗农民工创业培训补贴支持。

所以，本文主要讨论的农民工返乡创业培训政策研究主要集中于广州市来穗人员服务管理局制定的《就业创业指引》以及相关的《广州市人力资源和社会保障局广州市财政局关于印发广州市创业带动就业补贴办法的通知》(穗人社发〔2015〕57号) (以下简称穗人社发〔2015〕57号文) 文件。

三 农民工返乡创业培训政策效果分析

混合型政策工具是包括信息与劝诫、补贴、产权拍卖、征收和用户收费等政策工具在内的国家干预程度位于政策光谱图中间阶段的政策工具。从定

---

① 广州市来穗人员服务管理局：《就业指引》，http://lsj.gz.gov.cn/lsnew/qtgj/201605/25faf81ae606446587e947b81757ec03.shtml。

义上，本文采取迈克尔·豪利特、M.拉米什在《公共政策研究：政策循环与政策子系统》中给出的定义：混合型工具兼有自愿性工具和强制性工具的特征。混合型工具允许政府将最终决定权留给私人部门的同时，可以不同程度地介入非政府部门的决策形成过程。[①]

（一）农民工返乡创业培训政策类型

在《就业创业指引》中，培训形式是政府寻求与企业合作为新员工与在职员工提供培训。其本质上是一种政府与市场主体企业合作的现实形式，文件中第三条指出，对有创业意向的来穗人员（包括农民工），政府也将单独提供相应培训。

《就业创业指引》对有创业意向的农民工群体所提供的政策支持更多的是以补贴形式，该文件第三条提出，依照穗人社发〔2015〕57号文件对符合标准的创业者予以补贴。除此之外，对考核合格的农民工也将颁发国家承认的学历技能证书作为激励。

结合以上分析，广州市来穗人员服务管理局针对农民工的创业培训政策更多的是以补贴和培训为主，从政策类型上来分析，符合混合型政策工具的政策特征。

（二）农民工返乡创业培训政策执行效果

运用混合型政策工具的《就业创业指引》在现实执行中起到了较好的现实政策效果，本节将分别从不同的政策实施角度对农民工返乡创业培训政策的效果进行分析。

1. 成立来穗人员创业服务中心

针对农民工创业培训政策，广州市来穗人员服务管理局通过与企业联合或独自组织培训等方式切实对农民工群体进行了系列创业培训。并在此基础

[①] 迈克尔·豪利特、M.拉米什：《公共政策研究：政策循环与政策子系统》，庞诗等译，三联书店，2006。

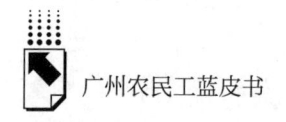

上设立了来穗人员创业服务中心，以帮助来穗农民工群体更好地接受创业培训与创业交流。

在《就业创业指引》的政策指导下，2018年6月15日上午，由广州市天河区来穗人员服务管理局和前进街道办事处主办的"天河区来穗人员创业服务中心揭牌仪式暨融合讲堂之'筑梦起航'——天河区2018年来穗人员创业大课堂"在创境汇盈科智谷创客中心隆重举行，现场有超过110位来穗创业者参与活动，一起见证了天河区来穗人员创业服务中心的揭牌仪式，来穗人员创业大课堂的第一节课程是由暨南大学创业学院院长张耀辉教授带来的创新创业知识。[①]

从新闻中可以分析出，广州市来穗人员服务管理局制定的《就业创业指引》中的相关政策确实在逐步推进。并且还带动政府完善公共服务供给的职能，其中以成立天河区来穗人员创业服务中心为契机，为农民工创业培训提供了固定场所。让农民工可以在找到符合对应需求的咨询场所并得到创业所需要的帮助和支持。同时该中心定期展开的创业培训、创业交流会和创业资讯服务都可以较好地提升农民工创业人员的创业能力与创业心态。

另外，依托天河区来穗人员创业服务中心举办的来穗人员创业大课堂也是农民工返乡创业培训领域的重大突破，通过来穗人员创业大课堂的定期开设，使创业培训资源常态化。其中来穗人员创业大课堂的第一节课程便邀请了暨南大学创业学院院长张耀辉教授，张耀辉教授讲坛中通过理论讲授和案例分析，帮助创业者调整心态，更新创业观念，增强创业者信心，引领创业者勇走自主创业之路，同时增强了创业者之间的沟通交流。[②]有效地提高了农民工对自主创业的认识以及对自我心态定位的调整，有利于提高自主创业的成功率，加大创业信心。

[①] 广州市来穗人员服务管理局：《天河区：成立来穗人员创业服务中心》，http://lsj.gz.gov.cn/lsnew/gqdt/201806/e41472f3d5814b89a236e98a74f0995e.shtml。

[②] 广州市来穗人员服务管理局：《天河区：成立来穗人员创业服务中心》，http://lsj.gz.gov.cn/lsnew/gqdt/201806/e41472f3d5814b89a236e98a74f0995e.shtml。

2. 为有创业意向的农民工提供专项补贴

根据《广州市人力资源和社会保障局广州市财政局关于印发广州市创业带动就业补贴办法的通知》（穗人社发〔2015〕57 号）文件规定，该政策的补贴类别分为以下 10 种：创业培训补贴、一次性创业资助、租金补贴、创业带动就业补贴、创业孵化补贴、示范性创业孵化基地补贴、优秀创业项目资助、创业项目征集补贴、创业项目对接补贴、跟踪服务补贴。

其中创业培训补贴是为解决农民工创业培训资金缺乏的情况而给予的一种补贴，其标准是"给予 SIYB 创业培训补贴 1000 元和创业模拟实训补贴 800 元",[①] 能够为农民工创业培训减轻一定的资金压力。

四 农民工返乡创业培训政策现实困境

虽然广州市来穗人员服务管理局现行的《就业创业指引》在一定程度上能够为农民工返乡创业培训提供合理的支持与帮助，但是由于其财政支出来自广州市财政局，所以相关政策依然存在执行上的现实困境与难题。在混合型工具视角下，以广州市来穗人员服务管理局现行政策作为依据，农民工返乡创业培训依然存在相关困境和问题急需解决以满足新时代乡村振兴战略的现实需求。

1. 现行农民工创业培训政策以融合为主

由于政策制定的主体是广州市财政局和广州市来穗人员服务管理局，所以《就业创业指引》以及穗人社发〔2015〕57 号文件集中资助和扶持的是包括农民工在内的来穗人员在广州市创业，而非将扶持农民工返乡创业作为人口流入城市推动乡村振兴战略的社会责任。

在成立天河区来穗人员创业服务中心的报道中重点提到："提升在天河区创业的来穗人员的创业能力与创业心态，增强他们的归属感和认同感，为

---

① 广州市人力资源和社会保障局、广州市财政局：《广州市人力资源和社会保障局 广州市财政局关于印发广州市创业带动就业补贴办法的通知》，2015 年 11 月 6 日。

来穗创业人员搭建支持网络，减少创业阻力，推动来穗人员自主创业，为天河区的城市建设与经济发展贡献更大的力量。"① 从文字表述上便可以看出，天河区来穗人员创业服务中心虽然支持农民工等群体自主创业，但其出发点和落脚点还是帮助出台该政策的所在城市广州。其重点内容依然是在"大众创新，万众创业"战略下支持农民工等外来人口在广州市创业，以促进广州市的城市建设与经济发展。

在穗人社发〔2015〕57号文件的十种不同类别的补贴中，一次性创业资助、租金补贴、创业孵化补贴、优秀创业项目资助等四项补贴政策都要求补贴获得者要在广州市领取工商营业执照或其他法定注册登记手续。同时还有部分创业补贴项目要求必须是广州市本市所认定的孵化基地或"广州市创业项目资源库"项目。其指向性明显为扶持广州市本地创业力量，帮助广州市城市建设而非实施乡村振兴战略。

这些针对农民工等外来人口创业的培训政策能够较好地帮助农民工提升创业能力与创业心态，但是会进一步拉大城乡差距，让优质的人力资源留在广州而非返回乡村支持乡村建设。能够在广州市享受相关政策支持并创业成功的农民工群体将会因补贴政策与广州市优良的营商环境而停留在广州市，而非返回乡村支持乡村振兴战略。

2. 现行农民工创业培训政策以试点探索为主

虽然在《就业创业指引》、穗人社发〔2015〕57号文件等多项文件的支持下，政策中的相关具体内容开始实施，但是必须注意到现阶段以成立"来穗人员创业服务中心"为例的相关实施方式只是在区域内采取试点工作，尚未大范围推广。

"来穗人员创业服务中心"只是天河区来穗人员服务管理局和前进街道办事处在天河区的一项试点工作，这意味着在广州市现行市辖的越秀、海珠、荔湾、天河、白云、黄埔、花都、番禺、南沙、从化、增城11个区中，

---

① 广州市来穗人员服务管理局：《天河区：成立来穗人员创业服务中心》，http://lsj.gz.gov.cn/lsnew/gqdt/201806/e41472f3d5814b89a236e98a74f0995e.shtml。

只有一个天河区率先建立专门为包括农民工在内的来穗人员提供创业服务支持的机构。

当然这样的试点机构在很大程度上是一座城市重视农民工等外来人口的表现，但同时也是过去忽视这一群体创业需求的表现。在以前的城市发展中，农民工往往被定义为低端制造业从业人员，同时作为现代化城市吸纳农民工的重要前提是降低低端制造业的劳动力成本。

然而现阶段在新时代城乡振兴战略的大环境下，作为国际化大都市的广州应该以更加包容的眼光看待农民工，从根本上推动农民工返乡创业培训机制的完善、发展，乐于扶持农民工返乡创业。

在全球城市化的背景下，如何实施乡村振兴战略，化解城乡二元结构差异成为一个重大课题。在邓小平同志的理论中"让一部分人先富起来"的目的不在于加大差异，导致不稳定因素，而在于让先富起来的人带动更多尚未脱离贫困的群体。新时代乡村振兴战略背景下的农民工返乡创业培训就是为了实现这样一个目标，通过人力资本的塑造，让农民工具有能够自主创造财富的能力。这项能力是城市与乡村地区最大的差别，城市丰富的人力资源带来巨大的经济效益与社会活力，反观乡村地区，以留守儿童和老年人组成的弱势群体，显然无法更好地创造社会财富，只有通过城市反向培训农民工等人才并输送至乡村地区，才能更好地支持乡村振兴战略，带动广大乡村地区的发展。

B.8 广州农民工养老保险参与行为的影响因素分析

杨 迪*

摘 要： "福利三角"理论是社会政策的经典分析范式，本文借助"福利三角"理论，利用CGSS2015数据，从个体、家庭、市场和国家四个维度对广州新生代农民工养老保险参与行为展开分析。研究发现，广州新生代农民工受到个体异质性、家庭、市场和国家四个方面的影响，在个体异质性上，受教育程度、年龄和婚姻状态对研究对象的参保行为有显著影响，而家庭维度下的家庭子女数、市场维度下的劳动合同和国家维度下社保政策满意度对新生代农民工的基本养老保险参保行为有显著影响，家庭和国家、市场对因变量的影响存在替代效应。

关键词： 福利三角 新生代农民工 养老保险 参保行为

一 问题的提出

2017年10月18日，党的十九大报告指出，要加强社会保障体系建设，完善城镇职工基本养老保险和城乡居民基本养老保险制度，尽快实现养老保险全国统筹。同时，实施健康中国战略，积极应对人口老龄化，构

---

* 杨迪，四川省社会科学院社会学专业2016级硕士研究生。

建养老、孝老、敬老政策体系和社会环境，推进医养结合，加快老龄事业和产业发展。① 此即在政策层面上鼓励家庭（养老、孝老、敬老）、市场（医养结合、老龄事业和产业发展）和国家（养老保险体系）三个层面的协同发展，以期提高社会整体养老福利水平。而作为我国经济社会发展过程中出现的一个重要群体——农民工，其基本养老保险仍处于一个较低的水平。国家统计局于2017年发布的《2016年农民工监测调查报告》显示，2016年农民工总量达到28171万人，其中，1980年及以后出生的新生代农民工已逐渐成为农民工的主体，占全国农民工总量的49.7%，数量达到14001万人。② 相对于如此庞大的群体数量而言，2014年的公开数据显示，农民工基本养老保险参保率仅16.7%。③

现代社会充满了不确定风险，新生代农民工面临着更多的生存压力，作为应对社会风险关键手段的基本养老保险，如此之低的基本养老保险参保率是否意味着农民工对基本养老保险的参与意愿较低呢？而其中已逐渐成为农民工主体的新生代农民工，当前急剧的社会变迁在个体身上的投影是否已经改变了影响老一代农民工和新生代农民工参与基本养老保险的因素？本文利用2018年最新公布的中国综合社会调查2015年调查数据（CGSS2015），借助西方经典的社会政策分析范式"福利三角"理论，从个体、家庭、市场和国家四个维度出发，来探索影响广州新生代农民工的基本养老保险参保行为的关键因素。

二 文献回顾和研究假设

（一）"福利三角"分析范式

"福利三角"理论范式是社会政策研究发展过程中出现的一个重要分析

---

① 人民网：《习近平在中国共产党第十九次全国代表大会上的报告》，http://cpc.people.com.cn/n1/2017/1028/c64094-29613660.html。
② 国家统计局：《2016年农民工监测调查报告》，《中国信息报》2017年5月2日，第1版。
③ 国家统计局：《2014年全国农民工监测调查报告》，《中国信息报》2015年4月30日，第1版。

范式。"福利三角"最初来自罗斯提出的福利多元组合理论,福利多元组合强调整合家庭(households)、市场和国家三者提供的福利可以构成一个社会的福利整体。现代社会的福利总量等于家庭生产获得的福利、市场交换获得的福利和国家提供的福利之和。[1] 约翰逊在罗斯的三个福利提供主体基础上,增加了志愿机构。伊瓦斯在罗斯的多元福利组合理论基础上,同样借鉴了家庭(households)、市场和国家的多元福利组合,更进一步将其演绎为一个"福利三角"的福利整体。相较于罗斯而言,伊瓦斯提出的"福利三角"概念,更进一步在福利多元主体描述的基础上分析了三者之间的关系,即一个具有稳定性质的"福利三角"理想类型,三者之间存在复杂的互动关系,既有合力的一面,也有此消彼长的一面。家庭、市场和社会分别代表着不同的组织、价值和关系。国家代表了公共组织,其价值体现是平等和保障,表现的是行动者和国家的关系;市场代表的是正式组织,其价值体现是选择和自主,表现的是行动者和市场的关系;家庭代表的是非正式组织,其价值体现是团结和共有,表现的是行动者和社会的关系。行动者个体富有权宜性和创造性的努力、家庭的保障、邻里和社区内的互助是非正式福利的核心内容,既有工具性的福利,也包含大量的情感性福利。市场提供了就业福利,而国家通过正式的制度进行资源再分配。三者提供不同的福利内容,来满足行动者的福利需要。行动者居于三者之间,既实现福利的创造,也实现福利的传递。一方面,行动者通过个人的努力,将自身的人力资源在市场中自主选择和交换,换取自己所需的福利,以及获得国家再分配的福利,来支持家庭的福利供给;另一方面,行动者家庭的福利提供,在一定程度上可以减轻国家的福利负担,实现整体福利的均衡配置。

从基于"福利三角"理论的研究成果看,"福利三角"分析范式具有相当程度的可操作性,既可对国家-市场-社会这一组经典议题展开探讨,如理论本土化研究,[2] 也可在宏观层面对社会政策整体进行分析(见图1),

---

[1] 彭华民:《西方社会福利理论前沿》,中国社会出版社,2009。
[2] 许光:《制度变迁与利益分配:福利三角模式在我国的应用与拓展》,《中共浙江省委党校学报》2010年第3期,第76~82页。

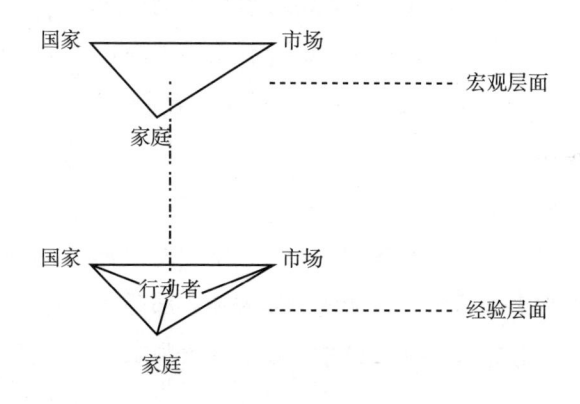

图1 "福利三角"理论范式分析

使用"福利三角"理论分析我国转型时期福利社会的构建问题,[①] 同时还可以下降到经验层面对具体对象开展经验研究,探寻行动者在不同社会政策情境下与三个维度以及三个维度之间的互动状态,如我国学者基于"福利三角"理论展开的对各类社会政策议题的经验研究,涉及不同群体的养老、医疗等社会保障制度,[②] 社会救济制度,[③] 高等教育福利制度,[④] 法律援助制度[⑤]等多层面、多维度的社会政策议题研究。

基本养老保险是社会保险制度的核心内容之一,按照目前基本养老保险城乡统筹发展的最新划分,主要分为城镇职工基本养老保险和城乡居民基本养老保险两类基本养老保险。按照"福利三角"理论,其制度规划、设计与运作都由国家负责,但与市场和家庭两个维度又密切相关,行动者的养老

[①] 杨钰:《转型期中国福利社会的构建——基于福利三角范式的现实思考》,《兰州学刊》2013年第7期,第85~90页。
[②] 孙中伟、王滂、梁立宾:《从"劳动权"到"市民权":"福利三角"视角下农民工养老保险参与意愿》,《华南师范大学学报》(社会科学版) 2014年第3期,第108~117页。
[③] 李珊、万国威:《倒置的福利三角:从福利的范式转轨窥视中国社会救济的发展》,《长春工程学院学报》(社会科学版) 2009年第4期,第35~39页。
[④] 张务农:《福利三角框架下的高等教育福利制度研究》,《东南学术》2014年第3期,第138~143页。
[⑤] 王永杰:《福利三角结构视野下的中国法律援助制度》,《社会科学》2007年第6期,第125~130页。

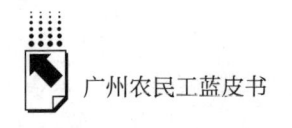

保险参与，实际上表现了国家、市场和家庭的互动形式。

目前学术界针对老一代农民工和新生代农民工的基本养老保险参与进行了大量的实证研究。借助"福利三角"理论，我们可以对目前的文献展开分类总结。

1. 行动者自身人口学变量

行动者作为连接国家、市场和社会三个维度的中介，其自身的异质性往往也是影响基本养老保险参与行为的重要因素，部分经验研究证明了农民工的性别、年龄、受教育水平等人口学变量对其参与基本养老保险存在显著影响。

2. 家庭维度

以往的研究显示，家庭维度中的家庭规模、家庭资产、家庭总收入对农民工参与基本养老保险有显著影响，有学者发现家庭子女数量与农民工的基本养老保险参与行为呈负相关，而土地作为农民工背后的基础生存保障资本，对农民工参与基本养老保险也有着显著影响。

3. 市场维度

从市场维度看，农民工的工作相关因素对其参与基本养老保险有着重要影响，大量实证研究证明，工资收入、企业性质、工作年限、劳动合同、工作稳定性都对农民工参与基本养老保险有着显著影响。

4. 国家维度

从国家维度看，目前研究集中在制度保障上，劳动合同这一变量涉及市场和国家制度两个方面，工会作为制度保障的重要组织，部分研究也证明了工会对农民工参与基本养老保险的显著影响。

从文献梳理的整体情况上来看，目前对于新生代农民工的研究存在以下几个问题。第一，大部分实证研究的数据往往是基于部分省市或小范围的抽样，由于地区差异的存在，从中透视整个中国新生代农民工的基本养老保险参与情况可能存在较大误差。第二，新生代农民工已经成为农民工群体的主体，然而目前对养老保险参与情况的研究往往是对农民工整体而言，对新生代农民工这个细分群体的研究缺乏更为细致的分析。第三，部分研究缺乏理论框架的指导，或是对理论框架的简化，比如同样利用"福利三角"理论进行分析，部分学者直接将家庭维度作为个体特征，这使得一些关键变量并未纳入模型，造成偏差。

（二）研究假设

基于文献梳理和"福利三角"理论，可以发现行动者参与基本养老保险实际上受到家庭、市场和国家三个维度的影响，除此之外，作为连通三个维度的行动者的各类人口学特征，也是影响其参与基本养老保险的因素，需要将它们纳入控制变量中。根据以上几个方面和CGSS数据内容可提出相应的研究假设。

1. 家庭支持假设

1a：家庭规模越大，广州新生代农民工参与基本养老保险的可能性越高；

1b：家庭子女数越多，广州新生代农民工参与基本养老保险的可能性越低；

1c：家庭总收入越高，广州新生代农民工参与基本养老保险的可能性越高。

2. 市场条件假设

2a：工作年限越长，广州新生代农民工参与基本养老保险的可能性越高；

2b：签订了劳动合同的广州新生代农民工参与基本养老保险的可能性高于未签订的。

2c：企业性质对广州新生代农民工参保可能性有显著影响。

3. 制度保障假设

3a：参加了工会的广州新生代农民工参与基本养老保险的可能性高于未参加的；

3b：对政府的社会保障政策满意度越高的广州新生代农民工参与基本养老保险的可能性越高。

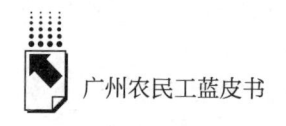

三 数据、变量和分析方法

（一）数据来源

本文数据来自中国综合社会调查 2015 年调查数据（CGSS2015），2018 年 1 月 1 日，中国综合社会调查（Chinese General Social Survey, CGSS）开放最新的 2015 年度调查数据（CGSS2015），该调查项目自 2003 年开始，它采用多阶分层概率抽样的方式进行抽样，2015 年 CGSS 项目调查覆盖全国 28 个省、自治区、直辖市的 478 个村居，经最终统计，共完成有效问卷 10968 份。得益于其严格的抽样设计和过程监控，该数据全面地收集社会、社区、家庭、个人多个层次的数据，可以较好地反映社会变迁的整体情况。

本文研究对象为新生代农民工，根据相关定义和 CGSS2015 问题设置，本文将农民工群体界定为拥有农业户口且目前从事非农工作的人，新生代农民工则是生于 1980 年及之后的、拥有农业户口，目前从事非农工作的人。[①] 经过清理缺失变量后，获得农民工样本 1489 个，新生代农民工样本 505 个。

（二）因变量

本文的因变量是新生代农民工对基本养老保险的参与情况，这是一个二分类变量，对应问卷问题 A61 "城市/农村基本养老保险参与情况"。重新编码 "参与" 为 1，"未参与" 为 0。

（三）控制变量和自变量

本文自变量主要来自 "福利三角" 分析范式的操作化，即家庭部分、市场部分和国家部分。基本的人口学变量（性别、年龄、政治面貌、受教

[①] 龙书芹、风笑天：《社会结构、参照群体与新生代农民工的不公平感》，《青年研究》2015 年第 1 期，第 39~46 页。

育程度）都被纳入控制变量中。家庭维度涉及家庭规模、家庭总收入、子女数三个自变量，市场维度涉及企业性质、工作年限和劳动合同三个自变量，国家维度涉及工会参与和社会保障政策满意度两个自变量。详细情况如表 1 所示。

表 1　自变量相关信息

自变量	变量编码/定义	均值/百分比(%)	标准差
人口学变量			
性别	男 = 1	57.62	
	女 = 0	42.38	
年龄		27.73	4.44
受教育程度	小学及以下 = 1	8.32	
	初中 = 2	39.01	
	高中 = 3	29.90	
	大学及以上 = 4	22.77	
婚姻	已婚 = 1	34.85	
	未婚 = 0	34.85	
自变量	变量编码/定义	均值/百分比(%)	标准差
个人年收入		38857.03	33830.91
个人年收入的对数		10.37	0.76
家庭维度			
家庭规模	共同居住的家庭人口数	3.35	1.66
家庭总收入		81224.04	86175.35
家庭总收入对数		10.99607	0.79
子女数		0.84	0.89
市场维度			
工作年限		6.87	4.59
劳动合同	签订 = 1	37.23	
	未签到 = 0	62.77	
单位性质	国有或国有控股/集体所有或集体控股 = 1	20.46	
	私有/民营或私有/民营控股 = 2	75.58	
	外资所有或外资控股 = 3	3.96	
国家维度			
工会	参加 = 1	5.74	
	未参加 = 0	94.26	
社会政策满意度		65.38	19.22

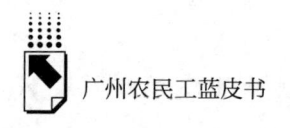

（四）分析方法

因变量基本养老保险参与情况为二分类的虚拟变量，本研究使用stata14统计分析软件，通过二元logistic回归对变量展开分析。

四 结果分析

表2是新生代农民工参与基本养老保险的影响因素二元logistic回归模型，模型M1是基础模型，仅纳入行动者的人口学变量，包括受教育程度、性别、年龄、婚姻和个人收入的对数。模型M2是家庭支持模型，除纳入M1的人口学变量之外，还加入了家庭规模、家庭总收入的对数和家庭子女数。模型M3是工作情况模型，反映市场对新生代农民工参与养老保险的影响，除纳入M1的人口学变量外，还加入了工作年限、劳动合同签订和单位性质三个自变量。模型M4是制度保障模型，反映国家对新生代农民工参与养老保险的影响，在模型M1基础上，加入参加工会和社会保障政策满意度评价两个变量。模型M5是全变量模型，纳入上述全部变量，反映"福利三角"三个维度互动下对新生代农民工参与基本养老保险的影响因素。五个模型的卡方检验P值都为0.000，证明五个模型都是显著的。

表2 新生代农民工参与基本养老保险的影响因素二元logistic回归模型

自变量	M1	M2	M3	M4	M5
受教育程度（小学及以下=1）					
2. 初中	1.532 (1.14)	1.377 (0.84)	0.986 (-0.02)	1.463 (1.00)	0.995 (-0.01)
3. 高中	2.715*** (2.59)	2.484** (2.30)	1.863 (0.97)	2.689** (2.51)	2.045 (1.05)
4. 大学及以上	5.796*** (4.21)	5.028*** (3.70)	3.263* (1.72)	5.168*** (3.83)	3.309 (1.62)
性别	1.063 (0.30)	1.055 (0.25)	1.145 (0.46)	0.993 (-0.04)	1.120 (0.37)

续表

自变量	M1	M2	M3	M4	M5
年龄	1.081 ***	1.101 ***	1.110 **	1.078 ***	1.116 **
	(2.82)	(3.23)	(2.14)	(2.64)	(2.11)
婚姻	1.538 *	1.791 **	1.165	1.522	1.164
	(1.70)	(2.02)	(0.41)	(1.63)	(0.36)
个人收入对数	1.157	1.155	1.060	1.146	1.040
	(1.09)	(0.82)	(0.30)	(1.01)	(0.16)
家庭规模		1.096			1.116
		(1.29)			(1.04)
家庭总收入对数		1.021			1.085
		(0.12)			(0.34)
家庭子女数		0.740 *			0.862
		(-1.74)			(-0.55)
工作年限			1.016		1.017
			(0.36)		(0.40)
劳动合同			3.371 ***		3.630 ***
			(4.30)		(4.41)
单位性质(国有/集体所有或国有/集体控股=1)					
2. 私有/民营或私有/民营控股			0.662		0.820
			(-1.11)		(-0.51)
3. 外资所有或外资控股			1.397		1.629
			(0.37)		(0.54)
工会				2.264	2.508
				(1.54)	(1.13)
社保政策满意度				1.021 ***	1.020 **
				(3.75)	(2.35)
_cons	0.008 ***	0.004 ***	0.013 *	0.003 ***	0.001 ***
	(-3.08)	(-3.11)	(-1.91)	(-3.59)	(-2.59)
N	473	471	286	473	286
Prob > chi2	0.000	0.000	0.000	0.000	0.000
Pseudo. R2	0.080	0.087	0.178	0.110	0.205

注: *** $p<0.01$, ** $p<0.05$, * $p<0.1$。

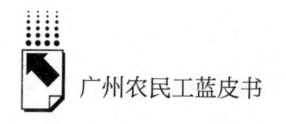

（一）基础模型 M1

基础模型 M1 纳入受教育程度、性别、年龄、婚姻、个人收入和个人收入对数这几个基础人口学统计变量。模型结果显示，在控制模型中其他变量的情况下，年龄对新生代农民工参与基本养老保险有显著影响，年龄每增长1岁，新生代农民工参加基本养老保险的发生比上升8.1%。而在受教育程度上，以小学及以下为参照组，相较而言，初中文化程度的新生代农民工与小学及以下文化程度的新生代农民工相比在基本养老保险的参与行为上并没有显著差别，而高中文化程度的新生代农民工与小学及以下文化程度的新生代农民工相比在基本养老保险的参与行为上存在显著差别，高中文化程度的新生代农民工，相较于只有小学及以下文化程度的新生代农民工，其参加基本养老保险的发生比要高2.72倍，同样，具有大学及以上文化程度的新生代农民工也与只有小学及以下文化程度的新生代农民工在参与基本养老保险上有显著差异，其发生比相较小学及以下文化程度的新生代农民而言，要高5.8倍。而在婚姻关系上，未婚和已婚的新生代农民工同样在参与养老保险90%的置信度上存在显著差异，已婚的新生代农民工相对于未婚的新生代农民工而言，其参与基本养老保险的发生比上升53.8%。

（二）家庭支持模型 M2

家庭支持模型 M2，在 M1 的基础上加入了家庭规模、家庭子女数、家庭总收入和家庭总收入的对数四个自变量，构成家庭支持模型。家庭支持模型在模型 M1 的基础上，拟合优度上升0.7%，同时上述 M1 中的基础变量，受教育程度、年龄和婚姻依旧显著，变化不大。而家庭规模和家庭总收入并未对新生代农民工参与基本养老保险产生显著影响，只有家庭子女数在90%的置信度上，对因变量产生了显著影响，家庭子女每增加1个，新生代农民工参与基本养老保险的发生比下降26%，这验证了假设1b，家庭子女数越多，新生代农民工参与基本养老保险的可能性越低。中国传统养老理念中，子女养老一直是防御养老风险的关键手段，新生代农民工属于"80

后",其养老风险意识受到制度化保障和农村文化传统的双重影响,子女数越多,越会减低其养老风险预期。

(三)工作状况模型 M3

工作状况模型 M3 在基础模型 M1 的基础上增加工作年限、劳动合同和单位性质三个变量,相比于基础模型 M1,模型 M3 拟合优度上升 10%,达到 17.8%。在 M3 中,婚姻开始不再显著影响因变量,而高中与小学及以下文化程度的比较也不再显著,仅大学文化程度的新生代农民工在 90% 置信度上与小学及以下文化程度的新生代农民工在基本养老保险的参与上存在显著差异。而新引入的工作变量中,工作年限和单位影响并未对新生代农民工参与基本养老保险产生显著影响。而签订劳动合同,在控制模型中其他变量的情况下,对新生代农民工参与基本养老保险有显著影响,与企业签订了劳动合同的新生代农民工参与基本养老保险的发生比是未签订劳动合同的新生代农民工的 3.37 倍,这符合以往研究的论证,验证了本文研究假设 2b。劳动合同一方面是市场契约行为,另一方面也是国家对劳动者制度保障的关键内容,国家在正规的劳动合同中要求用人单位为劳动者缴纳相应的社会保险,而从加入的三个工作变量看,劳动合同是影响新生代农民工参与基本养老保险的关键影响变量。

(四)制度保障模型 M4

模型 M4 是在基础模型 M1 的基础上,加入参加工会和社保政策满意度两个变量,构成制度保障模型。在制度保障模型中,拟合优度为 11%,相比于 M1 上升 3%,M4 的人口学变量中,婚姻对新生代农民工参与基本养老保险的影响不再显著。此外,参加工会变量并未对新生代农民工参与基本养老保险产生显著影响,工会虽然是国家制度保障的重要部门,但受制于现实条件,其在保障农民工权益的实际中可能并没有发挥应有的作用。社保政策满意度则显著影响新生代农民工参与基本养老保险,具体表现为,在百分制评价的满意度评分中,新生代农民工对政府实施社会保障政策的满意分每增

长 1 分，他们参与基本养老保险的发生比则上升 2.1%，这验证了制度保障假设 3b。新生代农民工对政府社保政策的评价得分在一定程度上可以反映他们对基本养老保险的了解、对收益的预期以及对政府的信任，而国家在养老保险上较为标准化的操作程序，可以提升新生代农民工的制度信任。

（五）全变量模型 M5

全变量模型 M5 纳入了 M1、M2、M3、M4 的所有变量，完整地考察"福利三角"中的三个维度以及基础的人口学变量对因变量造成的影响。M5 的拟合优度提升到 20.5%，是五个模型中最高的，相比于其他 4 个模型，M5 的年龄变量仍是显著的，其他变量中，签订劳动合同对新生代农民工参与基本养老保险的影响仍然是显著的，签订的发生比是未签订的 3.76 倍，此外，社保政策满意度对新生代农民工参与基本养老保险的影响也是显著的，新生代农民工对政府实施社会保障政策的满意分每增长 1 分，他们参与基本养老保险的发生比则上升 2%，其他变量对因变量的影响都不显著。

五 结论和讨论

本研究在利用福利三角分析框架对 CGSS2015 的数据进行分析的过程中，分别建立基本人口学变量、家庭、市场和国家 4 个维度的模型，模型 M1 在一定程度上证明了受教育程度、年龄、婚姻等人口学变量对新生代农民工参与基本养老保险的影响，模型 M2、M3、M4 分别证明了代表家庭、市场和国家三个维度的部分变量对因变量的显著影响。而纳入全变量的模型 M5，实际反映了家庭、市场和国家的互动关系。这三个维度之间存在复杂的交互关系，既有共同的合力，也有彼此的消长，同时，当行动者在不同情境下与三个维度互动时，三个维度也呈现出不同的组合形态。在 M5 纳入全部自变量后，属于家庭维度的 4 个自变量，家庭规模、家庭子女数、家庭总收入和家庭总收入对数都未对因变量产生显著的影响，这在一定程度上反映了在福利三角框架下，新生代农民工参与基本养老保险，国家、市场与家庭之间存在替代性。家庭支持模型中，家庭子女数的增加降低了新生代农民工的基本养老保险参与行为的发生，而到了模型 M5 中，家庭维度自变量对因变量的影响不再显著，而来自市场和国家维度的劳动合同和社保政策满意度则依旧显著地影响着因变量，这在一定程度上说明，国家和市场在这一情景的关系显然更具亲和性，而对家庭支持的替代效应要更强。

从国家与社会的讨论框架下来看，国家、市场和社会三者互动中表现出的状态更多的是国家和市场的合作，这体现在劳动合同这一关键自变量上，而来自家庭的非正式支持则在一定程度上与其存在替代效应。虽然新生代农民工的风险意识提升，他们在一定程度上意识到正式组织和公共组织所带来的制度保障的重要性，但传统的子女养老观念依旧在影响着新生代农民工的养老风险预期。在模型 M5 中可以看到，家庭维度自变量从显著到不显著，这在一定程度上反映了新生代农民工对子女养老和制度保障两种养老风险应对方式的新观念，二者并非处于相对的两极，而是可以并行不悖的。

B.9 广州新生代农民工在乡村振兴中的路径探讨＊

叶海燕 黄牧乾＊＊

摘 要： 本研究对新生代农民工概念进行界定和特征归类，从乡村的政治、经济、文化三个方面探讨新生代农民工如何成为乡村振兴的中坚力量。"乡村政治振兴"以广州新生代农民工在村民自治体系中如何起到带头作用作为切入点来探讨；"乡村经济振兴"以大学生"在校创新创业比赛＋回乡创业"作为突破点研究；"乡村文化振兴"通过广东肇庆的传统文化节日"茶果节"的衰退和贵州的"捕鱼节"日益兴旺一正一反两个案例探讨如何在传承传统文化的基础上进一步创新。

关键词： 新生代农民工 乡村振兴 回乡创业

习近平总书记在党的十九大报告中，提到了乡村振兴战略。实施乡村振兴战略，是党在十九大上公开作出的重大决策部署，是全面建成小康社会、全面建设社会主义现代化国家的重大历史任务。中国特色社会主义的发展进入了新阶段，我国社会的主要矛盾已经转化成为人民日益增长的美好生活需要和不平衡不充分的发展之间的矛盾。现在是进入全面决胜小康社会的攻坚

＊ 本研究是国家重点社科基金项目"基本公共服务供给侧改革与农民工需求侧获得感提升研究"（17ASH001）的阶段性研究成果。
＊＊ 叶海燕、黄牧乾，均为广州大学华软软件学院副教授。

阶段，乡村不论是从地域面积还是从人口数量上看都占大多数，所以，乡村能否实现全面小康将决定这场攻坚战是否成功。

一　新生代农民工的概念界定及特征

（一）新生代农民工的概念界定

在研究农民工以及相关延伸概念的时候，许多学者会由于自身研究的侧重点不同而对何为"农民工"与何为"新生代农民工"做出不同的定义与解释。

学术上基本是以年龄作为划分标准，例如老一代农民工出生于20世纪60~70年代，由于生产方式的改变而进城从事非农务工，目前处于中年期，新一代农民工则是出生于20世纪80~90年代，后来也进入城市务工，目前正处于青年期。而王春光对"新生代农民工"这一概念提出了两层含义：一是年龄在25岁以下，在20世纪90年代外出务工经商的农村流动人口；二是与第二代农村流动人口相区别，"新生代"并不是指农民工的子女，而是介于第一代农村流动人口与第二代农村流动人口之间的过渡性民工群体。到了2010年，中央一号文件中提出了"新生代农民工"这个称呼，主要是指出生于20世纪80~90年代的外出务工农民工。[①] 按照谢建社的观点，新生代农民工是指1980年以后出生并在城镇务工的青年农民工，他们是伴随着改革开放成长的一代，是人称"80后""90后"的一部分。

时代的发展赋予了农民工更丰富的含义，本文对新生代农民工的界定为：保留农村户籍，1980年以后出生并在或将要在城镇从事非农产业劳动的青年农民工，不限于劳动者并且包括了在城镇就读的农村户籍大学生，包括"80后""90后""00后"。

（二）广州新生代农民工的时代特征

广州新生代农民工在城市工作、生活、学习过一段时间，对于城市的政

---

① 谢建社：《新生代农民工融入城镇问题研究》，人民出版社，2011。

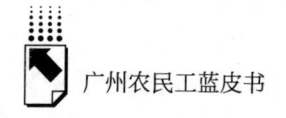

治、文化、新思维耳濡目染，相对于一辈子都留在农村工作、学习、生活的农民来说无论是视觉广度、思维深度还是经验学识都要高于传统的农村人。新生代农民工来自农村，对自己的出身有认同感也有责任义务去投身建设乡村。所以"乡村振兴"这一艰巨任务，新生代农民工有着不可推脱的历史责任。对于如何发挥新生代农民工在乡村建设中作用，让其成为乡村振兴的中坚力量就是本文的研究重点。

自改革开放以来，农村生产方式的变更以及国家的政策号召致使大量的农村人口进入城市寻求发展，尤其是农村中的高质量人才更加倾向于流向城市，造成了农村长时间处于人才的"失血－贫血"状态。事业因人才而兴，鼓励支持外出的农民工"上山下乡"，为乡村振兴提供源源不断的人才储备支持是重中之重。打破人才"单向流动"的格局，关键还得靠把握住体制机制创新的重点。推动乡村振兴切实加强乡村人力资本开发，推动各类人才"上山下乡"由城市向农村流动。为了吸引各路人才到乡村创业就业，就要制定实施更加开放、积极、有效的扶持政策。扩大大学生"三支一扶"规模，落实好大学生服务期满后就业创业机制的保障和政策支持，给予大学生下乡更大的优惠，吸引更多高校毕业生服务乡村、扎根乡村。

二 乡村振兴的时代内容

随着时代的发展以及人民需求的改变，乡村振兴已然不能停留在传统模式上的产业振兴，应该赋予"乡村振兴"更加丰富的内涵。本文主要从"乡村政治振兴"、"乡村经济振兴"以及"乡村文化振兴"三个方面论述如何让新生代农民工成为乡村振兴的中坚力量。

（一）乡村政治振兴

自改革开放以来，农村家庭联产承包责任制的出现解放了农村劳动力，激发了农民的个人生产积极性。国家的经济发展在上层建筑的引导下演变成为社会主义市场经济，农民为了寻求更好的发展机遇而向城市流动,长期从事非农产业工作而变成了农民工身份。一批又一批的农民工长期外出造成了如今乡村缺乏人才储备的现状,农民工长期向城市"单向流动"与乡村迫切需求农民工的矛盾越来越突出。为了解决这一矛盾,吸引更多的农民工回流参与建设乡村,我们通过采取切实可行的村民自治优化措施去提高村民自治成效,建设一个适宜工作、生活、发展的乡村环境就是一个重要的解决途径。

政治、经济、文化从来都不是独立存在发展,而是相互依存促进发展。村民自治制度提供了乡村自主灵活发展的基本政策条件,本文乡村政治振兴的内容,将以新生代农民工在村民自治体系中如何起到带头作用作为切入点来探讨。如何让新生代农民工在乡村振兴战略中起到中坚力量的作用,还得先依靠新生代农民工在村民自治体系内通过革新自治组织的组成、优化工作方式等提高村民自治的地位来达成乡村政治振兴,最终实现乡村振兴战略。笔者曾经参与过广州市从化区太平镇菜地塱村的村民自治情况相关调查,以下探讨乡村政治振兴的内容,将以该村为例(见图1)。

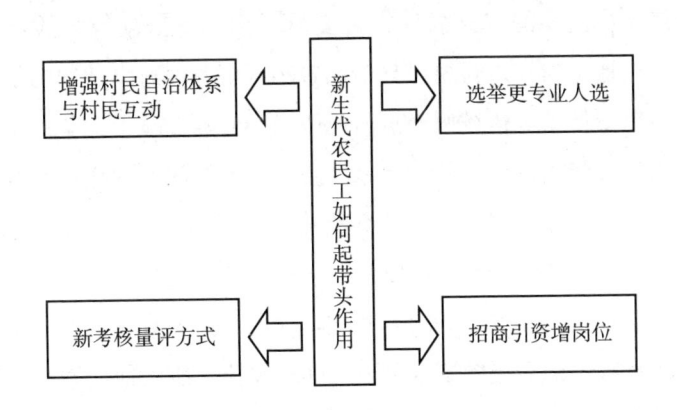

图1 新生代农民工起带头作用的四个角度

第一,在选举方面,优选更适合的新生代农民工。目前村委会组织法对选民资格的要求仅仅是具备年满18岁、没有被剥夺政治权利以及本村村民这三个条件,这就导致了村内符合规定的人非常多。这种选举方式对于过去社情结构相对简单的农村适用，但对于现今乡村情况来说是不合时宜的，规定既太宽泛也不能体现专业分工合作。菜地塱村村委每个成员都被分配负责不同的工作，但是，据了解在上岗前就对所负责的工作有经验的人不多。在政府统一组织分批进行培训之后虽然能胜任工作，但是也不能保证他们可以达到接近经验丰富人员的认知水准与专业自主学习能力，潜力不足。相反，新生代农民工在城市工作、学习、生活、成长，无论是学历、经验、眼界等相对于村民来说都更具能力优势。所以，村委在进行换届选举前应当公示新一届村委名额数量以及对应的各类分工职位，并对各类分工职位提出更为具体的学历、工作经验、成就等条件。符合条件的候选人就对应的分工职位提交申请表，再由村民会议民主选举出最后的当选者，组成新一届村委。这样既满足了专业分工合作，也能表现出村委更强的工作能力，使村民信服。

农村在未来是改革发展的前沿阵地，一系列的新变革需要更强更有专业能力的人担当。一支优秀的队伍从来不能缺少专业分工合作，能否带领村民实现乡村振兴就是检验的标准。

第二，在增强村民自治体系与村民互动的方面，建议从电子媒介着手并且设置隶属于村监委的"新媒体宣传委员"岗位来搭配传统的村宣传委员进行工作。菜地塱村在进行村民自治的宣传教育时，通常使用的是村委公共栏、图书室以及传单等传统媒介。村民调查问卷数据显示，菜地塱村村民普遍都使用微信并能用微信来阅读文章，当调查人员问及现任村两委当中有多少人有能力独立完成平面设计、独立撰稿采访等新媒体运营的初步应用时，村两委成员没有人能给予肯定回复。

微信公众号是时下流行的阅读和交际平台，大多数新生代农民工在学习以及工作的过程中都会接触到各种形式的新媒体，所以他们学习新媒体运营至少比村民有更好的基础、更强的知识接受能力。"新媒体宣传委员"可以通过创建微信公众号来每天发布一些有关村民切实生活的最新案例、村民留言、实用的知识普及、健康积极的娱乐咨询、村内发展新动态、村民采访视频以及提供系统分类的相关书籍阅读等内容，鼓励村民在村委的支持下组织交流会来互相学习，增进村民自治体系与村民的互动。另外，过去菜地塱村的村监委职责包括列席村两委会议、村民代表会议，审核村账。这些都是对村委的工作以及决策进行监督，而缺少直接接受村民反映意见的职责。现在应当提供更方便快捷的新媒体渠道以方便接受村民反映村两委作风、决策失衡、提建议等问题，并鼓励村民通过邮件、电话、来访、微信等工具向村监委"新媒体宣传委员"反映意见。村监委"新媒体宣传委员"每天将收集到的意见整理汇总成文档，在初步审核过后提交到村委处。由村委对意见在限定时间内进行落实，并反馈回到村监委处，以切实保障村民监督以及反馈的有效性。只有让村民对村内事务参与感更强了解更多，才有可能进一步调动乡村政治氛围，实现乡村政治振兴。

第三，采用适当的考核量评方式督促村民自治体系内的新生代农民工为村民尽责。无规矩不成方圆，一套恰当的考核量评方式不仅能维持日常工作秩序，更重要的是能体现公平与激励的原则。新生代农民工的思维中更多掺杂偏向的是个性、个人、物质激励等，而不是以往简单的集体主义、精神激励。因此，我们除了要重视精神熏陶之外，也应该重视物质激励，例如以地方事业单位工资标准发放底薪，再以各岗位KPI发放奖金。

KPI（Key Performance Indicator），即关键绩效指标，是企业绩效管理的基础。关键绩效指标是衡量工作人员工作绩效表现的量化指标，是绩效计划的重要组成部分。KPI适用于企业绩效管理，同样也适用于村民自治体系内的组织岗位。例如以"新媒体宣传委员"为例，该岗位的主要职责是做新媒体运营，主要工作是每天发布一些有关村民切实生活的最新案例、村民留言、实用的知识普及、村内发展新动态等内容，增进村民自治体系与村民的互动。从中我们不难发现，信息发布的时效性、准确性、阅读量、覆盖广度、粉丝数量、点赞率这些指标贯穿了"新媒体宣传委员"的工作成效。那么，以上提出的指标就是"新媒体宣传委员"的绩效考核指标。KPI确定了之后就是给每种指标分配权重，判断奖金。考核是否公平与是否给予激励将直接体现出这套考核量评方式有无价值。

每种岗位都能根据实际情况分配不同的指标，要通过考核量评去促进新生代农民工在村民自治体系中更好地服务于村民，表现出村民自治体系更强

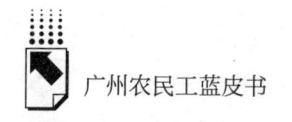

的能力和生命力。

第四，新生代农民工长时间在城镇从事非农工作或者是学习，已经养成了区别于传统农村人的习惯甚至是思维方式，这一群体在乡村也容易出现短时间内不适应的情况。同样作为新生代农民工，体系内的新生代农民工有义务去关心这些人，去了解跟进他们的状态。在取得支持和信任的情况下，也可以通过微信建立一个群体交流平台，在上面进行信息共享。往往在外较长一段时间的新生代农民工有较多的资本积累或是经验学识，可以通过本地乡村提供额外的让利来吸引他们回乡村投资创新创业。尝试向他们传播乡村发展动向的消息，诸如乡村提供不同的岗位、更优厚的待遇保障去吸引他们时刻关注乡村动态。

另外，不同地域不同发展状况的乡村有不一样的经济特征。村民自治体系内的新生代农民工不仅需要吸引外出农民工往乡村流动，更重要的是依靠自身对乡村发展的把握以及自身能力去招商引资。例如菜地塱村位于广州北部且有地铁即将开通，又有丰富的蔬菜水果种植传统以及人文历史，已经初步具备了文化旅游、农园体验的基本条件。据目前了解，菜地塱村并没有对如何扩大村集体经济收益做进一步行动，缺乏积极主动性。假如该村积极针对文化旅游、农园体验向市场开拓招商引资，那么估计很快就可以吸引到更多投资。这样，乡村工作岗位增加了，经济收入也大大增加了，在外农民工自然就会流动到乡村，缓解乡村人才储备短缺的状况。一旦农民工开始往乡村流动就会逐渐表现出良性循环，因此，万事开头难还需要村民自治体系内的新生代农民工通过政治优势起到带头作用，改善乡村市场环境，保障经济发展，彰显村民自治力量以达到政治振兴的效果。

新生代农民工要想在村民自治体系内发挥带头作用，就必须要经历一个新的选举方式，以及更能体现公平与激励原则的考核量评方式。除此之外，村民自治体系引入具有更强互动性的微信公众号平台也能增强村民的村事务参与感。要想新生代农民工往乡村流动，那么招商引资、增加岗位、提高待遇、有更多的发展机遇等条件都是必需的。往乡村流动的新生代农民工越多就意味着劳动力越多、人才储备越足，乡村振兴指日可待。

（二）乡村经济振兴

经济振兴是乡村振兴的物质基础保障，经济基础决定上层建筑，只有乡村经济振兴了才能从根本上保障政治振兴和文化振兴。只有经济振兴了，农民才能过上富裕美好的生活，乡村才有吸引力、向心力、凝聚力，更进一步吸引人才回流。随着生活水平的日益提高，城乡居民对绿色优质特色农产品的需求日益增长，并且表现得更加向往与自然和谐相处的乡村田园生活。我们要顺应人民群众升级变化的消费需求，调整优化乡村产业结构和生产力布局。针对新的消费特征倾向，乡村旅游和休闲观光农业应运而生，甚至逐渐壮大规模，它是一二三产业融合发展的重要载体，是新的消费趋势。为了实现乡村经济振兴，我们可利用乡村自然条件的优势，拓展农业的多种功能和用途。推进农业与旅游、教育、文化、康养等产业的融合，让产区变景区、田园变公园、劳作变体验、农房变客房，把乡村独特的生态价值、文化价值、社会价值转化为农民实实在在的经济价值。不仅能做到经济绿色发展，更能体现乡村经济振兴的科学性。

李翠红在其2010年的硕士学位论文中提到："青年农民工这一群体主要来自农村的普通初中、中职或高中的毕业生及辍学者，当这部分学生从学校流入到社会后，就很可能变成我们所谓的青年农民工，研究把这部分即将毕业的学生称其为潜在的青年农民工。"随着我国素质教育的进步与高等教育的普及，现在大多数高中毕业生都可以考上大学，大学生数量与日俱增，但是，很大一部分大学生在城市经历大学4年的学习生活后，会选择毕业后留在当地城市，变成名副其实的"新生代农民工"。在本文研究中把户口留在乡村，到城市上大学的大学生界定为"潜在新生代农民工"。

在国家"大众创业、万众创新"战略的引领下，各大高校都致力于把大学生打造成双创型人才作为培养的重点方向。在平时的课程设计中都会加入创业管理、市场开发、公司运营等有利于学生创业的理论课程，让学生在大学4年期间具备创新创业的理论知识。另外，学校在平时的学习生活中也为学生的创新创业能力提供很多实践机会，其中现阶段应用效果最明显的是

各种大学生创新创业竞赛，为学生锻炼实践操作能力提供了很好的平台。下面，以广州大学华软软件学院一位学生的比赛项目"何锄分享农业——基于云种养平台的家庭体验农场"作为典型例子，介绍如何开发利用大学生这一"潜在新生代农民工"群体的力量助力乡村经济振兴。

"何锄分享农业"项目是一位大学生在大二时为参加学校的大学生创新创业比赛做的项目，后期经过层层选拔完善再参加大学生挑战杯竞赛，最终获得广东省级二等奖。后来凭借国家对大学生创新创业的政策鼓励支持，在学校以及老师的悉心指导下，负责该项目的学生回到家乡找了一块地后把项目在现实中付诸实现。现在该项目已获得300万元融资，何锄三大农业基地均已投入建设，其中：何锄共享农场（稻米基地）和何锄兰花农庄现已建设完成。由于何锄城康山庄的投资和建设规模最大，建设周期最长，处于动工阶段，计划2018年8月前动工完毕，其发展历程见图2。

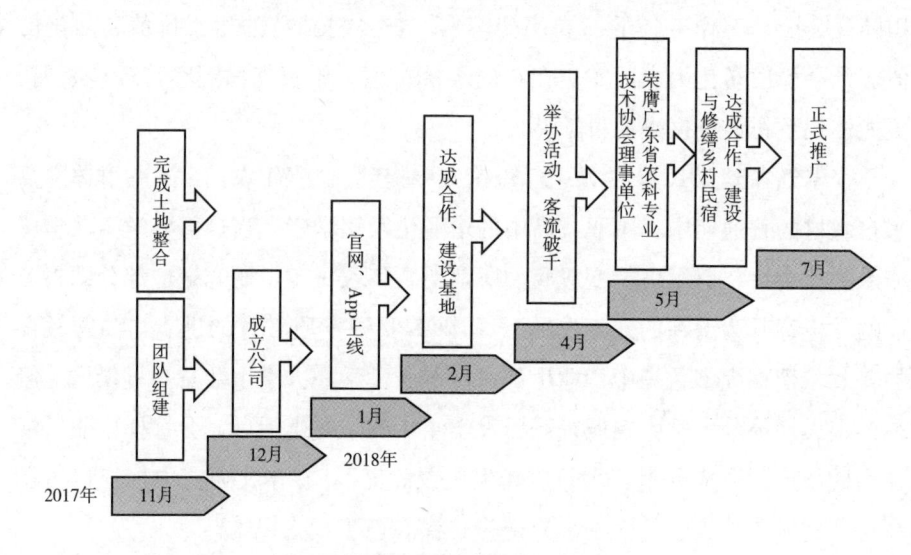

图2 何锄项目发展历程

何锄农场致力于激活农村闲散土地，利用物联网将农村闲置资源整合并共享出去。何锄分享农业线上开发包括何锄农场移动应用以及相配套的官网及云端管理系统，在资源整合与用户互动中取得良好的平衡。通过线下实地体验结合线上云端互动的方式，迎合现代都市人对绿色田园生活与互联网的常态使用，将传统农场升级换代。何锄云种养平台主要通过互动和营销两大特点，将传统的实体农场的功能特点移植到云端上来。

该项目带来的好处：第一，有利于农村、农业和农民的价值提升。地处偏远的农村，土地效益和农民劳动报酬都偏低，团队通过互联网对农村资源的整合与分享，等于把边远土地平移到了闹市中，每增加10个消费者，就能为当地多提供一个就业岗位，是中央一号文件中提高农业供给价值的最好践行。第二，有利于优势互补，合作共赢。农民的强项是耕种，团队的强项是推广运营技术，双方合作，既能提供农业技术，又能增加农民收益，带来农业增值效益。第三，为农民提供更多就业机会和赚钱渠道，不仅降低了经营的风险，还能解决由于农民对市场需求的定位不准确，推广宣传不到位以及流通渠道不通畅造成的农产品滞销问题。第四，有利于满足都市人群的多维需求。长期在城市混凝土森林里生活工作的人，对绿色、乡土、田园有着强烈的向往，这部分潜在需求一旦激发出来，将是一个庞大的市场，带动当地餐饮、住宿、旅游等产业的发展。第五，有利于产业融合，协同发展。该项目将第一、第三产业融合，优化农产品供应链，平衡供需，大大提升了农村的经济发展，同时缓解了城乡发展不充分不平衡的矛盾，推动城乡平衡发展。第六，有利于农村资源的高价值开发，让农村资源得到最大程度的利用，让它们发挥最大的经济效益。通过物联网将农村的资源整合重置，将传统农耕技术与"云种养"技术相结合，打造一个集现代农业、生态休闲旅游、云种养平台、新电商及田园社区为一体的共享生态农业圈。第七，有利于提高大学生参与创新创业活动的积极性，让大学生在创新创业实践中将所学的知识与技能更好地运用到实践中去，加强学生对知识与技能的掌握，让大学生在实践中得到锻炼，学习更多知识，为将来步入社会积累宝贵的经验。

鼓励大学生这一群体返乡，推动创业创新，产业、就业、增收、脱贫将会发生连锁反应，是一个乡村、政府、高校、学生、村民等多方共赢的局面，如图3所示。为了更好地吸引这一类潜在新生代农民工回乡工作，除了要在政策上充分支持创新创业之外，也要扩大"三支一扶"规模，落实好

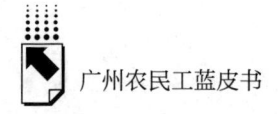

大学生服务期满后的就业创业机制保障和政策支持，落实好各种人才的职称评定、晋升职务、薪酬福利等配套政策，吸引更多高校毕业生服务乡村、扎根乡村。

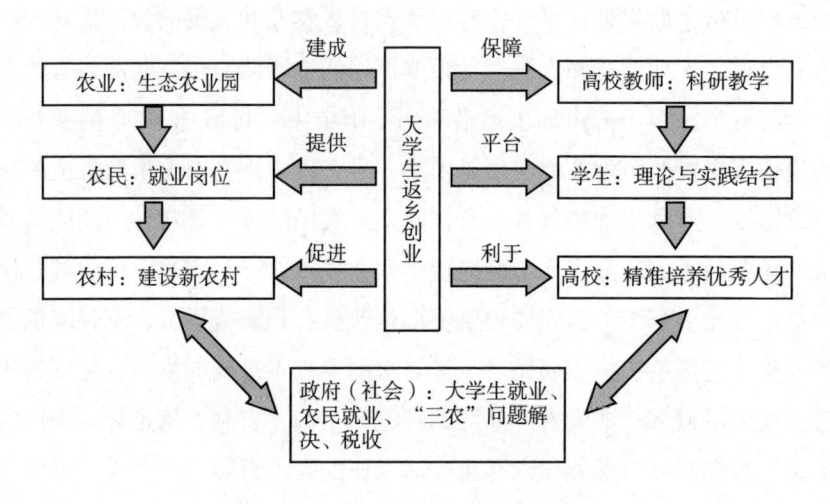

图 3　大学生返乡创业动力机制示意

（三）乡村文化振兴

2017 年中共中央办公厅、国务院办公厅发布的《关于实施中华优秀传统文化传承发展工程的意见》中明确提出要"实施中国传统节日振兴工程"。习近平总书记在党的十九大报告中同样指出要推动乡村文化振兴，加强农村思想道德建设和公共文化建设，以社会主义核心价值观为引领，深入挖掘优秀传统农耕文化蕴含的思想观念、人文精神、道德规范，培育挖掘乡土文化人才，弘扬主旋律和社会正气，培育文明乡风、良好家风、淳朴民风，改善农民精神风貌，提高乡村社会文明程度焕发乡村文明新气象。乡村文化与土地的质朴和生命力紧密相关，建构着人们的精神家园，是当时人们通向"终极关怀"努力的结果，乡村文化更多的是人民生活智慧的结晶。[1]

---

[1] 赵霞：《传统乡村文化的秩序危机与价值重建》，《中国农村观察》2011 年第 3 期。

乡村振兴，既要塑形，也要铸魂。要深入开展群众精神文明创建，整体推进精神文明建设。如把"五好文明家庭"活动贯彻落实到乡村，把"政治思想好、生产工作好、家庭和睦、尊敬老人好、教育子女、计划生育好、移风易俗、勤俭持家好、邻里团结、文明礼貌好"五好标准家庭作为榜样，大力宣传，让身边的例子影响村民，起到良好的榜样力量。还有"最美家庭""星级文明户"等创建活动，以家庭文明筑牢农村文明的基础。鼓励农民自办、自创、自演，开展民间"村晚"、传统民俗等农民喜闻乐见的文体活动，展现乡土文化的魅力和风采。以打造文化品牌项目为牵引，让有形的乡土文化留下来、活态的乡土文化传下去。

新生代农民工由于生活在城市，对城市的文明耳濡目染，亲身体验，让其回到乡村进行文化建设，一方面可以把城市优秀文化带回农村，另一方面可以进一步发扬乡村传统文化。下面以广东省肇庆市高要区的"茶果节"作为探讨案例。

根据《高要文史》记录查得"茶果节"发源于唐代，那时的居民为了逃避战乱，迁徙到高要西南片宋隆河流域生活，后经常发生各种灾难，为了减少灾难，当地居民就用米饭、肉、糖等食材做出各种各样的糕点来拜祭神灵，以求得风调雨顺。"茶果"就是当地人对各种糕点的总称，后来就演变成现在有"茶果节"，在"茶果节"里谁家邀请的客人越多，那么谁家来年就越兴旺。

但是近几年由于大量农民外出务工，小孩也随父母到城市接受教育，村中常住人口越来越少，在高要区很多自然村一年一度的"茶果节"由以前的"车水马龙、人声鼎沸、高朋满座"到现在的"门庭冷落、无人问津、鲜有人来"，可以说非常令人惋惜。甚者有一些村把一年一度的"茶果节"改为五年一次的"茶果节"，如2017年肇庆市高要区白土镇塑鹤村就在"茶果节"的前一天，村委会在村内贴出了一份通告，把该村一年一度的"茶果节"改为五年一次，引起了不少人的关注。

其实像肇庆高要"茶果节"这种在乡村有着悠久历史，起着村民增加邻里联系、亲族联系的优秀文化传统节日在经过时代的发展后慢慢淡化，甚至是悄悄退出历史舞台的不在少数，所以在乡村振兴的战略目标里要更加重视乡村文化的振兴。可以利用新生代农民工的"乡土情怀""恋乡情节"让他们回流到乡村，一方面，乡村常住人口多起来，对于传统节日的继续举办起到人员数量上的保证；另一方面，新生代农民工的"见识多广"也可以在保证传统节日举办的前提下结合时代发展进行"创新"让传统节日更有生命力。例如可以学习贵州的"捕鱼节"，"捕鱼节"是贵州中部独木河及南明河两岸苗族的节日，"捕鱼节"和上面所提到的"茶果节"有着相似的来源，同样是当地居民通过捕鱼这一仪式向龙王祈求来年风调雨顺，到后来就演变成现在的"捕鱼节"了。在贵州当地政府的主导下广大回乡创业的新生代农民工把传统的"捕鱼节"开发成当地各种以"传统节日+生态之旅"为主题的活动，进一步弘扬鱼文化魅力，挖掘鱼文化内涵，树立鱼文化品牌，繁荣鱼消费市场，既发展弘扬了当地传统节日文化又推动当地渔业又好又快发展，可以说是文化和经济相得益彰。

新生代农民工具有年轻活力、眼界开宽、思维活跃等时代优势特点，通过培养其政治意识、经济实力、文化底蕴从而全方位助力乡村振兴，是我国实现乡村振兴的重要途径之一。

B.10 广州新生代农民工返乡创业的问题研究[*]

唐丽诗[**]

摘　要： 党的十九大报告提出，要加快生态文明建设、实施乡村振兴战略、加快推进城乡统筹，进一步提升美丽乡村建设水平和乡村经济振兴。实施乡村振兴战略的目标就是让农业成为有奔头的产业，让农民成为有吸引力的职业，让农村成为安居乐业的美丽家园。而美丽小镇的建设更是生态文明建设、乡村振兴、农村城镇化和农民市民化等实现多重梦想和愿景的实践平台和重要载体。因此，美丽小镇的建设为农民工回乡创业提供了一个重要的载体与平台。本研究主要通过对广州市某区创建美丽小镇过程中5位回乡实现创业的新生代农民工进行访谈研究，了解新生代农民工回乡创业的影响因素，对创业的现状与困境进行探索，并结合实际情况提出一些建议。

关键词： 新生代农民工　回乡创业　美丽小镇建设

一　研究的缘由

新生代农民工与老一代农民工相比，具有显著的特点，即他们虽然基本

---

[*] 本研究是国家重点社科基金项目"基本公共服务供给侧改革与农民工需求侧获得感提升研究"（17ASH001）的阶段性研究成果。

[**] 唐丽诗，广州大学公共管理学院助理研究员。

没有什么务农经历，但是具备一定的知识与技能，他们更容易接受新事物，有着更高层次的职业期望，敢于追求梦想。特别是在当今宏观政治经济环境的影响下，以及个体自身的因素，新生代农民工具有较高的创业意愿。根据全国总工会的数据，新生代农民工具有创业意愿的占27%，比传统农民工高10%。[1] 创业需要考虑到创业环境、创业资金、创业者自身能力、创业资源等，新生代农民工虽然在城市打工积累了一定的资金、经验，但是，由于城市创业成本高、加上新生代农民工由于各种原因，也难以融入城市。而新生代农民工返乡创业，既能够满足其发展的需要，也能对当地的经济起到促进的作用，同时也是乡村经济振兴与农民工就地城市化的重要因素。[2]

本研究在梳理有关新生代农民工创业的相关文献的基础上，主要通过对广州市某区创建美丽小镇过程中5位回乡实现创业的新生代农民工进行访谈研究，了解新生代农民工回乡创业的影响因素，对创业现状与困境进行探索，并结合实际情况提出一些建议。

二 研究方法及研究对象

本研究主要通过对广州市5位回乡实现创业的新生代农民工采用深度访谈的方式进行研究，所选取的5位创业者3位是"80后"，2位是"90后"，他们已经借助美丽小镇这个平台与载体，分别实现不同的创业项目（见表1）。对访谈对象主要围绕促使其回乡创业的因素、目前回乡创业遇到的困境、对其他农民工的创业建议进行灵活多样的提问，并在倾听的过程中根据访谈者的回答不断深入提问，使访谈对象的回答更深入与具体。

---

[1] 张秀娥、张梦琪：《新型城镇化与新生代农民工返乡创业互动机制探析》，《内蒙古大学学报》（哲学社会科学版）2015年第1期，第106~112页。
[2] 张慧媛、章铮、周健、赵长军、王海、郭雪霞：《农民工创业就业现状分析——基于中国"打工第一县"的调研》，《西北农林科技大学学报》（社会科学版）2015年第3期，第37~43页。

表 1　访谈对象的基本资料情况

编号	创业项目	年龄	创业规模
1	园艺科技公司	28	与一间大规模的园艺种植基地合作,主要是借助电商平台卖园艺植物,同时在城区有实体店面卖园艺植物。目前,有接单客服人员、实体店销售人员 8 人,打包装工人 5 人。有时候销售量好,会聘请多名兼职人员或者亲戚朋友帮忙
2	民宿、休闲吧	30	创业者与朋友合资开办,一楼是休闲吧,二楼、三楼是民宿。聘请 2 名兼职人员帮忙打扫卫生
3	农村淘宝	25	在自家一楼开农村淘宝,创业者 1 人,有时候忙时,家里人帮忙
4	农家乐餐馆	32	自家的楼房一楼、二楼和院子,最多能一次容纳 15 桌人吃饭。创业者一家 4 人,聘请了 3 名工人
5	休闲农庄	29	依托自家果园,并租借临近土地,主要是种植果树、养家禽,同时有餐饮。游客可以根据季节自行采摘果实、购买农家家禽或在农庄租借炉子自行煮饭或点菜吃饭。创业者一家 6 人,聘请了 4 名工人

三　主要文献回顾

创业动机与创业意愿是引导新生代农民工实施创业行为的重要因素,因此,众多学者从影响新生代农民工的创业动机与创业意愿的因素进行研究。影响新生代农民工的创业动机与创业意愿的因素主要有外部因素与内部因素。

第一,从外部因素分析新生代农民工的创业动机。罗明忠与邹佳瑜分析,自然环境、传统文化、政策支持等外部因素对农民工创业起重要作用。[1] 朱红根对江西省 1145 个农民工样本调查数据的研究表明,外部环境对农民工返乡创业意愿起着决定性的作用,其中,基础设施条件、创业投资环境、农民工就业形势及国家经济形势等对农民工返乡创业的意愿有着的重

---

[1] 罗明忠、邹佳瑜:《影响农民创业因素的研究述评》,《经济学动态》2011 年第 8 期,第 133～136 页。

要影响。环境因素中的正规金融机构借贷和亲友借贷是否顺畅、当地自然资源是否容易获取、是否参加过技能培训以及当地经济发展水平等变量对农民工回乡创业有显著影响。① 王思思对江苏省镇江市的100名新生代农民工进行返乡创业调查研究，发现差异的工资待遇、某些资源使用权利的限制和缺失、城市认同的缺失等，导致了新生代农民工回乡创业动机明显。②

第二，从内部因素分析新生代农民工的创业动机。刘唐宇认为返乡创业农民工的个体因素中的年龄、打工年限、技能状况、创业动机强度、对待风险的态度、是否担任过管理岗位工作等变量对农民工回乡创业影响显著③。邓婉婷等人分析认为，新生代农民工普遍认为创业能够增加收入、改善生活、改变不满意的打工现状，又能自己当老板，同时又能更好地融入城市等。而且新生代农民工认为创业的预期收益比当下打工的收益要高许多，因此，他们表现出较为强烈的专业动机。④ 李丽群等也发现，新生代农民工创业的主要动力是为了实现个人价值、追求城市化和市民化。⑤ 黄兆信通过调研发现，获取财富（57.1%）和解决就业问题（25.8%）是新生代农民工创业最主要直接的动机。⑥

综上所述，影响新生代农民工创业动机与创业意愿的因素是多方面的，⑦ 从外部因素的政策影响，到内部因素的为了增加收入、改善生活条

---

① 朱红根：《外部环境与农民工返乡创业意愿关系的实证分析——基于江西省1145个农民工样本调查数据》，《经济问题探索》2011年第6期，第64页。
② 王思思：《新生代农民工返乡创业调研报告——以江苏省镇江市为例》，《农村经济与科技》2015年第26（8）期，第216~219页。
③ 刘唐宇：《农民工回乡创业的影响因素分析——基于江西赣州地区的调查》，《农业经济问题（月刊）》2010年第9期，第85~86页。
④ 邓婉婷、岳胜男、沙小晃：《新生代农民工创业意向调查实践报告》，《学理论》2011年第（18）期，第107~112页。
⑤ 李丽群、胡明文、黄大星：《新生代农民工的特征与创业动机分析》，《江苏农业科学》2011年第3期，第581~583页。
⑥ 黄兆信、吴新慧、钟卫东：《新生代农民工创业的现状与对策研究——基于多个城市的实证调查》，《江西社会科学》2012年第9期，第231~235页。
⑦ 刘勤燕、夏绘秦：《新生代农民工创业国内研究综述》，《经济研究导刊》2017年第29期，第36~39、47页。

件、渴望改变不满意的打工现状、自身的社会认同感、自我价值的实现等都可能是促使新生代农民工创业的原因。而本研究通过对文献的回顾认为，创业动机与创业意愿是引导新生代农民工实施创业行为的重要因素，但是新生代农民工的创业动机也并不是单一的，而是内外部的各种创业因素同时影响着新生代农民工的创业动机、创业意愿与创业行为。

四 美丽小镇建设是促进新生代农民工回乡创业的因素

创业动机与创业意愿是新生代农民工是否进行创业的一种主观态度，创业动机与创业意愿对创业行为具有较高的预测性，有创业动机与创业意愿的人更可能会选择创业的道路。促进新生代农民工回乡创业主要受外部因素与内部因数的影响。美丽小镇建设的各种有利于创业的外部条件与内部因素对新生代农民工回乡创业形成强大拉力，同时新生代农民工在外打工所面临的各种艰辛和限制又促使其回乡形成一股强大的推力。因此，新生代农民工在比较回乡创业与外出打工需要付出的成本和获得的收益下，将回乡创业作为一种比较理性的选择。同时，回乡创业成功促使新生代农民工更有信心回乡创业。

（一）促进新生代农民工回乡创业的外部因素

1. 美丽小镇的建设有利于优化新生代农民工的创业环境

"美丽小镇"的概念是相对独立于市区，具有明确产业定位、文化内涵、旅游和一定社区功能的发展空间平台，融合了文化、景观、产业、创新等元素，是打造美丽中国、健康中国的单元细胞。"美丽小镇"是集产业功能（含旅游休闲）、文化主题、人文景观、社区治理、互联网应用五大元素于一体，更侧重于产业依托和文化植入，更具生命力。广州市某区经多次实地调研与研究，结合规划，围绕定位及吃、住、行、游、购、娱等主要元素及"几个一"（一条环村主干道、一片美丽民居、一条绿色小溪、一条特色商业街、一村整洁环境、一批旅游配套设施、一批长效制度）的核心内容，

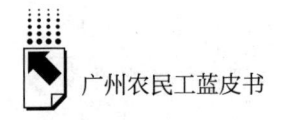

科学编制各个美丽小镇项目库。按照干净整洁村、美丽宜居村、特色精品村三个创建标准，在全区推进人居环境整治的基础上，因地制宜深化实施乡村振兴战略。主要任务是推动乡村产业振兴、建设生态宜居美丽乡村、培育文明乡风、构建共建共治共享治理体系、促进农民致富奔小康、深入推进农村综合改革、推动乡村人才振兴。

创业环境对于创业者来说，是考虑是否创业的一项重要因素，良好的创业环境有利于创业者考虑创业。① 而创业环境的优化可以促进新生代农民工返乡创业的积极性和提高创业成功的概率。

广州市某区美丽小镇建设正在逐步完善城镇基础设施和公共服务水平，为新生代农民工回乡创业提供了有利的外部条件。从创业环境来看，新生代农民工创业必须有符合创业的场地、水电、便捷的交通与通信等有形的基础设施。美丽小镇的建设，由政府完善水电、交通、通信等基础设施，而农民工多数依托自己的房屋、农田、果园等开展创业，因此，美丽小镇的建设为新生代农民工回乡创业提供了有利的创业环境。从社会条件方面来看，政府鼓励当地回乡农民工通过开展农家乐、电商等模式自主创业，并且对美丽小镇建设通过各种媒介大力宣传推广，提升美丽小镇的知名度，促进旅游者到美丽小镇旅游消费。而美丽小镇商业环境的不断优化，创业氛围开放宽容，居民生活水平不断提高，都能够很好地为新生代农民工提供创业机会。通过各种因素，为返乡的新生代农民工顺利开展创业活动提供了一个更加容易实现创业的环境，激发新生代农民工回乡创业的意愿与促进创业活动的开展。

2. 美丽小镇的建设为新生代农民工返乡创业提供创业机会

创业机会是创业活动的核心要素之一，也是创业行动的重要前提。从机会的角度看，创业是创业者识别并抓住创业机会，充分发掘机会价值的过程。对新生代农民工而言，其返乡创业的核心内容是把握可利用的机会进行

---

① 康立厚、任中华：《阜阳市农民工回乡创业问题探究——以颍上县为例》，《人才资源开发》2017年第12期，第129~131页。

创业并获得经济利益回报,而美丽小镇的建设为新生代农民工返乡创业提供了这样一个创业机会。随着我国人民生活水平的不断提升,人民不断追求美好的生活方式。而随着城市越来越快的生活节奏,日益激烈的社会竞争,令越来越多的城市居民感到生活的压力,因此,越来越多的城市居民渴望通过乡村旅游寻觅一片净土,让疲惫的身体在大自然当中得到舒缓。而美丽小镇是在政府的指引下,根据本区域的特点,调整产业结构,深度发掘本区域的农业产业空间,形成新型的乡村生态旅游,这一建设,恰好迎合了城市人的需求,促使城市人到乡村旅游,同时,也给新生代农民工回乡创业带来了商机。

访谈对象 5 表示,由于美丽小镇的建设,基础设施比较完善,而政府大力宣传推广美丽小镇建设,特别是该美丽小镇在高速出口附近,交通十分便利。目前城市兴起农村生态旅游,因此,吸引很多游客到小镇旅游观光,他自己可以利用家里的果园、房屋针对游客的喜好,开展创业。

(二)促进新生代农民工回乡创业的内部因素

1. 新生代农民工在外出务工中积累了资金和技术

新生代农民工更容易接触到新事物,他们在打工中开阔了视野,学到了技能,积累了一定的资金,对市场经济有了一定的感受。新生代农民工的创业意愿更加强烈,但是,农民工在城里创业,创业成本高,因此,并不是所有农民工都可以在城里顺利创业。因此,返乡创业是新生代农民工为了实现个人的理想而作出的一种理性选择。新生代农民工由于在外打工一段时间后返乡,积累了一定的资本、技术、经验、信息和其他资源,因而可以对家乡资源进行多方整合形成一种创业行为。该创业行为更利于提升农民工的创业意愿。新生代农民工还拥有信息不对称的优势,他们在掌握城市商品种类信息的同时还熟知城市居民的偏好,因此,懂得如何包装、利用家乡的产品,打造出城市居民喜欢的商品,将城市人的喜好与乡村的产品相结合。

因此,新生代农民工能够很好地运用已积累的资金、技能、经验,并充

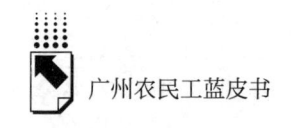

分利用当地的资源自主创业，打造集生态农业、休闲旅游、特色文化为一体的创业模式。

2. 多种因素促使农民工回乡创业

目前城市房价高企，生活消费水平高，新生代农民工打工所得的钱往往在支付房租、基本的生活费用后，所剩无多，想在城市购买一套属于自己的房子，并不是一件容易的事情。而且随着经济的高速增长，经济面临结构调整，部分缺乏技能的新生代农民工在就业中处于不利地位，如就业环境差，就业不稳定，就业压力增大等。同时，新生代农民工想融入城市当中，但是由于各种原因，新生代农民工还是难以融入城市。因此越来越多的农民工希望通过创业改变自己的生存状态与方式。

但是新生代农民工在城市创业的成本很高，因此，回乡创业是新生代农民工创业的最佳选择。而美丽小镇的建设，能够为新生代农民工创业提供一个很好的平台。新生代农民工回到自身的家乡创业，特别是利用家里的自有资源（已有乡村房屋、田地、果园等资源）开展创业，可以大大降低创业成本与创业失败后需要承担的风险。因此，新生代农民工更愿意回到家乡创业。

3. 各种关系网络促进新生代农民工回乡创业

新生代农民工回乡有熟悉的环境，良好的原有人际关系，温馨的家庭氛围等。特别是新生代农民工随着年龄增长，家中有老人和孩子需要照顾，长期在外打工并不方便照顾家庭，与家人维系感情等，于是他们将眼光投向家乡，运用自己的资本和家乡的资源创业。回乡创业不仅使新生代农民工由打工者身份变成自主经营者身份，还可以提高经济收入，与家人团聚，未来的生活也变得可规划。

访谈对象 2 表示，他之前在广州城区开展创业，但是创业成本太高，加上其他因素，最终创业失败，把自己出来打工积累的一些资金加上借父母的一些资金都亏了。之后他在广州打工，因为学历不足，想找好的工作比较难，目前工资又不高，广州城区消费水平又高，除去房租、基本的生活费之外，存不下什么钱。目前广州的楼价又很高，如果想在广州买房子，估计打一辈子工也不可能买到。因此他并不甘于帮人打工一辈子，而是希望再次创业改变目前的情况。

访谈对象 3 表示,他在外省念完书之后,在广州工作,但是广州工作压力大,消费高,蜗居在城中村的单人间房子里,又经常需要挤公交地铁,广州又没有熟悉的朋友圈子,因此觉得很压抑,难以适应广州生活。加上他的父母年纪大了,身体越来越不好,因此他想回到自己熟悉的地方,留在父母身边照顾父母。但是开始的时候,觉得该区并没有什么合适他的岗位,刚好一个契机,农村淘宝的兴起,而他对互联网也很感兴趣,因此,决定回乡开农村淘宝创业。

五 新生代农民工返乡创业的现状与困境

1. 自身资本积累有限,创业资金短缺

新生代农民工回乡创业面临的主要问题是资金不足,新生代农民工虽然在回乡创业之前,积累了一定的创业资金,但自身积累的创业资金有限,并不能完全满足创业所需。在访谈中,创业者的资金来源主要是自身积累的资金或者是向亲朋好友借钱。虽然国家现在鼓励创业,对农村创业者可以发放有小额贷款,但是,在访谈的对象当中,没有一个人使用银行贷款。主要原因在于,一是贷款申请难,而且利息相对比较高,二是家底薄,抵御风险的能力差,怕万一创业项目不成功,还贷困难,压力大。[1]

访谈对象 1 表示,其实他自己出去打工这些年,并没有积累多少资金,创业资金除了自己的积蓄外,还有一部分是来自父母与亲戚朋友。当时创业资金不够的时候,也想过向银行贷款,后来了解了一下,发现银行贷款手续麻烦,加上怕万一创业失败,不能及时还贷,会产生很大的压力。

2. 组织营运能力不足

回乡创业的新生代农民工,虽然拥有一定的知识和一定的技能,但是他

---

[1] 曾凡慧:《我国农民工回乡创业面临的问题及对策》,《北方经济》2016 年第 4 期,第 59~62 页。

们都是基于自身经验或者技术进行创业，没有受过高层次的专业培训。有些新生代农民工虽然在创业时有长远的规划目标，由于他们的经营能力和技术有限，加上缺乏创业资金，市场拓展能力不强，因此实际上运作起来经常是走一步算一步。同时，在美丽小镇创业的项目多以劳动农业、生态旅游业为主，技术含量低，产业低端，所聘请的人员文化素质不高，员工的管理面临挑战，素质难以满足发展的需要。而且在本次的访谈当中，新生代农民工所创业的项目，从员工到老板基本上大多数都是自家人，这种家族管理模式，容易导致内部权责界定不清，管理粗放。

访谈对象1表示，因为他做线上线下的服务，特别讲究工作人员的服务素质，特别是门面店。刚开始创业的时候，第一个城区门面店，店面不大，位置也不是很好，也由于资金不足，聘请不了高素质的人员，照看门面店的人经常呼朋唤友在门面店聊天、喝茶、吃东西，严重影响了店面形象。而他每天要处理的事情很多，管理的能力也有限，为了之后公司的发展前景，他咬咬牙高薪聘请了一个经理帮忙自己打理。

访谈对象5表示，他的农庄的工作人员除了自家人之外，另外聘请的人也是亲戚朋友，其中有一个是他母亲那边的亲戚，服务态度并不是很好，做饮食行业的，除了用好品质的食物吸引顾客之外，服务质量也很重要，但是由于该员工是他母亲的亲戚，并不好管理。

3. 创业环境尚待改善

第一，新生代农民工回乡创业，对于创业政策、税务登记、工商注册、劳动保障等方面并不是很熟悉，而目前暂时没有建立健全的针对新生代农民工回乡创业的咨询服务，新生代农民工办理证件时，需要在不同的部门之间多次来回跑，了解办理证件所需要的资料、办理程序，以及相关的办理部门。

第二，美丽小镇出现当地某些村民针对游客入村旅游，收取高价的停车费用。部分村民贪图一时的眼前利益，随意抬高物品价钱，货不对板，服务意识欠缺。而创业项目也会出现盲目跟风的现象，例如美丽小镇的某村原来只有1家农家乐，几个月的时间，发展到20~30家农家乐，如何协调这些农家乐，管理农家乐，保障农家乐的服务质量与品质值得思考。村民爱护环境的意识不强,如垃圾到处堆放、破坏公共设施等。这一系列的不良行为,不利于美丽小镇的推广与发展,美丽小镇留不住游客,并不利于农民工创业的发展。

访谈对象1表示,办理执照比较麻烦,刚开始的时候,他对这些并不是很了解,不知道去哪里全面了解情况,后来多跑几趟也就知道了,但是办理的程序、手续等并不容易,他是一面把公司开了,一面办理执照。

访谈对象4表示,村里会出现一些不良的行为,例如收取高价停车费、破坏环境和公共设施等。

六 新生代农民工回乡创业的建议

1. 营造良好的创业环境

良好的创业环境是新生代农民工回乡创业的重要动力之一,为了提升新生代农民工回乡创业的决心和信心,就需要为他们营造良好的创业环境。一是在政策上对回乡创业的新生代农民工给予优惠或补贴,在税收方面给予适当减免。二是在融资方面,大力发展农村金融机构,金融机构针对创业项目的需求,提供低利息贷款,放宽抵押物和担保物范围,可探索针对新生代农民工回乡创业的金融产品以及小额信用贷款的有效实施方式等,减轻创业者的融资成本,增加创业者的融资渠道。三是打造健全的电子服务咨询平台,让回乡的创业者能够方便快捷地了解创业信息以及办理证件所需要的资料、程序、部门等,让创业者在办理证件的时候,少跑几趟路。四是加大力度打击查处不良商家,树立良好的旅游市场形象。五是通过多渠道开展环境保护宣传,提高村民爱护环境、保护设施的意识,同时,设置醒目的爱护环境、保护设施的温馨提示。六是通过多种渠道,对美丽小镇进行报道,提升美丽小镇的知名度,吸引游客到访。

2. 提升创业能力,强化社会支持意识,建立新生代农民工创业支持互助组

一是政府可以出台相关政策、拿出专项资金,通过对有意回乡创业的新生代农民工进行培训等方式提高新生代农民工的劳动技能、专业技术、管理

能力、市场驾驭能力等。

二是可以借助高校、社会培训机构、成功企业家的力量组建创业帮扶团队，提供项目决策、信息咨询、技术咨询和管理诊断等全方位的服务，利用各种媒体和网络渠道为新生代农民工返乡创业提供法律政策、行业发展、市场环境和创业项目等信息服务。同时，建立新生代农民工创业支持互助组，更大地发挥新生代农民工的团体力量，激发新生代农民工的创业热情与创业成功率。

创业环境、创业资金、创业资源、创业者自身能力等因素对新生代农民工回乡创业的动机与意愿有着重要的影响，需要针对新生代农民工回乡创业的实际困难，通过政府与各方力量共同努力，为新生代农民工回乡创业提供支持与服务。同时，广州某区美丽小镇建设促进农民工回乡创业这一事实说明：除了需要引进资本投入大、创新程度高、技术水平高的高端创业形式外，也需要组织经营更灵活、参与主体更全面、项目领域更广泛的群众性创业形式。因为，罗竖元通过对农民工的返乡创业调研发现，拥有高技术或大量资源的"精英"层更愿意留在大城市创业，虽然农民工有创业意愿，但是他们在城市中的创业能力"相对劣势"，如果回乡创业具有"相对优势"时，就能激发农民工的回乡创业意愿。[①] 本次访谈的5名新生代农民工并不是精英层面的创业人员，他们更多的是通过创业改变自己外出打工的各种尴尬情况。因此，新生代农民工作为一支创业意愿普遍较高的劳动者群体，其回乡创业的潜力需要得到充分的重视，对他们回乡创业意愿和行为要给予充分的认可和支持。

---

① 罗竖元：《农民工市民化意愿的模式选择：基于返乡创业的分析视角》，《南京农业大学学报》（社会科学版）2017年第2期，第70~81、152页。

B.11
广州农民工就业权益保障政策的路径分析[*]

杨海蓉[**]

摘　要： 伴随着城市化的进程，广州农民工就业权益保障政策日臻完善。以发展型社会政策为理论基础，笔者基于2012年以来的农民工就业权益保障政策文本，发现仍存在政策主体权责不清晰、政策内容缺乏系统性、政策运行存在低效性的"发展"不足等问题。因此，本研究提出以下建议：明晰权责边界，合理配置公共财政资源；坚持整体思路，构建农民工就业权益保证政策体系；统筹城乡发展，深化户籍制度改革的可能优化路径。

关键词： 农民工　就业权益保障　发展型社会政策

一　引言

为实现更高质量就业，更好体现共享发展要求，2018年政府工作报告首次将"城镇调查失业率"作为预期目标，随后国家统计局正式向社会公布了

---

[*] 党的十九大（2017年10月18日）正式提出"新时代"的概念，但"新时代"判断的作出是在党的十八大（2012年11月8日）之后的改革实践基础上，且党的十八大之后，中国经济发展进入"新常态"，相应的，根据我国社会政策发展特点（从属性），社会发展政策也会作出重大调整，因此选取2012年以来的政策文本作为分析对象。

[**] 杨海蓉，南京师范大学社会发展学院2017级硕士研究生。

基于劳动力调查的失业率——城镇调查失业率，[①] 而在此之前公布的一直是城镇登记失业率，二者本质的区别在于对象覆盖范围的不同。表面上看，这一指标统计口径的转变有助于建立更加科学的宏观经济监测体系，是贯彻落实党的十九大提出的"实现更高质量和更充分就业"的重要举措。但细究下去，城镇调查失业率的统计方法通过不加区分人口属性进行失业数据的收集，[②] 将一直以来游离于公众视野的农民工失业问题显性化，不仅为进一步制定、调整就业政策，保护农民工群体就业权益提供数据支持，而且在更深层次上反映出我国社会保障的覆盖范围正在从"选择性"向"普遍性"过渡，这与新时代我国社会保障体系"兜底线、织密网、建机制"的构建要求完全贴合，充分彰显出共享发展的理念。一直以来，社会政策是给经济政策兜底的，是用来纾解市场机制运行过程中出现的贫富差距拉大、社会排斥严重、层级裂痕加深等诸多市场经济的派生问题的，但通过这一经济领域的指标统计方式的调整，我们欣喜地看到社会政策不全然是经济政策的"婢女"了，经济政策中所富含的"社会"成分，预示着社会政策的"新时代"也来临了。本文基于2012年至2018年的农民工就业权益保障政策文本，从正反两方面分析2012年以来农民工就业权益保障政策的"发展"蕴意及"发展"不足问题，并提出可能的优化路径，对接下来调整与完善农民工就业权益保障政策具有一定的理论与现实意义。

二 农民工就业权益保障政策中的"发展"蕴意

从历史的角度看农民工就业权益保障政策的演进，尽管期间不乏顿挫反

[①] 继2018年3月5日李克强总理在政府工作报告中首提"城镇调查失业率"后，2018年4月17日，国家统计局便向社会公布了2018年一季度的全国城镇调查失业率，分别为5.0%、5.0%和5.1%。国家统计局：《一季度国民经济实现良好开局》，http：//www.stats.gov.cn/tjsj/zxfb/201804/t20180417_1594310.html。

[②] 城镇登记失业率是指城镇登记失业人数占城镇从业人数与城镇登记失业人数之和的比重，其统计对象只是城镇居民中有户籍的人口，如果依据调查失业率这个指标，覆盖对象就不仅仅是有户籍的城镇居民了，而是包含了整个劳动力市场的人群，包括农民工。因此笔者认为从新时代社会保障体系的构建原则来看，此番调整同样具备了社会政策的意涵。此外，为与户籍制度改革相配套，此指标统计方式也应当作出调整。

复,但总体上是一种遵循从流动控制到制度吸纳再到社会权利的逻辑,从生存型社会政策走向发展型社会政策的进程。①

(一)理论基础

与以往将社会政策视为经济政策的附庸不同,发展型社会政策既强调经济政策应该包含社会发展的目标,同时又强调社会政策应该促进经济发展,"在发展过程中,社会和经济构成一个硬币的两面。没有经济发展,就谈不上社会发展,而如果缺乏整个人口的社会福利改善,经济发展又是没有意义的。"② 因此主张社会政策要关注人力资本的投资,促进人的发展能力,提高劳动力的素质,从而使社会福利发挥更多的"生产性因素"③。

1. 政策价值:从结果公平到机会公平

"以中立的价值立场讨论社会政策是没有意义的事情。"④ 不管是作为一门学科领域还是作为一个实践领域,社会政策在诞生之初便被赋予了扶弱济困、公平正义、促进社会融合的价值立场,但传统的社会政策通常重制度、轻价值,重治疗、轻预防。不能否认福利国家的建成不含有促进公平正义的理念,但也不得不承认以社会问题为导引,以解决社会问题为取向,以期在熨平结果差距中获得的公平是短期性的,贫困不会轻易地从简单的转移支付机制中消除。事实上,贫困不但没有被消除,西方国家的贫困问题反而越来越严重。显然,我们需要将思维转向更为深刻的致贫原因上,"社会排斥"的概念由此进入研究者的视野。

作为社会排斥(social exclusion)的对立物,吉登斯这样定义社会包容(social inclusion):"包容性"意味着公民资格,意味着一个社会的所有成员

---

① 姚进忠:《农民工社会政策的建构逻辑与未来走向》,《北京理工大学学报》2015 年第 5 期,第 141~146 页。
② 彭华民:《社会福利与需要满足》,社会科学文献出版社,2008,第 191 页。
③ 郁建兴、何子英:《走向社会政策时代:从发展主义到发展型社会政策体系建设》,《社会科学》2010 年第 7 期,第 25~26 页。
④ 〔英〕理查德·蒂特马斯:《蒂特马斯社会政策十讲》,江绍康译,吉林出版集团有限责任公司,2011,第 12 页。

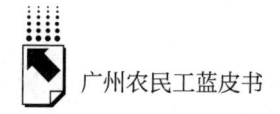

不仅在形式上,而且在其生活的现实中所拥有的民事权利、政治权利以及相应的义务,社会包容还意味着一个机会以及在公共空间中的参与[①],而获得工作与教育是机会的重要含义。发展型政策论者大都倡导这样一种基于经济活动参与公平机会的赋予,并借此实现被排斥者的脱贫自立。

2. 政策目标:从克服贫困到消除社会排斥

经济发展的最终目的是民众福祉的提升,不是少数人福祉的提升而是社会绝大多数的人尤其是底层的弱势群体福祉的提升,对于经济发展的终极意义,阿玛蒂亚·森[②]认为是以人为中心的实质自由,何为"实质自由",阿玛蒂亚·森先阐述了五种"工具自由",其中社会机会指的是在社会教育、医疗保健及其他方面所实行的安排,它们影响个人赖以享受更好的生活的实质自由。这些条件,不仅对个人生活,而且对个人更有效地参与经济和政治活动,都是重要的。例如,不识字对一个人参与那些要求按规格生产或对质量进行严格管理的经济活动(如全球化贸易所日益要求的那样)来说,是一个绝大的障碍。类似地,不会读报,或者不能与其他参加政治活动的人书面联系,对于政治参与也是一种限制。[③] 在这个意义上,能力就是一种自由,即"实质自由"。

与阿玛蒂亚·森站在最高价值立场上谈论发展不同,詹姆斯·梅志里给出了一个"可持续生计框架"[④],作为一种分析手段,这种工具更多关注的是决定民众福祉的过程和结构,如就业来源和就业稳定性,由此提出加强人力资本投资、就业计划投资、社会资本投资、资产建设等建议,提倡积极的劳动力市场政策,试图从导致社会排斥的内外两方面因素出发给出"药方",以此从根本上解决贫困问题。

[①] 〔英〕安东尼·吉登斯:《第三条道路——社会主义民主的复兴》,郑戈译,北京大学出版社、三联书店,2000,第107页。

[②] 〔印〕阿马蒂亚·森:《以自由看待发展》,任赜、于真译,中国人民大学出版社,2013,第32页。

[③] 〔印〕阿马蒂亚·森:《以自由看待发展》,任赜、于真译,中国人民大学出版社,2013,第32页。

[④] 〔英〕安东尼·哈尔、詹姆斯·梅志里:《发展型社会政策》,罗敏、范酉庆等译,社会科学文献出版社,2006,第9页。

3. 政策行动：从单一机构到多重行动者

"可持续生计框架"运用的是一种整体性发展思路，正因为如此，发展型社会政策才具备了区别以往孤立地看待经济和社会发展的传统政策的特征。在詹姆斯·梅志里那里，发展政策的"整体性"至少有三层含义：第一层，政策思路上，经济发展与社会发展不是二元对立的，传统的发展战略由于无力承认并且无法充分认识社会的复杂性，因而永远无法解决诸如贫困、排斥等社会问题，将社会维度纳入发展政策的考量是成功的先决条件，强调经济与社会的融合发展；第二层，政策目标上，发展型社会政策超越了以往作为福利服务和社会安全网的福利政策安排，越来越将缓解贫困、社会保障、社会包容、促进就业、促进人权等目标囊括进来；第三层，政策的行动主体上，传统上，人们普遍认为社会政策涉及的是国家层次上的决策问题（全球化下，这种层次还将扩大），但是随着政策目标的扩大和政策内容的拓展，发展问题的解决不能寄希望于单一的政府机构，而必须将多重行动者考虑在内，通过公私合作互补、社区参与，依靠市民社会的力量和民众的参与来改造社会环境，提升社会资本。

就政策行动主体的多元性上，提出相同观点的还有吉登斯、吉尔伯特等。吉登斯主张用"福利社会"的概念代替"福利国家"的概念，福利责任应当由国家、第三部门、企业、个人共同承担。[1] 吉尔伯特则认为除政府外，亲属系统、宗教、工作场所、市场及公民社会同样发挥了重要的社会福利功能。[2]

尽管上述三者的思想路径不同，但他们主张的多主体参与福利提供、解决社会问题的思路是相同的。

（二）农民工就业权益保障政策中的"发展"蕴意

前已述及，发展型社会政策强调机会公平，尤其是知识和技能的教育机

---

[1] 〔英〕安尼东·吉登斯：《第三条道路——社会民主主义的复兴》，郑戈译，北京大学出版社、三联书店，2000，第122页。
[2] 〔美〕Neil Gilbert、Paul Terrel：《社会福利政策引论》，沈黎译，华东理工大学出版社，2013，第4页。

会、就业机会的公平，那么作为人力资本投资的行径就应当被视作一种权益赋予弱势劳动者（包括农民工）。这时，就业权益就有了从获得劳动报酬、劳动合同、休息休假、劳动保护等劳动法语域下的"权益"向获得职前培训机会、平等就业、失业保障、创业环境支持等社会"权益"内容拓展的可能，这是发展型社会政策中"资产建设""人力资本投资""社会资本投资"的旨趣所在。新时代更注重高质量发展，在"问题—回应"型的社会政策无法满足社会权利不断拓展的"权益"要求的情况下，推动以再分配为核心的社会政策向以社会投资为特征的发展型社会政策转型是未来很长一段时间里社会政策建设的目标。

通过梳理2012年以来农民工就业权益保障的相关社会政策，我们发现注重人力资本投资、以克服就业排斥为目标，注重农民工就业机会的公平性、均等化享有基本就业服务，注重与经济转型的适应性，在农民工的公共就业服务供给上注重主体的多元性等特点契合了发展型社会政策的理念。

1. 注重人力资本投资

人力资本投资的取向着重体现在农民工尤其是新生代农民工职业技能培训、职业教育、现代学徒试点的设立上，最近中央还印发了《关于推行终身职业技能培训制度的意见》，充分说明就业能力是就业机会公平的前提，是农民工成才发展的基础，当然，获得职业教育也是农民工就业的一项重要权益。

2. 注重就业机会的公平性及基本公共就业服务均等化

公平的就业机会是农民工最大的就业权益，保障农民工公平就业机会的根本举措是要消除流动就业的制度壁垒，比如户籍制度。2014年7月国务院印发的《关于进一步推进户籍制度改革的意见》进一步明确了改革思路，要求取消农业户口与非农户口的性质区分，建立与统一城乡户口登记制度相配套的教育、卫生计生、就业、社保、住房、土地及人口统计制度，这也是诸如调查失业率等统计指标发生转变的原因。

从2014年9月《关于进一步做好为农民工服务工作的意见》的提出到2017年《"十三五"推进基本公共服务均等化规划》的公布，农民工基本就业服务的均等化政策安排上日程，这不仅是新型城镇化的战略依托，也是新形势下就业保障工作的转型，即由经济保障转向服务保障。

3. 注重与经济转型的适应性

注重人力资本投资既是处于弱势劳动地位的农民工规避贫困风险的有效手段，也是经济社会发展的内在要求，是建设制造强国的需要。

4. 注重就业服务供给主体的多元性

不同就业形态下的农民工有着不同的就业需求，以公共就业培训服务为例，不同的就业需求仅靠政府举办公共就业培训中心是不够的，还需要以各类技工院校为主体的公益类职业教育与培训机构、民办培训机构、企业办培训中心等，可通过政府出资购买的方式来满足农民工的不同就业服务需求。在公共就业服务供给主体多元性上，《"十三五"推进基本公共服务均等化规划》指出要"大力发展社会组织，支持其承接基层基本公共服务和政府委托事项、推进政府购买公共服务、积极引导社会力量参与基本公共服务供给，加强政府和社会资本合作"则体现了这一点。

三 农民工就业权益保障政策中的问题分析

通过以上分析，可以得出的一个结论是，5年多来我国农民工就业权益保障的社会政策，以公民权为基点，大大拓展了就业权益本身的内涵，从农民工平等就业权、劳动报酬权、劳动合同保护、构建和谐劳动关系到获取职业教育、职业培训权再到享有均等的公共就业服务权益，这些"发展"的蕴意均与发展型社会政策，即社会政策的生产性或投资性取向、经济与社会的融合发展、多元主体的社会参与等基本理念不谋而合。尽管在5年多来的关于农民工就业权益保障政策中，我们发现了"发展"趋向，但是政策"发展"不足问题依然显著，有的是执行中的政策问题，有的是政策执行中的问题，比如强调职业培训的重要性，却未能给出农民工职业培训的实施细则，倡导社会力量参与公共就业服务的供给，却没有说明政府与社会力量的权责边界等。本文从政策主体、政策内容、政策运行三方面指出现行农民工就业权益保障政策中存在的"发展"不足的问题。

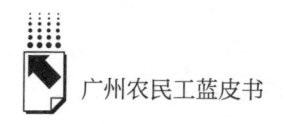

（一）财事失衡使相关政策主体权责不清晰

城镇化的核心是人的城镇化，从《中共中央关于全面深化改革若干重大问题的决定》到《国家新型城镇化规划（2014—2020年）》《关于进一步推进户籍制度改革的意见》，再到《关于深入推进新型城市化建设的若干意见》《推动1亿非户籍人口在城市落户方案》等政策文件直指城镇化进程的制度障碍——户籍制度，实际上意味着附着在户籍制度之上的福利待遇正在逐步与户籍身份脱钩。享有包括平等就业权在内的公民权的前提就是要打破户籍隔离，换句话说，只有还原户籍本身作为人口登记管理的功能，农民工的基本公共服务均等化才有谈及的余地。

表1 2012~2016年中央政府与地方政府社会保障和就业财政支出情况

年份	全国社会保障和就业财政支出（亿元）	中央社会保障和就业财政支出（亿元）	地方社会保障和就业财政支出（亿元）	中央财政支出占总支出比重（%）	地方财政支出占总支出比重（%）
2016	21591.45	890.58	20700.87	4.12	95.88
2015	19018.69	723.07	18295.62	3.80	96.20
2014	15968.85	699.91	15268.94	4.38	95.62
2013	14490.54	640.82	13849.72	4.42	95.58
2012	12585.52	585.67	11999.85	4.65	95.35

资料来源：根据2012~2016年财政部公布的《全国财政决算表》整理而成。中华人民共和国财政部，http://www.mof.gov.cn/zhengwuxinxi/caizhengshuju/。

改革是需要成本的，推动户籍制度改革与基本公共服务均等化要求国家必须提供财政支持，此外公共财政支出水平也影响基本公共服务的质量。因此在出台了一系列旨在推进新型城镇化战略的政策后，国务院又出台了《关于实施支持农业转移人口市民化若干财政政策的通知》（以下简称《通知》）。《通知》规定了财政供给主体为中央、地方两级政府，但是综合近五年来财政部公布的数据来看，我国中央财政与地方财政存在财权与事权不匹配的现象。依据我国"属地管理"的原则，以再分配为核心的社会保障和就业支出责任主要由地方财政承担，表1所呈现的便是这样一种"大马拉小车"与"小马拉大车"的景象：地方财政承担了超过95%的支出责任，与此同时，中央政府承担的财政责任不足5%，并有逐年递减的趋势。尽管《通知》涉及包括就业在内的农民工市民化政策措施十多条，但在中央财政与地方财政如何分配上并未作出明确规定，而是以"适当考虑""适当给予奖励""适当支持"等模糊话语一笔带过。这种模糊的政策话语不仅弱化了政策执行的可操作性，也直接造成了政策主体权责不清晰。

（二）政出多门导致政策内容缺乏系统性

目前，农民工就业权益保障政策涉及人社、教育、发改、扶贫、农业、财政等多个政府职能部门，政出多门带来的直接后果便是政策内容的系统性不强，严重的"碎片化"又会导致部门职责不清，互相推诿，"齐抓共管"的治理格局却陷入"九龙不治水"的尴尬境地，最终损害的还是农民工群体的利益。得益于中央政府高层的关注，近几年有关农民工问题的社会政策出台了不少，相关配套政策也在逐步完善，但是农民工就业权益保障的政策体系尚未建立起来。实际上，涉及农民工市民化的社会保障政策、医疗卫生政策、教育政策、住房政策等基本公共服务领域的政策体系也均未建成，相关政策点大都散见于其他旨在推动新型城镇化、户籍制度改革、农民工市民化进程的政策中，这也使得将农民工就业权益保障政策搜寻完整、归类罗列成为一件相当困难的事。

"发展型"的政策构建理念不仅要求经济与社会融合发展，还强调人的全面发展。就具体政策实践来看，现行就业培训政策服务于产业结构转型升级的意味还很重，缺乏基于就业权的价值理念，这也是农民工就业权益保障政策系统性不足的本质原因。由于偏离了"人的需要"这一政策构建基础，现行的农民工就业培训政策千篇一律，忽视了不同农民工群体的特征，比如适用于新生代农民工的就业培训的政策显然是不能适用于第一代农民工的，与第一代农民工大多从事制造业和建筑业不同，新生代农民工的就业领域主要集中在批发、零售业，交通运输、仓储和邮政业，住宿餐饮业，居民服务、修理等服务业，且在金融、教育、文化、体育和娱乐等行业的从业比重正在逐年提

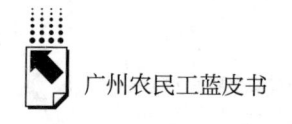

高（国家统计局，2018）。不同的行业对就业主体提出不同的胜任标准，不同的行业胜任标准又需要培训政策分门别类，因人、因业差别化施策，遗憾的是，在近几年的农民工就业培训政策中，我们只读到了诸多原则性的条款。

（三）事实歧视影响政策运行存在低效性

平等就业权是公民的基本权利之一，也是农民工最根本的就业权益。党的十八大以来，有关农民工就业权益保障的政策出台进入一个密集期，在顶层制度安排与法律规章的约束下以及共享发展的价值引领下，农民工就业不公平现象得到明显遏制，权益受损现象得到很大的缓解，各种针对农民工就业准入的歧视性政策基本已经清除。但是，各地区和部门长期以来形成的对农民工的刻板印象却在短期内难以消除，有些问题不过是由公开转移到隐蔽，尚未得到根本解决，以"平等"之名行"歧视"之实的间接就业排斥还比较普遍，尤其是在外来人口集中的经济发达地区，情况尤甚。

比如2016年上海市政府出台的网约车新政，《上海市网络预约出租车经营服务管理若干规定》明确规定"网约车应在本市注册登记""驾驶员应为本市户籍"，坚持"沪人沪车"的要求。以户籍作为入职条件的现象也在各用人单位的招聘信息中频现，比如劳动密集型企业倾向于招收包括农民工在内的非本地户籍人口，而在一些财务、会计、金融、销售、中介等行业用人单位倾向于招收本地户籍人口。一方面是法律明文规定的"平等就业"，另一方面是政策实践中的事实歧视，政策目标与政策运行之间的张力让农民工的平等就业权益受到影响，从而影响政策的执行力。

四 广州农民工就业权益保障政策的优化路径

综合来看，我国农民工就业权益保障政策基本上是一种"问题—回应"型的政策支持模式，即补缺型政策支持模式。比如：2003年《城市流浪乞讨人员收容遣送办法》的废止，是由于孙志刚事件的披露；农民工工资拖欠问题严重，总理介入，农民工就业权益保护才成为中央政府重要的议事日程；2008年金融危机爆发，企业倒闭，农民工大量失业后，才对相关政策进行调整；2015年出台的《中共中央国务院关于构建和谐劳动关系的意见》是在劳动关系不和谐、劳动关系矛盾激增、劳动争议案件居高不下、有的地方拖欠农民工工资、集体停工和群体性事件时有发生的背景下出台的。这种应急性、碎片化、屈从于经济发展目标的社会政策亟须向整合的、发展型的、具有生产性的社会政策转变。

（一）明晰权责边界，合理配置公共财政资源

财政是国民经济的综合反映，雄厚的财政支持为农民工就业权益得到保障提供了坚实的物质基础，因此我们在讨论农民工就业权益保障措施时，不能将作为社会政策资源的公共财政支持排除在外。当前，就我国中央政府和地方政府责权不平衡，地方政府财权和事权不匹配的现状，要逐步理顺事权关系，中央政府和地方政府要按照事权划分出相应的支出责任，中央政府要加大对地方政府的财政投入力度。

以农民工的失业保险为例，目前我国失业保险覆盖面不广，农民工受保范围更是有限。2017年底，我国农民工总量达到28652万人，参加失业保险的农民工人数为4897万人，这样算出2017年农民工失业保险参保率仅为17.1%，实际上作为优先参保的社会保障制度设计——工伤保险，2017年的覆盖率也只比失业保险参保率多了10个百分点，为27.25%（国家统计局，2018）。以此想说明两点：一是农民工的失业保险覆盖率极低，极不利于再次分配调节的公平性，因而需要进一步扩大农民工失业保险的覆盖面，维护其社会保障权益；二是作为再分配项目的失业保险，在我国目前仍由市、县两级政府负责统筹基金，较低的统筹层次既不利于地方政府对失业保险基金的管理，也无法分散基金管理的风险。对此，可行的办法是：中央政府统筹规划全国失业保险的标准和制度，具有对地方政府的监管权，同时在地方政府出现基金缺口时，予以失业保险补助；失业保险基金管理工作由地方政府负责，包括对农民工失业的调查统计，失业保险基金的征缴、投资运营、发放，以及相关服务平台的构建。此外，从现实来看失业保险基金尚且

充盈，短缺迹象尚不明显，必要的时候可效仿即将实行的养老金中央调剂金制度建立失业金中央调剂金制度。

发展型社会政策的"整体性"思路告诉我们：不能寄希望于依靠单一机构来解决发展问题，政府与社会资本的合作会让发展行动事半功倍。因此在涉及农民工的公共就业服务提供方式时，完全可以采用政府购买的思路，比如政府向社会购买就业培训服务，属于公共财政配置的方式之一，也同样面临着明晰购买方、服务提供方及服务接受方的权责问题。

（二）坚持整体思路，构建农民工就业保障政策体系

整体思路是发展型社会政策遵循的核心建构原则，以农民工的就业教育培训为例，已有的农民工技能培训计划正在系统推进，影响比较大的有"星火科技培训""阳光工程""春潮行动""雨露计划"等，各地政府也有针对农民工群体进行的岗前技能培训、转岗技能培训、富余劳动力转移培训、创业培训等。但各种计划的同质性较大，计划与计划之间存在重合交叉部分，而在各类培训中多是常规培训，针对性、精准性的培训不足，应当对此加以整合，基于农民工的发展需要构建就业培训体系。农民工就业教育培训政策，目前教育部与人社部都有涉及，而返乡农民工的创业问题又牵扯到科技部、农业农村部，面对"多头治理"局面，要坚持整体思路，健全各部门协同配合工作机制，明确工作职责。

整理思路不仅可运用于农民工就业权益保障机制上，还应当运用在就业权益保障体系内容上。本文界定的农民工就业权益为广义的就业权，不仅包括就业行为本身产生的权利，也内含了就业的派生权利，它贯穿于农民工就业的各个阶段，即从预备进入城市劳动力市场，到进入城市劳动力市场，再到就业中断最后到再就业阶段，具有和城市劳动者同样的自由择业权、公平就业权、劳动报酬权、失业保障权以及职业教育权。因此我们应当将旨在维护劳动者权益的劳动政策与旨在创造就业机会的就业政策整合进农民工就业权益保障的政策框架中，在这个"整合型框架"中既有以《劳动法》为基准的劳动保护政策，又有以公民权为中心的积极就业政策。

发展型的社会政策还注重人的全面发展，强调将社会资源投资于人力资本和社会投资，实现人的可行能力的全面提升，人力资本投资体现在公共教育和医疗卫生事业上，以此发挥其"生产性"作用。实际上，农民工就业权益保障政策的构建可以充分借鉴发展型社会政策中积极的劳动力市场政策理念。

（三）统筹城乡发展，深化户籍制度改革

从保护城镇居民的利益出发，或者说寻求一种更加有效的城市化或现代化发展战略，过去政府建立的农民工就业权益保障政策大都基于国家对理性秩序的建构[1]，对于一切异于城市现代化文化主题的价值，均采取漠视或排斥的态度。户籍制度便是这种治理逻辑的产物，也成为包括就业问题在内的农民工社会保障问题的根源性制度障碍，2014年国务院颁布了《关于进一步推进户籍制度改革的意见》，标志着新一轮的户籍制度改革正式开始，随后出台的《居住证暂行条例》又被赋予了基本公共服务均等化的发展内涵，但是从政策实践来看，户籍制度仍然是调控城市规模的手段，其所导致的就业排斥依然存在，农民工在政治利益、经济利益、文化利益等方面与城市市民存在较大差距，造成了农民工与城市市民之间在就业、子女教育、社会保障等诸多权利上的不平等[2]，宋宝安等人称之为"权利贫困"，这种"权利贫困"成为农民工市民化的根本性障碍。为此，破除户籍屏障，需要从根本上剥离附着在户籍上的隐性利益，还原户籍制度原始的人口登记功能，以此逐渐消解户口在排他性权利配置中的作用。

当前，推进我国新一轮户籍制度改革，仍然需要有"啃硬骨头"的勇气，以"公平""正义"为价值取向，坚持中央政府的全面领导、构建成本分担机制、以（特）大城市为改革的重点对象。我国乡－城人口流动主要以跨省（市、自治区）流动为主体，加之以农民工为主体的流动人口

---

[1] 潘泽泉：《中国农民工社会政策调整的时间逻辑——秩序理性、结构性不平等与政策转型》，《经济社会体制比较》2011年第5期。

[2] 史向军、李洁：《新生代农民工发展与保障问题研究》，《山东社会科学》2018年第1期。

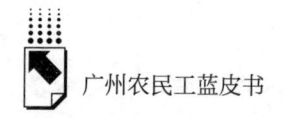

在城市的政治地位、自组织能力与谈判能力远远落后于城市既得利益群体，光靠地方政府协调与重组户籍利益，不可避免地会陷入"制度悖论"并损害农民工群体的权益[1]，因此需要中央政府统筹推进户籍制度改革。此外，户籍制度改革还要推进涉及农民工的社会保障、就业、住房、教育等方面的配套改革，成本分担机制要求合理划分中央政府、地方政府的财权（支出比重）与事权，以及企业在社会保障与就业支出中的责任。目前中小城市已全面放开对农民工等流动人口的落户要求，户籍制度在（特）大城市中的改革进程最为缓慢。但（特）大城市中又是流动人口最为集中、户籍歧视尤为显著的地方，因此新一轮的户籍制度改革应进一步明确（特）大城市改革的时间图与路线表。只有真正触及户籍制度改革的核心，农民工的就业权益才能从根本上得以保障。

---

[1] 张国胜、陈明明：《我国新一轮户籍制度改革的价值取向》，《政策评估与顶层设计》2016年第7期。

B.12
广州新生代农民工社区融入的个案研究

毛文琪*

摘　要：随着改革开放的不断深入，广州新生代农民工逐渐成为当代外出务工人员的主力军，但他们在融入过程中仍然呈现边缘化、内卷化和半城市化的特点，难以真正在城市社区扎根。本研究通过新生代农民工内外在环境角度分析影响他们融入城市社区的因素，在个案研究基础上理解他们在城市化中遇到的困难，并运用社会资本理论，结合社会工作助人自助的专业特色和乡村振兴时代背景，提出促进新生代农民工重返农村社区、振兴农村社区，以实现他们的人生价值。

关键词：新生代农民工　社区融入　乡村振兴　重返农村社区

改革开放40年来，中国经济取得了举世瞩目的成就，在经济总规模、人均GDP、居民生活水平和生活质量等方面都有较大的增长。但是这一粗放型的经济增长给中国经济埋下了巨大的隐患。20世纪80年代中期以来，农村劳动力转移人数持续上升，2013年农民工人数增长到2.689亿人，其中新生代农民工达到12528万人，占农民工总量的46.6%，占1980年及以后出生的农村从业劳动力的比重为65.5%，[①] 新生代农民工逐渐成为农村外

---

* 毛文琪，北京师范大学2017级社会工作专业硕士研究生。
① 《2013年全国农民工监测调查报告》，国家统计局网站，www.stats.gov.cn/tjsj/zxfb/201405/t20140512_551585.html。

出务工大军中的主力军。中国农村劳动力的转移，会将农村存在的问题带到城市社区，城市社区一时难以容纳太多的农村流动人口，容易产生社会矛盾与冲突，不利于社会的稳定和谐发展。新生代农民工扎根城市并融入社区是其最终归属，然而从新生代农民工转变为市民依旧步履维艰。

党的十九大提出乡村振兴战略总要求，在这一时代背景下，本文通过相关数据以及访谈记录的归总，具体分析影响新生代农民工融入社区的因素，运用社会资本理论及社会工作的专业特色，尝试找到一些解决新生代农民工社区融入问题的具体策略，在一定程度上提升新生代农民工的社区融入与社区参与意识，积极促进新生代农民工与居民进行沟通互动并参与社区公共事务，提升新生代农民工个人的社会地位，鼓励他们敢于为自己的利益发声，形成良好的主人翁意识，真正享受到社会发展的成果，营造和谐社区，逐渐消除我国城乡之间、工业与农业之间的差距，为劳动力市场的上下流动提供空间，从而促进中国城镇化的健康和谐发展。

一 新生代农民工社区融入问题研究概述

（一）相关概念和理论

1. 新生代农民工

"新生代农民工"这一群体称谓是基于农村劳动力在流动过程中所呈现出的代际区分的明显特征。2010年中央一号文件的发布使"新生代农民工"成为官方提法，是指在1980年以后出生并在城镇务工的拥有农村户籍的农民工，主要从事第二、第三产业劳动，即我们口中的"80后、90后"的一部分。与第一代农民工相比，他们往返于城乡之间的次数较少，不再是每年春节时回老家，春节过后再外出务工的固定模式，同时，他们对于农村土地依恋的情感程度较轻，不愿甚至是无法返回农村。伴随着经济市场化、民主法治化和文化多元化，新生代农民工的思想观念更为开放，容易接纳新鲜事物并更倾向于追求个人的发展以适应城市社会的前进步伐。根据新生代农民工外出务工的生活现状，他们普遍具有"三高一低"的特征：受教育程度高、职业期望值高、物质和精神享受要求高以及工作耐受力低。① 与第一代农民工相比，新生代农民工受教育年限整体高于第一代农民工，他们以初高中文化程度为主，其中具有中专和大专及以上学历的比例也明显比高于第一代农民工。新生代农民工外出务工是为了追求更好的生活，希冀于自身能力的发展，他们对于新鲜事物的接受能力较强，然而由于自身工作技能水平的限制，他们无法选择令自己体面的工作，也无法进入首属劳动力市场，这一矛盾造成他们的工作流动性较强。从整体上看，新生代农民工倾向于选择服务行业的工作，而不愿像第一代农民工那样选择从事纯体力劳动。从现有研究成果出发，笔者将新生代农民工界定为"80后、90后"的外出务工人员，总体上是以初中和高中学历为主，与第一代农民工相比，他们普遍不熟悉农事，缺乏从事农业生产的相关劳动经历。2012年国家统计局的调查表明新生代农民工学历中大专和以上学历只有6.4%，中专文化程度达到9%，高中及以上所占比例为84.2%，因此笔者界定的新生代农民工群体在新生代农民工总体中所占的比重是最大的，同时也是本文研究所选取的目标群体。

2. 市民化

新生代农民工的市民化是指从农民工转变为市民的过程。这一过程主要包括四个层面，即社会身份、劳动力市场、技能水平和生活方式的转变。从新生代农民工转变为市民，首先，要改变新生代农民工在次级劳动力市场所占据的份额，保证他们有向上流动的空间，改变他们以往停滞不前的状态，使他们通过掌握现代企业社会化生产中所需要的技能来提升自己的社会地位，找到相对体面的工作，增强自我综合素质能力；其次，新生代农民工要不断地与社区居民沟通交流，逐渐适应城市社区的生活方式，认同社区的文化氛围，工融入社区，最终实现市民的转变。这也是中国农村剩余劳动力转移的根本出路。

---

① 柳建平、张永丽：《流动、转型与发展——新生代农民工市民化问题研究》，中国社会科学出版社，2015，第128页。

3. 社区融入

社区融入，是指以社区为依托，调动个人与组织的社会参与，改善农民工与当地居民的社会交往，为农民工提供更多参与社区活动的机会，是指农民工能平等地参与社区选举与社区管理，并在社区层面以及更广泛的社会系统中增加农民工的社会资本，使农民工能够逐步融入城市社会之中，[①] 进而可以改变社区居民对新生代农民工的刻板印象，减少不平等现象的发生。新生代农民工融入社区的过程是双向互动的，他们外出务工在适应城市社区生活的过程中逐渐融入社区并积极参与社区公共事务，与此同时，社区居民也会改变对新生代农民工固有的偏见以接纳他们成为社区的一分子，鼓励他们参与到社区中来。为提升新生代农民工的社会地位与话语权，提高个人综合素质是很有必要的，通过不断提升工作技能来满足现代企业的招聘要求。外来迁移人口在迁居地的社区融入程度代表着其在迁居地的社会关系状况，是判断不同群体间社会关系的主要依据，也是代表一个社区内部关系融洽与和谐程度的主要特征。

4. 社会资本理论

法国社会学家布迪厄首先提出"社会资本"这一概念，他认为社会资本是实际或潜在资源的集合，这些资源与相互默认的关系所组成的持久网络有关，而且这些关系或多或少是制度化的。资本有社会资本、经济资本和文化资本这三种形式，社会资本不完全独立于经济资本、文化资本，同时社会资本和经济资本之间是可以相互转化的。新生代农民工在劳动力转移的过程中对于城市社区生活的适应力是与他们所拥有的社会资本密切相关的。中国社会是一个人情社会，社会关系网络的形成是由不同的个人关系网络构建而成的，其中社区和社区关系本身是一种社会资本，社区内新生代农民工与居民之间的联系、信任等是社会资本的内涵与表现形式，其拥有的非正式资源网络包括邻里之间的关系、志愿者支持网络和文化等资源。针对新生代农民工所处时代下的社会制度、社会组织和社会文化以及个体的社会网络等去分

[①] 关信平、刘建娥：《我国农民工社区融入的问题与政策研究》，《人口与经济》2009年第3期。

析他们难以融入城市社区这一问题，涉及微观和宏观两个视角，把新生代农民工放在一个重要的位置上，运用社会资本在微观层面和宏观层面架起一座桥梁，通过采取的相应措施来鼓励他们返回农村社区，实现人生价值。

（二）新生代农民工社区融入的基本现状

农民工流动规模大，流速快，他们游离在城乡之间，受就业、医疗、住房和社会保障等制度影响，新生代农民工在城市居民与农村居民的夹缝中求生存、求发展。

1. 新生代农民工社区融入的边缘化

新生代农民工社区融入的边缘化主要体现在生存空间、身份认同、政治权利这三个层面。新生代农民工进城务工后与当地居民在工作性质、社会地位和经济地位等方面存在差异，他们的居住环境差，生活空间与城市居民处于隔离状态，在边缘性的领域和空间里沉淀为边缘人口，而这一种状态不仅是新生代农民工被动接受事实的结果，也是面对现实做出的自我选择。在城乡二元体制下，户籍制度区分着新生代农民工和城市居民之间的身份，近年来，户籍制度的改革措施并没有真正触及制度的本质，即"农业户口"和"非农业户口"，同时，它还将新生代农民工屏蔽在社会资源之外，使其无法享受到和城市居民同等的权利。新生代农民工身份的边缘化，使他们无法得到城市居民的认同，在刻板印象的影响下一直处于被排斥的状态。

另外，新生代农民工的政治权利在农村和城市之间不断游离，无力承担参政成本使他们无法返回老家参加政治活动，如基本的选举权和被选举权，有调查显示，28.6%的人希望在工作地有参选资格。[①] 由于新生代农民工的政治权利被忽视，导致他们容易受到不同程度的权益损害，加之缺乏维权意识和渠道，新生代农民工的政治权利处于边缘地带，处于城市社区融入中的边缘地带。

2. 新生代农民工社区融入的内卷化

"内卷化"一词由戈登威泽提出用以形容一种文化模式停滞不前的状

---

① 刘文烈、魏学文：《关于新生代农民工市民化问题的思考》，《东岳论丛》2010年第12期。

态，其最终结果是系统内部结构的不断复杂化。在城乡二元社会结构下，新生代农民工进城务工，而户籍制度及医疗制度、养老保障制度等将新生代农民工屏蔽在城市居民享有的资源之外，致使新生代农民工在社会交往和社会认同方面与城市居民存在一定的差距，无法继续完成向上流动发展。新生代农民工的学历水平以初高中为主，所从事的行业只能在次属劳动力市场内选择，在城市社区中处于社会底层。由于自身拥有的资源有限，社会支持网络以血缘、亲缘关系网络为主，缺乏与城市居民沟通交流的平台与机会。新生代农民工社会支持系统所形成的亚文化与城市社区的主流文化格格不入，彼此难以认同，产生一定的距离与隔阂，因此他们的社会交往和社会认同被限制在一定范围内，新生代农民工群体无法认同和接纳城市居民这一群体，阻碍了社会关系等社会资本网络的扩展，使其内部的关系不断密切和复杂化，愈发依赖同质群体内部的支持，无法实现在城市社区扎根。

3. 新生代农民工社区融入的半城市化

新生代农民工在社区融入过程中所呈现的半城市化状态是城市化进程中的必经之路，由于新生代农民工自身技能水平难以满足现代企业的招聘要求，与城市居民所处的首属劳动力市场存在差距，难以产生向上流动的空间。新生代农民工长期在外处于流动状态，不能享受到与城市居民同等的权益保障，对于城市没有形成相应的归属感，也无法认同城市，这会对当地的社会秩序维持带来不同程度的冲击。基于此，国家应该积极推动农村流动人口彻底城市化，以便更好地把刺激经济发展与产业结构调整、解决民生问题和促进社会结构调整有效地结合起来，打破中国农村流动人口"半城市化"的局面。①

二　广州新生代农民工社区融入的影响因素

广州市委、市政府不断探索以社会支持系统模式促新生代农民工融入城

---

① 王春光：《对中国农村流动人口"半城市化"的实证分析》，《学习与探索》2009年第5期，第94~103页。

市模式，最突出的就是以农民工积分制入户政策渐进式突破户籍壁垒、以社区融合促进新生代农民工增强归属认同感、以职业技能培训为着力点提高新生代农民工的技能。研究发现，新生代农民工融入城市还存在一系列问题。

（一）新生代农民工自身因素

1. 人力资本影响

舒尔茨认为技术和知识是人力资本的主要类型。2012年国家统计局的调查报告显示，大专及以上学历的新生代农民工仅占比6.4%，中专文化程度的新生代农民工占比9%，高中及以上学历的新生代农民工占比84.2%，仍有0.4%的新生代农民工处于文盲或半文盲状态。[①] 与第一代农民工相比，新生代农民工的学历水平有所提高，主要以初高中学历水平为主，研究表明，在现在的基础上，如果将制造业中职工的学历全部提高到高中程度，企业劳动生产率则可以提高24%。[②] 新生代农民工掌握的工作技能水平，在现实生活中难以达到现代企业社会化大生产中对于劳动者的要求。由于产业结构优化升级以及技术不断更新的需要，现代企业对于劳动者所掌握的技能水平的要求也越来越高，然而他们所从事的工作大多集中在以体力劳动为主的工作，以体力劳动换取所谓的"辛苦钱"，他们缺乏相应的技术能力，基本素质水平滞后于社会的需要，所以他们整体处于次属劳动力市场而难以向首属劳动力市场进军，缺乏向上流动的空间与渠道，无法形成良性的循环，这使得新生代农民工和城市居民之间形成一道无形的隔阂。

2. 维权意识影响

与第一代农民工相比，新生代农民工更加渴望融入城市社区，然而因为学历水平的限制以及传统农村家庭环境的影响，他们的维权意识较为薄弱，在自己合法权益受到侵害的时候容易选择沉默与抱怨。他们所拥有的由国家法律制度赋予的参与城市社区生活、获得相应的社会福利与社会保障资源的

[①] 柳建平、张永丽：《流动、转型与发展——新生代农民工市民化问题研究》，中国社会科学出版社，2015，第128页。

[②] 潘允康：《中国民生问题中的结构性矛盾研究》，北京大学出版社，2015，第196页。

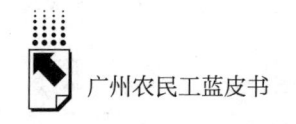

机会较少，表现为他们经济权利的不完整、政治权利的缺失以及社会权益的歧视，同时，新生代农民工的收入相对于第一代农民工有了较大的增长，并与城市工人的收入差距逐渐缩小，但新生代农民工往往受到不同程度的利益损害。

"我来这个餐厅当服务员已经快一年了，刚开始有三天的试用期，前三天都是扣着我的身份证的，有一阵子还差点把我身份证弄丢了，得亏后来在抽屉里找着了，不然我还得回老家办理身份证呢，虽然我不知道他们为什么要扣押身份证，但这是店里的传统，所以也无法反驳，不过对于平时生活没带来太多麻烦，也就不打算计较。我们平时每个月都要分摊餐具破损费，你说餐厅开这么多年了，餐具肯定都有自然破损呀，可他们不管，就是要我们平摊损失，每个月几乎都有十几块钱的破损费呢，唉！还有，这不是快到年底了嘛，经理不愿意让我们回老家，因为那时候餐厅生意会特别好，对于人手方面是比较紧缺的，所以他们就从十月份开始每个月扣押500元工资，说得好听是帮我们管钱可以不用乱花，实际上就是不想让我们回老家过年，我这出来打工两年了，都还没有一次回家过年呢，但生活所迫，也没办法啊，只能等来年再一起把工资结了呗。"（笔者于2015年12月在浙江台州做的访谈记录，访谈对象来自湖北恩施，目前在浙江台州一餐厅当服务员）

据笔者实地了解，新生代农民工从事的餐饮服务行业普遍存在工资和身份证扣押现象。站在经营者的立场上是为了减少劳动力的流动，促进自身经济利益的最大化，然而这明显侵犯了劳动者自由选择职业的权利，不利于新生代农民工更好地融入城市社区。

3. 价值观念影响

新生代农民工选择离开家乡进城务工的主要目的就是想要改变自己的现状，在城市这一多元的立脚点会有更多的机会可以去把握，不断提升自我的能力，并在城市的一隅站稳脚跟。新生代农民工在心理层面和文化层面更加接近当地居民，但原生家庭对他们的影响较大，大部分新生代农民工的思想受到父辈的"土地就是命根子"观念的控制，难以真正全身心投入城市社区的融入。同时，新生代农民工在语言表达、社会道德、娱乐方式等方面沿承了农村的风俗习惯，与城市居民的生活习惯存在一定差距，容易被城市居民所排斥、贴标签，难以促进他们融入城市社区。

"我是四川眉山的，来这边打工快两年了，我爸妈都在这边打工，因为混的比较熟，所以大家会开玩笑，叫我'老油条'，我觉得工作开心很重要，不像女生那么在意提成的多少，有的话很好，没有也没关系，我现在还小，工资一般都交给我妈，平时开销也不大，除了去泡网吧，别的好像不怎么花钱，餐厅里也有员工饭。就是觉得吧，这里的男孩子没以前打工的地方玩得好，除了睡觉打游戏，别的好像也没什么事情了。当然在餐厅打工只是暂时的，我还要去别的地方学点手艺什么的，不过还没想好以后要做什么。我也想要和本地人一样生活，可以有自己的房子，有个像样的工作，当服务员其实很被别人看不起的，很多人都不尊重我们，但时间久了之后也就习惯了，他们怎么看我是他们的事情，我只要做好自己，多赚点钱就够了。"（笔者于2016年1月在浙江台州做的访谈记录，访谈对象来自四川眉山，目前在浙江台州一餐厅当服务员）

（二）外在环境因素

1. 二元社会结构

二元社会结构以户籍制度为核心，户籍制度往往被看作是阻碍农民工扎根城市社区的制度障碍。户籍制度的存在意味着新生代农民工和城市居民之间身份认同的差异性，加上城市居民对于农民工长期形成的刻板印象一时难以改变，排斥新生代农民工进一步融入城市社区。另外，户籍制度所衍生的一系列其他制度所造成的新生代农民工福利资源的缺乏，与城市居民享有的福利资源之间存在巨大差距，同时，资源分配不均的劳动力市场极大地制约着新生代农民工融入城市社区，他们离开家乡选择进城务工，由于自身素质的限制，只能进入次级劳动力市场，工作条件差，工作收入低，且职位上升空间狭小，缺乏改变的机遇，难以提升在城市社区的社会地位。户籍制度将新生代农民工屏蔽在社会资源之外，无法享受和当地居民同等的福利保障和公共服务，阻碍其融入城市社区。

2. 经济水平

改革开放40年来，中国的城镇化经历了从以大城市发展为重点到促进小城镇发展和构建合理城镇化体系的过程，最终形成了中国特色的新型城镇化道路。据相关数据统计，2012年我国城镇化率达到了52.7%，与世界平均水平大体相当，城镇化取得显著成效；2013年中国城镇化水平将达到53.37%。[①] 我国城镇化水平总体滞后，地区发展不均衡。近年来我国中西部地区城镇化发展速度较快，但与东部地区相比仍有很大差距。各个地区城镇化水平差距的拉大，也使得经济发展不平衡，这导致大部分新生代农民工流向东部经济发展较快的地区，然而这些城市在短时间内难以接纳大量的新生代农民工转变成为市民，在无形中既增加了城市的压力，又阻碍了新生代农民工就地转移，加大了他们融入城市社区的成本。

据国务院发展研究中心课题组调查测算，一个农民工市民化（包括相应的抚养人口）所需的公共支出成本约8万元（2010年不变价格）。然而在当下的财政属地体制下，城市财政预算一般不会考虑非户籍人口的公共产品供给和公共支出成本。虽然和第一代农民工相比，他们由于成长环境的不同，加上较高的受教育水平和较轻的家庭责任致使其消费观念和行为发生了很大的变化，但仍需回寄一定份额的工资。新生代农民工的回寄款占总收入的比例逐年减小，但并不意味着他们有能力承担市民化所需的财力资本投入。在经济收入上与城市居民的巨大差距以及在城市生活的成本压力都制约着新生代农民工的城市社区融入。

3. 社会资本

新生代农民工的社会资本网络远低于城市居民，同时社会资本网络的异质性也较差，他们的低层次初级社会网络关系，在社会组织资本和权力资本方面都十分缺乏，这在一定程度上影响了他们的社区融入。新生代农民工在职业和生活方式上虽然发生了变化，但没有从根本上改变其社会网络。新生代农民工社会关系结构的基础仍是以血缘和地缘关系为核心的初

[①] 《今年中国城镇化率料达53.37% 将编制出台发展规划》，中国新闻网，2013年3月5日。

级关系，社会资本的质量较低，业缘关系虽在发展，但并没有完全形成。事实上，新生代农民工的交往主要局限于内群体，即主要是"老乡"和"熟人"，其他关系网络也比较匮乏，缺少向外延伸的网络，从而影响了社会资本的结构和质量，进一步限制了他们社会资本网络的扩展。个案研究结果表明，新生代农民工在流入地务工主要依赖老乡、朋友和亲戚等社会资本，但是他们对于其他求职途径的依赖要比第一代农民工更强一些，新生代农民工主要依赖招聘启事等求职途径外出打工。社区社会资本的发展可以为新生代农民工融入社区创造良好的社会条件，提升新生代农民工参与社区的效能感。

4. 社会文化氛围

新生代农民工的受教育程度与城市居民相比处于较低水平，他们从农村流入城市，从农村文化氛围转至城市文化环境，在文化和心理两方面产生不适应，在社区融入方面存在障碍。这种困境会影响新生代农民工与城市居民之间的人际交往，他们的处境会呈现出一种边缘文化的特征。新生代农民工的人际交往主要局限于血缘、地缘和亲缘关系所维持的网络，并逐渐形成一种异于城市社区主流文化的亚文化圈。在这一亚文化圈中，新生代农民工无法完成向上的社会流动。同时，新生代农民工涌入城市社区，大大压缩了城市居民原有的社会资源，也会带来一些相关社会问题，这使得城市居民产生严重的排斥思想，新生代农民工也容易遭受不公平的待遇和歧视，在他们的社区融入中形成了一道隔阂。

"我是和我朋友一起来这边打工的，也快一年半了，本地人都讲方言，我们一开口别人就知道是外地的，总有一种说不出来的被瞧不起的感觉，不管干什么总要防着我们，好像我们要偷他们东西似的。除了上班要和本地人接触，平时生活中我都是和熟悉的朋友一起玩的，有空的时候出去爬个山，逛逛街什么的，要不就会去网吧上会儿网。我们外地人有自己的圈子，他们本地人有自己的圈子，这样分开相处比较轻松一些。"（笔者于2015年12月在浙江台州做的访谈记录，访谈对象来自贵州贵阳，目前在浙江台州一阀门厂当检验员）

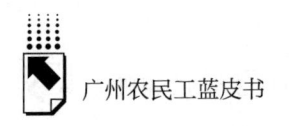

三 促进新生代农民工社区融入的建议

新生代农民工在进城务工的过程中难以融入城市社区,党的十九大报告提出了乡村振兴战略,在国家宏观政策与惠民导向不断向乡村地区倾斜与辐射时代背景下,[①] 鼓励新生代农民工重返农村社区,在融入农村社区的同时可以更好地追求美好的生活方式,不断提高农村社区经济发展水平,振兴农村社区,同时提升新生代农民工的主人翁意识,更好地服务于农村社区。

(一)发展社区教育

我国新生代农民工人力资本低下,文化程度以初高中水平为主,掌握的工作技能水平不符合现代化企业生产的要求,难以跻身于首属劳动力市场。人力资本的提升在一定程度上可以提升新生代农民工返回农村劳动力市场的竞争力,在次级劳动力市场内拥有向上流动的空间。不同于第一代农民工,新生代农民工渴望融入所处社区,且希望能够通过返乡工作获得自身的发展与提高。立足于新生代农民工的基本需求,借鉴美国的社区教育,将终身学习的理念带入农村社区中,即通过让新生代农民工接受社区教育来不断获得支持,获得自我成长的自信,并挖掘个人的潜能来获得今后自身成长过程中所需要的技能和知识,自主应对生活中的困难。社区教育可以最大限度满足新生代农民工的教育需求,立足于社区这一兼具管理、服务和教育等多种职能的复合体,开设职业技能培训、返乡生活适应等课程,坚持以人为本的教学理念,尊重新生代农民工的个体差异,克服以往应试教育的刻板印象,认识到他们参与课堂交流沟通的重要性,课程的设置要体现他们不同的需求,做到真正提升他们的综合素质水平、他们的生活适应能力和他们的社会地位。

[①] 王尚君:《返乡新生代农民工对乡村振兴战略的影响探析》,《中共乐山市委党校学报》2018年第1期,第10~12、17页。

（二）发展社会组织

1. 发展新生代农民工社会组织

新生代农民工民间组织是独立于政府和企业之外的社会力量，是社区的基本力量，可以培育社区建设的社会资本，促进新生代农民工公民意识的形成。新生代农民工民间组织通过对社会责任的承担，传播组织的理念、制度的合法性以及争取社会的认可，开发农村社区资源以调动更多的力量和资源，并探寻更为现实有效的发展路径。同时，民间组织自身的能力建设也需要不断提高，通过组织内制度的规范化来增强自律水平和整体素质的提升，从而动员新生代农民工积极参与，努力为自己争取更多的社会资源。新生代农民工参与到农村社区公共事务中，有利于社会工作者帮助他们建立社会支持网络，扩展他们的人际交往圈子，从社区内部发掘资源、搭建参与平台和传递社会服务，同时要避免空洞、形式化的政治讨论，尊重、保护并激发农民工参与社区事务的积极性，使其在社区参与中发生改变，提升生活和社会地位，在此基础上，通过社区之间的资源共享和链接，使各社区之间的联系更为紧密，保证资源利用最大化，从而为新生代农民工融入农村社区提供一个更大的平台。

2. 发展新生代农民工教育组织

新生代农民工教育组织指新生代农民工不需要外界力量的强制性干预，通过专业教育，组织协商达成共识、消除分歧、解决冲突、增进信任、合作治理社区公共事务，实现自我管理、自我服务、自我约束，最终达到社区公共生活有序化。新生代农民工社会组织的发展可以促进新生代农民工教育组织的建立，由专业社工牵头培育，通过小组工作、社区工作等方法提供学习和参与的机会，提高新生代农民工个人和组织的能力。新生代农民工依托教育组织可以提高参与社区的效能感，降低参与的成本。新生代农民工教育组织是新生代农民工参与社区事务的主要载体，是表达利益诉求的有效渠道，是增加话语权的主要平台，是弱势群体的中坚力量。

在新生代农民工教育组织形成的过程中，社工需要协助其成长，组织新

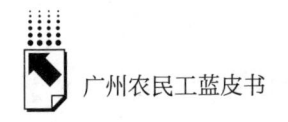

生代农民工恰当表达他们的需求，辨别他们的问题，讨论形成共同的需求和发展目标，与当地村民形成良好的人际关系，团结起来共同促进社区融入。在城乡二元结构下，鼓励新生代农民工通过参与自治组织改变个人的境遇，增加话语权，能够为自己争取的合法利益发声，在组织内形成自助互助的氛围。

（三）建立新生代农民工社区参与机制

新生代农民工和村民广泛参与到农村社区公共事务中体现着社区的民主发展，是和谐社会建设的必要前提。建立新生代农民工社区参与机制，是社区民主发展的重要内容，是新生代农民工重返农村社区的关键。社区参与机制的建立需要村民和新生代农民工的广泛参与，让新生代农民工主体参与进来，并将诉求反映出去，通过提升新生代农民工的知识和技能水平和解决公共事务来建立新生代农民工与所在农村社区之间的联系，促进新生代农民工积极参与农村社区的公共事务。同时，利用农村社区社会组织、社区公共服务中心等多元社区主体来吸引新生代农民工成员参与到农村社区公共事务中来，增强他们对农村社区的归属感，提升他们的生活质量和自我发展。在新生代农民工积极参与农村社区的过程中，多元化的利益诉求渠道可以让政府和新生代农民工在民主和平等协商的气氛环境下沟通交流，破除以往政府占据主动地位的局面，新生代农民工不再是被动接受，而要就农村社区公共事务问题共同达成一致意见。在新生代农民工发表利益诉求的同时，多元意见有待整合，即缓和利益冲突和矛盾，这样才能保证资源的合理利用。

随着改革开放进一步深入，我国社会结构的一个巨大变化就是大量社会成员从"单位人"转变为"社会人"，越来越多的农村人口选择外出务工，第一代农民工逐渐退出历史舞台，新生代农民工开始成为务工大军中的主力军。在城乡二元结构下，户籍制度将新生代农民工屏蔽在城市社会资源之外，他们的社会身份有待进一步得到城市社区居民的认同。城市就业劳动力市场所分配的资源不均致使劳动力素质低下的新生代农民工大体处于次级劳动力市场，无法产生向上流动的空间，不利于他们社会地位的提高。

本研究的创新点是结合社会工作助人自助的专业特色，希望通过将终身教育理念带入社区中，改善新生代农民工人力资本低下的现状，鼓励他们重返农村社区，提升其社会地位；同时以社会组织为立足点，社工通过集体赋权协助新生代农民工建立教育组织，挖掘社会资本以提供必要的精神支持和制度规范，提高组织内部的凝聚力，形成有利于新生代农民工参与农村社区事务的良好氛围。促进新生代农民工重返并融入农村社区的过程并不是一蹴而就的，需要我们不断探索与实践，实现新生代农民工个人的长远发展，实现城乡一体化，实现和谐社会的良好环境。

B.13
广州为乡村再转型输送青年农民工

张红霞*

摘 要： 在城市化的汹涌潮流中，乡村被置于边缘化的地位，大批青壮年由农村涌向广州等城市，乡村共同体被打破。在农村青壮年日益抛离农村的场景中，农村不仅呈现出"问题化"的发展状态，而且陷入秩序疏离与内生发展动力匮乏的困境。农村青年的流动性不仅造成了农村社会结构的碎片化，而且引发了农村青年与乡村的关系变异，农村原有秩序离散、未来发展模糊。在乡村振兴的国家话语下，农村发展要实现农村青年外流与发展路径的悖论式创新。

关键词： 乡村振兴 广州农民工 流动

一 问题提出

在现代化与城市化的宏大叙事中，乡村被置于现代性的边缘地位并与传统紧密相连。作为以乡土为根基的传统农业国家，农村地域不仅占据了中国的大部分疆域，而且农业户籍人口的数量一直处于总人口的大多数。一个世纪以来，面对乡村发展的式微，从梁漱溟的乡村建设运动到费孝通对乡村经济的研究以及后来对于农村发展的论争，农村如何发展、城乡关系的协调、"三农"问题如何解决等一直是困扰中国社会发展的核心命题。党的十九大

---

* 张红霞（1975~），女，中央民族大学民族学与社会学学院2018级博士研究生，石家庄学院法学院副教授，研究方向为城乡社会问题人口城镇化、社会工作。

提出了"乡村振兴战略",使得处于巨变洪流中的中国社会在城市化与现代化的新时代重新审视乡村的社会地位,也让处于城镇化变迁背景下的乡土中国重新规划乡村发展的未来图景。然而处于现代化急剧变迁中的中国乡村社会,不仅遭遇农村青年人向城市流动的现实图景,而且在城市化的巨大向心力挟裹下,资源向城市集聚,乡村空心化、生计方式非农化、乡土价值边缘化等一系列发展变局重新拷问未来的乡村发展路径。城市化话语日趋强盛下的中国农村社会,如何在农村青壮年大量外流的情况下进行乡村振兴的国家话语?如何在原有的治理秩序遭遇困境的情况下实现治理创新?这一系列问题不仅需要重新深入思考,而且需要在城乡互动博弈的语境中创新研究路径。

在目前有关乡村的研究中,存在两种不同的价值取向,一种是以西方现代化理论为参照语系,以传统与现代的二维视角来审视乡村,并认为随着现代化进程的推进,乡村的被现代化或衰落是一种必然的进程,在这种价值关怀下,乡村回应现代化变迁是一种必然进程[1],另一种是从中国社会的发展脉络出发,基于几千年来中国乡土社会演变的进程,从中国农业社会的主体性、纵向性与内生动力审思中国农村变迁的路径。[2]两者论争的焦点是,在当前中国城市化进程中,中国乡村的演变进程是有着自己独特的机理还是要延续西方乡村发展的道路。在当前的城乡互动博弈中,中国农村在发展与改变的进程中,大量农村青年与农村疏离但又不能顺利融入城市,导致这一群体与乡村离别而又粘连的关系,这为中国未来乡村发展带来了流变性与模糊性。作为以农业为基础的国家,乡村振兴的历史使命与城优于乡的互动进程使得青壮年流动背景下的乡村发展更加复杂与现实。

二 流动时代遭遇城市化与现代化洪流的乡村发展与治理变局

大量农村青壮年劳动力离开农村涌向城市成为40年来中国发展中最

---

[1] 田毅鹏:《"村落终结"与农民的再组织化》,《人文杂志》2012年第1期。
[2] 潘家恩、温铁军:《三个"百年":中国乡村建设的脉络与展开》,《开放时代》2016年第4期。

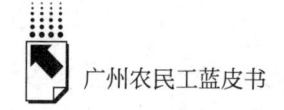

为突出的社会图景之一,原有的固守乡村、以农为生、代际相传的共同体式的乡村聚集生活形态被打破。城市化、工业化的现代话语变革了乡村固定的生活模式,流动与变革成为现代农村社会发展中的重要特征。

(一)流动时代城市化与现代化映照下乡村发展的"问题化"图景

"都市的兴起和乡村衰落在近百年来像是一件事的两面",成为现代化道路上不可避免的趋势。[①] 随着工业化以来人类社会经济增长模式的重新厘定,城市逐渐取代乡村成为人类生活聚集的主要地域形态,城乡二元成为社会结构截然相反的两种形式。与此同时,"乡土"的内涵与社会基础也发生着深刻的变迁。一方面,乡土社会与农业生产所具有的多功能性日益被遮蔽,乡村的社会基础功能被弱化,另一方面,面对中国社会外部的竞争压力,100多年来,在世界体系中西方中心主义与现代化文化模式的主导下,乡村社会在现代化话语与工业化坐标与竞争逻辑中逐渐被边缘化与否定化。在追赶现代化的道路上、在城市化的发展话语中乡村日益被"问题化",日益成为被改造的对象。在现代化与城市化的目光审视下,作为人类生活共同体的乡村形象日趋负面化,乡村生活成为被远离的对象,本不是问题的乡村发展在现代工业化的逻辑下成了问题。与此同时,近代以来,面对从农业社会进入工业社会这一难以逾越的壁垒,从农业提取剩余的"内向型原始积累"是发展中国家的"无奈之举"和"真实经验",新中国成立以来,为了优先发展城市,不断地向农村攫取资源,在不平衡的政策引导下,愈发导致了农村经济与城市发展的差距。[②]

在城市化时代,以广州为例,城市不仅成为资源集聚的中心,而且演变成为一种文化向心力,在城市中心主义的发展格局中,全国各地的乡村青年云集广州,导致大多数农村成了"空心村"。以河北省东南部的 C 村为例,该村距离附近的县城 4 公里左右,是典型的农业为基础的村落,村内没有任

[①] 费孝通:《乡土中国,乡土重建》,上海世纪出版集团,2007,第254页。
[②] 潘家恩、温铁军:《三个"百年":中国乡村建设的脉络与展开》,《开放时代》2016年第4期。

何形式的工业,年轻人成年以后不得不到远离家乡的广州等城市去谋生。在这种情况下,虽然农业已经实现了机械化,耕种土地不需要付出太多的劳动,但是各种土地的收入不足以负担一个家庭的生活,村里只剩下年龄大的村民在耕种土地。年轻人外出务工从事非农生产成为主要的谋生方式。在城市化的潮流下,年轻人到城市购房、定居成为不可阻挡的潮流,乡村日趋"问题化"与"空心化"。

(二)农村青年流动背景下乡村的现代转型

在大批农村青年逃离乡村涌向广州等城市的背景下,农村开启了人口与地域空间分离的时代。在传统的农业社会,农村地域、农村居民、农业生产、农村生活等紧密相连,形成共同体式的生活关系与乡村关联。随着农村青年向城市流动,共同体解体,农村社会加速转型。传统的乡土文化逐渐弱化、现代化话语日趋强盛,农民的家族、宗族连接遭遇重新解读,个体化的连接方式成为个体与社会的连接属性。

乡村社会原有的文化秩序与传统道德规范不断被质疑与否定,在乡村地域上,新的现代性秩序并没有完全建立,现代性的法律法规作为嵌入的规则并没有在乡村社会生根发芽,乡村社会秩序面临新的转型。作为一种文化观念上的农村正逐渐被以城市为中心的观念所吞噬,即原有的农村式的生产方式、生活方式与思维方式逐渐被遗忘,代之以城市式的生产方式、生活方式与思维方式。[①] 农村青年的流动也带来了乡村常住人口的结构变迁,农村青年长居城市或流动于城乡之间,改变了传统农村老年人、青年人、儿童等和谐的人口结构形态。在村中留守的以老年人、儿童、妇女居多,进而强化了人们对农村的负面认知,认为没能力的人才会留在农村,农村是弱势人群的聚居地,离农与融城成为人们的生活目标与向往。农村青年的流动不仅改变了农村封闭的共同体状态,而且改变了传统农民的生存方式,使得农民与现

---

① 文军、沈东:《当代中国城乡关系的演变逻辑与城市中心主义的兴起——基于国家、社会与个体的三维透视》,《探索与争鸣》2015年第7期。

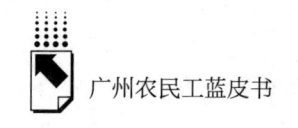

代化的非农生产联系在一起，与现代城市地域的关系更加密切。与此同时，农村青壮年的流动性也改变了农村社会的治理状态，给农村原有的乡土秩序带来了动荡与新元素，流动的治理模式成为现代农村社会治理的新诉求。

三 广州青年农民工的乡村离散化与发展困境

（一）流出地农村结构碎片化

众多青年农民工流入广州等城市，使得城乡之间改变了传统农村的形态，形成了流失农民的乡村，造成了农村的文化形态、居住形式、家庭结构、生产形式等的一体化状态解体，带来了农村结构碎片化。一些学者用"村落过疏化"来理解农村剩余劳动力离开农村而导致的农村结构变化，无论是早发的现代化国家，还是后发的现代化国家都经历了或正在经历工业化带来的农村人口锐减和农村凋敝。表现为"经济凋敝""就业机会缺乏""村落世代维系困难""村落组织崩坏"等现象，导致乡村社会走向衰落。[1] 在这一意义上，不能再用传统的视野来看待农村，传统农村社会是生活共同体、生产共同体、价值体系共同体，生活和劳动过程都在共同的农村地域完成，村民与村庄、土地紧密地捆绑在一起，形成了农村稳定的组织结构、生活结构、互助结构、意义体系、公共服务机构等。而随着农村青壮年离开土地去城市谋生，带来了农民与农村地域的符号化关联。农民在他处谋生，农村地域在原处发展，农村学校依然存在，但农民子女可能在城市求学；农村户籍犹在，但青壮年长居城市；农村公共服务体系正在建设，但被服务人群未来可能迁走。

在农村家庭层面，青壮年向城市流动，使农村家庭体系离散化、乡村老龄化。青壮年离开农村地域或往返于城乡之间，使家庭虚空化，作为年轻的父母，青壮年抚育子女的角色缺位，留守儿童问题丛生，作为年迈父母的子

---

[1] 田毅鹏：《村落过疏化与乡土公共性的重建》，《社会科学战线》2014年第6期。

女，青壮年赡养父母的角色缺席，留守老人孤独无依。核心家庭不完整、主干家庭支离破碎，传统的家庭伦理、孝道传承无法通过完整的家庭形式完成，亲子抚育、家庭教育也由于青壮年的流动而无法顺利完成，传统的社会支持体系崩溃。在农业生产层面，青壮年本应是农村发展的主体，但是由于青壮年远离农业生产、远离村庄地域，使得农村地区生产结构的人力资源配备不合理，农业再生产、农村发展组织支离破碎，难以支撑农村未来的发展。作为地域社会，农村正式组织与非正式组织是农村结构化的载体，村委会是农村组织结构的核心组织，传统的家族非正式组织在维持乡村秩序、农民守望相助等方面发挥着重要的作用，但是由于人口外流、农民与农村地域分离使得无论是村委会等正式组织还是一些非正式组织均缺乏年轻精英的加入。非正式组织缺乏年轻活力，组织结构涣散，对农村发展难以起到有力的支撑作用。学校、医院等政府建立的公共服务组织也面临进退两难的境地。在调查中发现，河北省东南部的C乡镇中学，改革开放后一直是C镇唯一的初中公办学校，政府也不断加大投资力度，多年来C镇的青少年一直在这个中学就读初中。但是21世纪以来，伴随人口大量外流，生源一直在减少，2015年该中学因为生源太少，不得不停办。青壮年人口外流影响了乡村教育的正常发展，随着人口大量外流，导致农村学校难以保持基本的生源和优质师资，注定要走向衰落。而农村学校的衰落反过来又推动更多的求学者告别乡村进入城市的教育机构。由此，乡村学校将面临不可调和的危机。一方面，由于学龄儿童的急剧减少，导致学校生源不足，难以为继；另一方面，如果采取合并策略，整合学校与教学资源，又会因为撤销学校导致农村孩子上学不方便而产生失学儿童，不利于农村孩子的教育成长。[1]

（二）流动背景下农村青年与村庄关系的变异

农村青年与农村的关系是理解未来农村发展的核心，也是预言未来中国城市化脉络的主要因素之一。流动时代，农村青年嵌合于城乡之间，有的作

---

[1] 田毅鹏：《村落过疏化与乡土公共性的重建》，《社会科学战线》2014年第6期。

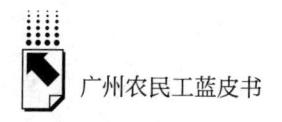

为兼业农民，有的完全在城市谋生，虽然在类型学的意义上，农村流动青年将部分融入城市，部分仍然要返回农村，从总体来看农村青年的流动性带来了个体与乡村地域的疏离。伴随着流动与返乡、离乡与融城、打工与创业，带来了农村青壮年与乡村社会之间复杂而多元的关系形态。从某种意义上说，城市化背景下的城乡流动带来了村民个体与村庄关系的变异，既没有完全脱离农村，也没有融入城市，成为一种游离于村庄与城市之间的动态关系。

流动的农村青年脱离了农村地域，远离了乡村生活，在城市务工中与乡村价值体系也渐行渐远，但是大部分农村青年并未完全融入城市，作为城市的过客，边缘化的城市生活状态使得农村青年对乡村仍有剪不断的眷恋与归属感。在宏观结构层面，也没有给流动的农村青年顺利融入城市提供便利与通道。在流入地城市，高昂的房价击碎了农村务工青年的城市梦，低收入与城市生活的高成本让农村青年对城市生活望而却步，缺乏城市保障体系的庇护使得农村青年不敢放弃农村户籍与土地，城市陌生化的环境与个体化的生活使得农村青年离不开基于乡村的传统熟人关系。虽然在城市务工，农村青年也脱不掉"农民工"或"农村青年"等与农村有关系的身份。流动背景下农村青年与乡村的关系呈现出一种远距离、松连接的关系。

（三）乡村秩序重构与社会治理面临新诉求

传统农业社会，农民与农村地域、农业生产、农村生活紧密结合，在共同体的生活路径中，基于地缘、血缘等熟人关系的基础上形成了以乡土文化为基础的传统道德、传统习俗以及乡规民约，在此基础上形成了乡村社会的内生社会秩序。随着农村青壮年"脱嵌"于农村地域与农村生活，农村的传统习俗、传统道德在农村社会的认同逐渐弱化。乡城迁移、城城流动、工作变换，处于现代化与城市化大潮中的农村青年在流动中不断受到城市文化的冲击，导致农村青年的价值观念处于激荡变化与不断革新的状态中，新事物、新思想等不断刷新农村青年的价值认同。农村青年的生活路径与生存方式与农村生活全面背离，生活场景与农业社会截然不同，谋生方式与农业生产完全脱离。在这一过程中，个人主义、金钱观念在农村青年的内心中生根发芽，淹没了对传统习俗与村规民约的认同。传统的乡村规则、道德观念以及简朴的生活形式被认为"过时"，与此相反，代表时代潮流的新的行为规范与生活方式成为人们学习与效仿的主流形式。流动带来了城乡文化的对比与交锋，最终乡村秩序逐渐弱化。在乡城流动的过程中，现代理性规则意识逐渐被认同，面对纷繁复杂的生活路径，理性分析成为农村青年的行为逻辑之一。虽然传统行为逻辑日趋弱化，但是由于共同的农村地域，传统行为惯性、乡村情理仍潜伏于农村青年的行为逻辑中，或隐或现地成为这一群体的行为惯习之一。旧秩序与新逻辑、新制度与旧传统、乡村文化与城市文明的激荡与交融，最终导致了在农村社会既存在现代的制度逻辑也存在支离破碎的传统印记，以农村青年为代表的农村村民既部分认同乡村情理也认可现代规则制度，"人情"与"正式规则"并存、"现代理念"与"传统逻辑"都起一定作用。① 伴随着农村青年的城乡流动，农村社会治理面临新诉求，一方面，农村青壮年的生产方式远离农业、价值观念轻视农村、村民意识衰退、传统社会秩序离散，导致农村社会整合力不足，社会秩序混乱；另一方面，伴随着青年人大量外流，乡村公共性不足，社会治理与参与主体缺位，基于生产与生活的社会连接趋于崩解，互助与他助的社会体系萎缩，导致农村社会功能不足或缺位。农村社会治理缺乏青壮年的积极参与，社会规则的现代嵌入与实际运行规则多元化的双向困境，最终导致社会治理体系既不能完成秩序维持的基本功能，也难以完成治理体系与治理能力现代化的发展诉求。

（四）乡村未来发展方向的定位

在西方城市化的历史上，伴随着城市化与工业化对于农村人口的吸纳作用，城乡的空间结构发生了巨变，城市兴盛而乡村衰落，进而引发了传统乡村的衰落与终结。基于对中国城市化态势与城乡关系的研判，一些学者也提出了不同于西方语境的"乡村终结"学说。② 伴随着中国城市化进程，富余

---

① 张红霞、姜文静：《城镇化背景下的农村治理：秩序冲突与重构路径》，《党政干部学刊》2016年第5期。
② 田毅鹏：《"村落终结"与农民的再组织化》，《人文杂志》2012年第1期。

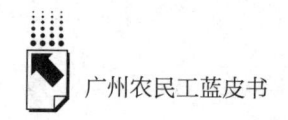

劳动力转移到城市就业，城市化与现代化不断侵入乡村地域，部分中国乡村呈现"凋敝"景象，城乡二元结构鸿沟明显。与西方的发展路径不同，流动的青壮年并没有完全脱离乡村，也没有带来乡村的终结，但是却带来了中国乡村未来发展的模糊性。

伴随着农村青壮年的大量外出，在城市化话语的强势推进下，在以城市为中心的逻辑中，他们被称为"农民工"，他们游走于城乡之间，部分可能将永久定居城市，他们来自农村却已不属于农村，也不再认同乡土文化，甚至否定农村生活，导致农村建设缺乏未来主体在场。在这种情况下，传统的乡土文化必将失去继承的载体，导致传承断裂。多年以来，"乡土中国"是中国社会的典型特征，乡村被视为是中国传统社会的基础和主体。所有文化多半是从乡村而来，又为乡村而设。[1]那么年轻人大量外流，乡村共同体不断离散，缺乏主体在场的农村将走向何方？缺乏乡土文化传承与农村地域认同的农村将如何发展？虽然农村的地域犹在，农业赖以存在的土地尚存，但人与地域的关联发生了变化，土地由谁来耕种？农业由谁来发展？在农村青年大量外流的情况下，这成为困扰农村发展的难题。

四　青年农民工流动背景下乡村振兴与发展的悖论式创新

城市化变迁与现代化变革已经成为当前中国社会发展的主流趋势，在城市化的主流话语中，乡村已经被贴上封闭与落后的标签，处于被改造的境地。作为与乡村平等的地域存在，城市由于在资源集聚、发展优势、公共服务等方面的优势，城市中心主义在"城优于乡"的国家话语体系中不断被生产和固化，并进一步影响社会形态和个体选择行为[2]。农村青年大量外出，各种资源不断从农村涌入城市，使得乡村振兴与发展面临资源与自主性

---

[1] 梁漱溟：《梁漱溟全集（第二卷）》，山东人民出版社，2005。
[2] 文军、沈东：《当代中国城乡关系的演变逻辑与城市中心主义的兴起——基于国家、社会与个体的三维透视》，《探索与争鸣》2015年第7期。

的困境，在这种背景下乡村未来面临发展的悖论，但是在国家政策话语的主导下为乡村振兴与发展提供了诸多可能，在面临资源外流、城镇化挤压的空间场域下，乡村振兴与治理重构应该实现悖论式创新。

（一）针对不同的乡村类型制定不同的发展对策

当前情况下在大部分农村地区，农村经济落后难以满足农村青壮年的生存与发展诉求，导致大批农村青年不得不远离家乡到城市就业。而在现阶段，在城市壁垒的阻隔下，新生代农民工又不能融入城市，寄居于城市的边缘，既给城市的安定造成了问题，也引发了农村空心化的难题。因此促进乡村经济的发展，是解决农村青年既要离乡又不能融入城市问题的关键。

在国家的乡村振兴战略中，农村地区的发展要考虑不同地区农村的具体情况。我国农村地域辽阔，不同地区的地理环境、资源禀赋、经济条件、人口状况等有很多的不同。因此要根据不同的农村地区制定不同的发展对策，提升农村的经济水平。在土地广阔、农业资源较为丰富的农村地区，要发展特色农业，可以尝试发展智能农业、数字农业等全新的农业形式构建由众多业已存在和未来不断涌现的完全新型的技术形态农业所构成的农业结构系统。同时可以发展农产品加工业，我国人口较多，消费能力较强，因此发展农产品加工业前景广阔。目前，我国农产品产值与农产品加工业的产值的比例是 1∶0.6。而世界各国的一般水平是 1∶3；发达国家则高过 1∶5。如果把这个比例提高 0.1 个百分点，则全国可增加 230 万农民就业，农民人均收入可增加 193 元。因此，在新的历史时期，在农村大力发展农副产品加工业，应当作为我国农业与工业结合的重要形式。在离城市比较近的农村地区，发展休闲农业或发展与周边城市相结合的辅助工业。通过发展休闲农业，增加人们对绿色农业、生态宜居环境的保护意识，提升人们对现代工业文明的反思。

（二）重塑乡村的吸引力，使不能融入城市的青年农民工回乡发展

城乡发展不平衡是农村青年流向城市的主要原因，要重塑乡村的吸引

力，让不能融入城市的农村青年回乡发展。乡村长期处于城乡二元结构的不利地位，在我国广大农村地区，基础设施建设、社会保障水平以及公共服务方面远落后于城市，这也给农村青年造成了一种认知，即城市永远优于农村。因此，在目前的发展布局下，国家应该重塑乡村发展的吸引力，破除城乡二元结构形成的制度和发展红利壁垒，建立城乡一体化的发展机制，同时在教育、医疗等公共服务方面，国家根据不同地区的经济与人口布局情况，加大对农村的投入，缩小城市与乡村公共服务的差别，提高农村公共服务的能力。同时基于农村社会保障低于城市的现实，国家应该从农业生产的现实出发，给予农民更多的生产、生活保障，给予农民从事农业生产和在农村生活的基本保障。如建立农村最低生活保障制度，维护农民最基本的生存权利，提高农村居民养老保障的水平。

（三）乡村振兴话语下提升农村青年对农村的认同意识

党的十九大报告中指出"要坚持农业农村优先发展，按照产业兴旺、生态宜居、乡风文明、治理有效、生活富裕的总要求，建立健全城乡融合发展体制机制和政策体系，加快推进农业农村现代化"。现代化语境中的乡村振兴的焦点应是在城市化不断挤压的空间中，重塑乡土文明的独特属性，建立农村青年对农村的归属认同，找回乡村发展的动力。人是乡村振兴的核心力量，乡村振兴需要农村青年发挥内源性发展的核心功能。

首先在国家话语宣传层面，重塑农村传统文化的自信，建立农村青年的精神家园，提升流动青年对家乡的归属与认同。乡土文化是一种历经社会变迁和历史沉浮而形成的历史血脉，有着超强的生命力，通过无形的、稳定的形式熔铸在文明发展的进程中，通过潜移默化的力量与内化的精神影响着社会个体的行为模式和价值信仰。农村青年的城乡流动变革了这一群体的乡土认同，但是城市漂泊无依的状态又使得农村青年对家乡有一定的眷恋。因此可以通过国家话语的传播以及农村当地政府对农村青年回乡的政策感召，使农村青年强化对家乡的认同，从而让不能融入城市的农村青年找到家乡的归属感，在乡村振兴的大潮中发挥核心力量。其次建立回乡农村青年互助体系，为农村青年回乡参与乡村振兴事业建立绿色通道。通过政府扶持帮助流动青年在家乡建立各种自组织，回应工作、创业、生活中的诉求，在组织建立与互动中提升流动青年的效能感与价值感，帮助他们克服回乡发展中的重重困难，从而促进流动青年与家乡的再融合，激发乡村振兴的核心动能。

案例报告

Case Analysis

B.14
广州农民工服务的"一家两校多站点"模式[*]

农小雪 胡招兰[**]

摘　要： 改革开放使广州向农民工打开了一扇大门，面对数以百万计的农民工，广州市政府高度重视，成立专门的服务管理局，广州市社会组织通过政府购买的社会工作服务，在各社区、企业广泛开展多项"关爱农民工志愿服务"主题实践活动，包括举办农民工运动会、向农民工捐赠生活资料、组织农民工就近观看免费电影、关爱农民工子女教育、举办农民工专场就业招聘会等，掀起关爱农民工志愿服务活动新高潮。为更好地服务农民工，增强农民工的获得感、幸福感、安全感，

---

[*] 本文是广州市政府购买项目"广州站前街道家庭综合服务"（2012～2018年）的阶段性成果。

[**] 农小雪，广州粤穗社会工作事务所站前家庭综合服务中心主任，中级社工师；胡招兰，广州粤穗社会工作事务所站前家庭综合服务中心新广州人服务部部长，中级社工师。

广州粤穗社会工作事务所打破传统，改变农民工作为孤立个体的形式，建立农民工服务之家，把农民工组织起来，为他们无偿提供用工信息、技能培训、法律维权、困难救助等全方位服务，让广大农民工融入广州。

关键词： 农民工服务　一家多站式　广州

2012年8月，广州市荔湾区站前街家庭综合服务中心正式建立，由站前街道办事处通过招投标的方式购买广州粤穗社会工作事务所提供的社会工作服务，以该服务中心为服务阵地，向周边社区辐射和发展，经过6年多的运营，目前站前街社区辖区内的流花中学、流花小学已经成为该服务中心在青少年领域、家庭领域、农民工领域的常驻服务点，加上6个居委会、3个长者配餐点和1个工疗站等多个服务站点，形成"一家两校多站点"的服务模式。

一　广州站前街社区农民工领域服务基本特征

1. 站前街社区农民工的基本情况

站前街社区位于广州市荔湾区东北部，处于越秀、荔湾两区五街交汇地带，毗邻广州火车站和汽车站，辖内有服装批发市场1个、小饰品批发市场4个、鞋业批发市场12个，华南最大的鞋业批发市场就设于此，外来务工人员多、人口流动性大是本辖区的主要人口特点之一，本社区内常住外来工15000多人，周边几大商城的流动人口多达十几万人。常住农民工群体主要包括环卫工人、保安工人、保洁工人、营销工人、鞋业工人、物流工人等。

2. 站前街社区农民工分层、分类

农民工的社会分化是指农民工个体或农民工群体之间产生的、被社会认可的区别。在农民工群体分化的过程中，根据一定的标准将农民工群体划分

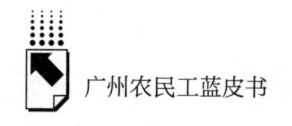

为不同的等级和层次，即为农民工分层。

（1）分层

第一，准市民身份的农民工，指在城市中从事各种经营活动的农民工，即占有相当生产资本并雇佣他人的业主。包括规模较大的私营企业主、市场经营的成功者。这部分农民工与市民最接近，这将是新一批进入城市的农民。第一，他们家中年人均收入达到数十万元至数百万元以上。第二，他们已经在城市中拥有自己的住房。融入城市，为了生存，首先考虑的是住房问题。按最保守的估计，城市的住房投资少则几十万元，多则上百万元，甚至几百万元。第三，他们的子女通过缴纳各种不同名目的赞助费用而在城市的学校就读。第四，他们的生活水平往往高于一般的城市居民。第五，他们拥有一定的社会声望，具有一定的社会资本。第六，这部分农民工基本上是属于全家外出型家庭。

第二，自我雇佣的个体农民工，指在城市第三产业中的个体从业的农民工，他们占有少量的生产资本，如市场中的小商小贩等。他们一般收入并不高，难以维持全家人的最低生活消费，他们无力购买城市中的住房，他们中的一部分人，已经在城市中落脚多年，对所从事的经营活动，积累了较为丰富的经验，他们在城市中维持生存的能力很强，其中少部分人的收入可以维持全家人在城市中较低水平的生活。因此我们认为，这部分农民工，是市民化可能性比较大的人群。

第三，以打工为生的农民工，指在城市第二产业和低端的第三产业中从业的农民工，他们完全依靠打工的收入来维持生活。有数据表明，82.7%的农民工主要集中在城市的第二产业。其中制造业、建筑业和采矿业分别占到66.2%、13.0%和3.5%。还有部分农民工是在城市低端第三产业中的个体从业人员，如城市服务业工作人员，餐馆中的服务员，社区和服务行业的保洁员、保姆等。这部分农民工市民化的条件却最差，市民化的可能性也最小。

第四，失业农民工。有学者在有过失业经历的农民工中调查统计，发现有66.67%的农民工曾经有1至2个月失业，25.5%的农民工曾经有3至6

个月失业,甚至有4.17%的农民工一年多时间都找不到工作。虽然失业率那么高,但是一般农民工进城市打工后很多都不愿意再回农村,有些甚至在城市"安家落户"。有学者在调查中发现,41.36%的农民工在城市中至少生活了两年以上,5年以上的也有17.42%,还有7.22%的农民工竟然一住就是十几年,真正的成了"城市人"。

第五,失地农民工。由于地方政府大搞政绩工程,建设开发区,兴建工业园区,扩展新城区,开设高尔夫球场,占用农民大量的土地。由于对失地农民补偿不合理使得一些失地农民在向市民转换过程中走向城市的边缘,在就业、子女就学、社会保障等方面享受不到市民待遇,所以,实现市民化最迫切的无疑是要解决失地农民问题。失地农民市民化既是农民身份、职业的转变,又是一系列角色意识、思想观念、社会权利、行为模式和生产生活方式的变迁,是农民角色群向市民角色群的整体转型过程。可见,失地农民市民化过程中的各种制约因素,包括个体层面的受教育程度、收入水平、年龄等因素,也包括制度层面的补偿政策、安置政策、就业政策、社会保障政策等因素,以及网络层面的社会支持网因素,这些因素都严重地制约着失地农民融入城市,他们难以成为真正的市民。

由此可见,各层次的农民工市民化的关系是很不一样的。从而得出的结论甚至会使我们看到,农民工的市民化也不可能完全一致,市民化的实现必须分步进行。那些在城市打工时间较长,业已占用了城市部分公共资源,且对城市公共资源的增量需求相对较低的农民工群体,他们可以首先进行市民阶层,对于那些占用城市公共资源较少,打工收入难以维持自己或全家人的最低生活消费的农民工,这就需要社会给予一定的条件,逐步解决他们的市民化问题。

(2)分类

第一,重点服务人员。站前街社区辖区内农民工具有明显的流动性,为了更好地服务辖区内的农民工,已在站前街社区居住或者工作两年以上的农民工,且有特殊需求,如需要危机介入的、经济困难的、有家暴现象的、有家庭矛盾问题的农民工作为社工重点服务对象。

第二,一般服务人员。重点服务人员以外的农民工。

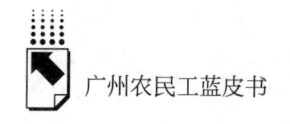

（二）农民工领域需求调研与需求分析

1. 需求评估情况概述

2018年度农民工的服务主题为"安全"及"保障"，为深入了解站前街社区辖区内农民工群体在这方面的需求，我们做了专题调查。

（1）了解站前街社区农民工的基本情况，包括：性别、年龄分布、受教育程度、婚姻状况、工作、居住情况等。

（2）了解站前街社区农民工的休闲时间及服务需求，包括文体康乐、能力培养等方面的服务需求。

（3）了解站前街社区农民工对政策信息、社区融入因素及安全的关注程度，以及农民工参与志愿服务的意愿情况。

2. 调研结果分析

（1）调查样本

本次调查的对象为站前街社区内的农民工。调查采取问卷调查的方式，使用结构性抽样的方法抽取样本。抽样群体包括：鞋业工人、环卫工人、物流工人、文职人员、外送人员、餐饮人员、快递人员、个体户、外贸人员、公职人员及其他。此次调查共发出问卷230份，回收224份，回收率达97%，其中10份为无效问卷，有效率为95.7%。

（2）男女性别情况

此次样本中，男性被访者数量为115人，占样本数量的52.27%，女性被访者数量为105人，占样本数量的47.73%。本次调查中，受访者的性别比例比较平均。

调查发现，被访者中年龄最小的18岁，最大的86岁，年龄跨度比较大。其中，20岁以下的占2.7%，21~30岁的占37%，31~40岁的占27%，41~50岁的占26%，60岁以上的占6.4%。辖区内农民工的年龄分布集中在中、青年阶段。

（3）受访者的受教育程度

调查对象的文化程度为：小学及以下学历41人，占样本数量的18.64%，初中学历 60 人，占 24.27%，高中（中专）学历 61 人，占 27.73%，大专学历 36 人，占 16.6%，本科及以上学历 22 人，占 10%。本次调查的农民工受教育程度要比此前的调查结果稍高，可能因本次调查采用结构性抽样方式而有所影响。

（4）受访者的居住地及婚姻状况

A 居住地情况

本次调查中农民工的房屋居住情况主要以租住房屋为主，房屋以 20~30 年楼龄的马赛克楼梯房为主，有一部分农民工自购了房屋，还有一部分农民工的居住情况不是很理想，即"无固定住所"。

B 婚姻状况

在本次调查的 220 名农民工中，有 156 人已婚，占 70.91%，有 60 人未婚，占样本数量的 27.27%，其余的婚姻状况仅占 1.82%，其中有 3 人离异，1 人丧偶。

（5）薪资情况

本次调查中，受访的农民工的平均月薪情况如下：2000 元以下的有 21 人，占 9.55%；2001~3000 元的有 52 人，占 23.64%；3001~4000 元的有 72 人，占 32.73%；4001~5000 元的有 43 人，占 19.55%；5001~6000 元的有 16 人，占样本数量的 7.27%；6001 元及其以上者有 6 人，占 4.55%；其他有 1 人，占 2.73%。受访农民工的月平均收入集中在 3001~5000 元，尤其集中在 3001~4000 元。

（6）休闲情况

本次调查中农民工的休息时间为每月 4~6 天，占受访人数的 34.55%，其余休息天数比例比较接近。但值得关注的是，"基本上没有休息，只有晚上有休息时间"的农民工占受访人数的 19.55%，而这部分人员比较集中在安保、物流及环卫工人等职业中。

（7）签订劳动合同及缴纳社保、公积金情况

本次调查中，有 75.45% 的农民工有签订劳动合同，未签订的农民工占 24.55%。受访人员中，有 50.45% 的农民工由单位为他们缴纳了"五险一金"，有 19.55% 的农民工仅由单位缴纳了社保，有 25% 的农民工，单位并未为其缴纳社保及公积金，也有农民工的单位为其缴纳了"五险一金"及商业保险，但是这部分人所占的比例较小，受访人员中，仅有 7 人符合这种

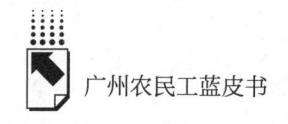

情况，占受访人数的3.18%。

（8）农民工服务需求分析

第一，能力提升的需求。

①就业、职业能力提升的需求

根据本次调查数据，大多数农民工的受教育程度都集中在初中、高中学历，占52%。本次调查中，由于受调查结构性抽样方式的影响，大专及本科以上学历的农民工比例有所上升，占26.6%。但是有18.64%的农民工只有小学及以下学历。根据以往的调查结果，学历不高的因素较大限制了农民工的职业选择和晋升。

根据调查数据，目前站前街社区从事基层低收入工作的农民工比例较大，在220个调查样本中，收入在2000～4000元的有145人，占65.9%。根据分析，站前街社区农民工从事的职业对他们的薪资收入也有较大影响。在社工服务接触中，有不少农民工明确表示希望提升自己的职业能力和受教育程度。在本次调查中关于职业提升能力题目的各评分项中，农民工表示感兴趣（4～5分）和不感兴趣（1～2分）普遍有正值差，说明农民工虽然受到休息时间、教育水平、收入等因素的限制和影响，但还是存在职业能力提升的需求。站前街社区农民工较多从事着简单的重复性体力工作，农民工的总体职业能力还有一定的提升空间和需求。

与此同时，在本次调查样本的220人中，未婚者有60人，占样本数量的27.27%，这部分农民工多数刚步入社会，他们对于就业、交友等有较明显的需求，需要社工关注这部分群体的需求。

②其他综合能力提升的需求

本次调查数据中，农民工关于兴趣发展的服务评分比较集中在3分或以上（分数越高表示越感兴趣），其中包括烘焙烹饪、手工制作、亲子互动、文娱活动（棋牌、唱歌、跳舞）等，其中，新广州人对文娱活动的评分比较高。根据社工服务了解，他们中大部分已成家，有子女，他们因为自己或身边人学历不高的因素制约了自己或身边人的职业、兴趣发展，普遍比较关注自己子女的成长、发展。同时，随着生活水平的提高，为了更好地引导子女成长，越来越多的农民工开始关注自己及家人的综合能力的培养与发展。

第二,政策普及、了解社区服务的需求。

调查发现,农民工对于各项政策信息评分比较高(集中在3分或以上),说明各项政策对农民工越来越重要,但与此同时,辖区了解政策信息的农民工却少之又少,在平常的咨询服务中,政策咨询占了大多数。而随着越来越多的农民工在广州定居以及农民工子女的出生,积分落户、外来务工子女入学、公租房办理、医疗、社保等政策也对越来越多的农民工的切身利益产生影响,而备受关注。

本次调查数据显示,站前街社区农民工对社工的认同并不高: 27.27%的受访农民工认为"帮助非常大",55.45%的受访农民工认为"有一定帮助",11.82%的受访农民工认为"一般",还有5.45%的受访农民工认为"帮助不大"或"一点帮助也没有"。上述数据说明站前街社区农民工还存在部分人员不太了解社工服务,社工服务需要继续加强。

第三,社区融入、社区参与的需求。

根据调查数据,影响农民工融入社区的因素比较多,诸如语言不通、对广州的饮食气候等不适应、不了解广州的文化、工作压力大、工作能力限制等都影响了农民工在社区的融入。其中,"对广州的饮食气候等不适应""语言不通""住房困难"三项因素评分最高。由于站前街社区具有"农民工多"的明显特点,农民工的社区融入程度对站前街社区的稳定与发展有较大的影响,同时也较大程度影响着农民工的生活与稳定。

而从站前街社区农民工的居住情况来看,已有15%的农民工选择在辖区自购房屋,说明部分农民工愿意长期在站前街社区内发展,需要更加重视新、旧广州人的融合,关注农民工的社区参与。站前街社区农民工参与过志愿服务的人数比例为40.5%(89人),但是问卷调查中,愿意参与志愿服务的农民工比例却远大于此。这也在一定程度上说明了农民工也有社区服务、社区参与的意愿。他们作为站前街社区的一员,也有为社区做自己贡献的基本需求。

第四,安全知识普及、安全防范技能的提升需求。

以往的调查数据显示,有71.28%的农民工有职业病预防讲座、义诊、体检等方面的需求。在常规的社区探访中，农民工从事基层劳力工作的工种，诸如环卫、搬运的工作，出现工伤或职业损伤的情况比较多。根据本次调查数据，农民工对安全方面的内容评分 4~5 分（评分越高越重要）的比例均在 80% 以上，说明农民工对安全方面的情况比较重视。但与此同时，农民工参与各项安全培训的次数却很少。其中，"饮食安全培训"、"交通安全培训"、"安全生产培训"和"居家安全培训"均有 50% 左右的农民工一年内没有参与过一次。

第五，人际交往的需求。

从调研数据可知，农民工的工作时间较长，休息时间偏少，导致农民工较少有时间结识朋友，建立良好的人际支持网。对社区的不熟悉，也使农民工普遍带着较强的警惕心理，在社会交往方面较为被动，在遇到困难时也往往需要独自面对，独自承受压力。此外，根据调查数据，站前街社区 18~30 岁的农民工占 39.7%。这个阶段的农民工多数刚步入社会或步入社会时间不长，他们对于交友、择偶等有较明显的需求。

（三）农民工领域年度服务计划

1. 服务目标

（1）服务总体目标

围绕 S-A（S、A 分别指 Security 和 Assurance，即安全和保障）农民工项目服务计划，创新服务理念和方式方法，在以往的经验和优势的基础上，通过提升社工工作能力，联动多方力量，侧重提升服务的深度和服务的广度，为农民工提供更深层次、更优质的服务。为农民工打造"S-A 安全网"服务计划，为农民工在生活、工作、学习方面创造友好的社区环境。

（2）服务具体目标

Ⅰ. 提高农民工的职业、居家等方面的安全意识。

Ⅱ. 提高农民工的应急处理能力和就业适应能力。

Ⅲ. 提高农民工的实践和交流能力。

Ⅳ. 提高农民工对政策的了解程度。

Ⅴ. 增强农民工对社区的融入和归属感。

2. 年度具体计划

(1) 安全无"忧"计划

第一，工作无"忧"计划。主要针对农民工在职群体，开展包括职业（生产）安全、职业健康（职业保健）讲座、消防安全等服务。

第二，生活无"忧"计划。主要针对农民工子女及长者群体，开展包括居家安全、防诈骗宣传、饮食卫生安全、救急培训等服务。

(2) 乐活站前计划

该计划侧重为18岁以上的农民工（或农民工家庭、亲子）提供服务，开展包括家庭（亲子）服务、政策宣传、传统节庆活动、社区融入、生活技能提升等服务。

(3) 伴你成长计划

主要针对农民工子女群体，开展包括人际交往、兴趣发展、能力提升等类型服务。

(4) 农民工领域的服务内容（2017年8月~2018年3月）

表1 农民工领域的服务内容

目标	产出	服务内容	服务开展时间	服务性质	服务量
提高农民工的职业、居家等安全方面的意识	为站前街社区农民工宣传和普及职业和居家方面的安全知识，让农民工对安全防范的意识得到有效提升，学习到具体的安全防范技能。（活动:253人次；小组:82人次；电访探访:90人次；其他:170人次）	活动1:炎炎夏日，阵阵清风——在职农民工夏日送清凉慰问活动	2017年8月	活动	150人次
		活动2:健康知识知多D饮食健康小组	2017年10~11月	小组	38人次
		活动3:居家安全有妙招小组	2017年11~12月	小组	44人次
		活动4:"爱在跌倒前"防跌宣传活动	2017年12月	活动	103人次
		活动5:守护城市之美，呵护城市美容师	2017年11~12月	走访宣传	150人次
		活动6:南粤银行——防骗技巧知多D	2017年12月	宣传	20人次
		活动7:电访（服务对象，职能部门，辖内单位）	每月进行	电访	10人次
		活动8:探访	每月进行	探访	8人次

续表

目标	产出	服务内容	服务开展时间	服务性质	服务量
提高农民工的应急处理能力和就业适应能力	通过提供一系列的活动、讲座等服务,让站前街社区农民工的应急处理能力得到提升,学习到一定的应急处理方法和就业相关知识,就业能力得到一定的提高。(活动:157人次;小组:103人次;电访探访:90人次)	活动1:握住职业健康的金钥匙	2018年1月	活动	21人次
		活动2:"有防无患"急救常识讲座	2018年3月	活动	25人次
		活动3:"人人参与消防,共享平安生活"	2018年5月	活动	55人次
		活动4:电脑技能学习	2018年4月	小组	44人次
		活动5:"就业知识知多D"就业信息宣传活动	2018年2月	活动	56人次
		活动6:"舞动键盘"电脑打字	2018年5月	小组	30人次
		活动7:电访(服务对象,职能部门,辖内单位)	每月进行	电访	10人次
		活动8:"粤讲越精彩"粤语学习	2018年3月	小组	29人次
		活动9:探访	每月进行	探访	8人次
提高农民工的实践和交流能力	为农民工提供了交流和学习的平台,增加了站前街社区农民工交流、互动、学习的机会,提升了交流能力和各方面的实践能力。(活动:100人次;小组:125人次)	活动1:"结伴同游"农民工乐途交友活动	2017年9月	活动	20人次
		活动2:"一拍即合"摄影	2017年8月	小组	31人次
		活动3:"人生如梦"暑期农民工子女影视沙龙	2017年8月	小组	42人次
		活动4:"小心愿,大梦想"职业体验	2017年8月	小组	52人次
		活动5:炫彩夏日——农民工主题绘画活动	2017年8月	活动	27人次
		活动6:勾画脸谱,趣识国粹活动	2017年10月	活动	28人次
		活动7:430课堂	每月进行	常规服务	120小时
		活动8:"春寻荔湾,幸福站前"站前街来穗人员家庭荔枝湾亲子游活动	2018年4月	活动	25人次

续表

目标	产出	服务内容	服务开展时间	服务性质	服务量
提高农民工对政策的了解程度	通过活动、宣传、咨询等方式,为农民工提供认识政策信息的平台,让站前街社区农民工增加对政策信息的了解程度,为农民工的工作、生活提供便利。(活动:89人次;咨询:25人次;电访探访90人次;其他:10人次)	活动1:"政策知识齐分享"政策宣传活动	2017年11月	活动	89人次
		活动2:咨询	每月进行	咨询	5人次
		活动3:活动宣传	每月进行	宣传	10人次
		活动4:电访	每月进行	电访	10人次
		活动5:探访	每月进行	探访	8人次
增强农民工对社区的融入和归属感	结合传统的节日庆典,关注站前街社区农民工的服务需求,为新、旧广州人提供欢聚、互动、交流的平台,促进农民工的社区参与和社区融入,有效提升站前街社区成员的认同与归属感。(活动:1145人次)	活动1:"赠爱心,暖站前"环卫工人慰问活动	2017年8~9月	系列活动	425人次
		活动2:"印象广州,精彩一夏"出游活动	2017年8月	活动	38人次
		活动3:"齐参与,美站前"暑期社区公益活动	2017年8月	活动	60人次
		活动4:"甜心A计划"关爱环卫工人——冰皮月饼	2017年9月	活动	25人次
		活动5:"人月双聚暖鞋城"中秋欢聚游园会	2017年9月	活动	400人次
		活动6:"感恩有你"社区趣味游园活动	2017年12月	活动	71人次
		活动7:"欢天喜地"闹元宵	2018年3月	活动	101人次
		活动7:美丽三月天——妇女茶话会	2018年3月	活动	25人次

(5) 农民工领域服务执行情况

表2 农民工领域服务执行情况

指标项目	个案数量	小组数量	大型社区活动	中小型社区活动	探访/电访数量
评估应完成量	7	8	3	15	630
实际完成数	9	8	5	14	630
完成百分比(%)	128	100	167	93	100
直接服务人次	103	310	1179	565	630

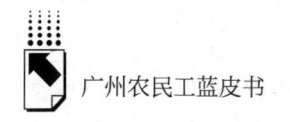

（四）农民工服务情况自评

1. 农民工服务6年成效

（1）农民工服务工程创新

农民工服务是站前街家庭综合服务中心的一个特色和品牌，自2012年以来，该服务中心一步一个台阶，经历了探索、建设、发展、变革、优化、提升的过程。农民工服务也由"共融、共生、共享"服务逐步向"共建、共治、共享"服务转变，并且开创了党建引领服务、农民工离乡离土不离党服务，同时实现了社工、义工、农民工"三工联动"。农民工从最初的受助者转变为自助者再到助人者，为后来的农民工和本地居民提供服务。服务人群也从最开始的环卫职工和安保人员拓展到物流人员（打包、订箱、货运司机）、鞋业工人、银行职员和其他一般群体，服务有主有次，从深度到广度共同发展。

（2）6年来的社工专业服务产出

表3　2012～2018年社工专业服务产出

年份＼类别	个案（个）	小组（个）	活动（个）	电探访和咨询（次）	430课堂	直接服务人次	间接服务人次
2012～2013	51	12	25	1208	120	4659	13977
2013～2014	65	12	31	1180	120	6348	19044
2014～2015	22	10	12	800	120	4469	13407
2015～2016	9	9	17	813	120	2111	6333
2016～2017	10	8	22	720	120	2792	8376
2017～2018	9	8	19	732	120	2798	8343
合计	166	59	126	5453	720	23177	69480

注：6年来，直接服务农民工的比例达25.7%，间接服务农民工的比例达77.2%。以上直接或间接服务人次，没计算430课堂的服务人次，430课堂是通过辅导一个孩子，影响一个家庭，继而融入一个社会。

（3）助力幸福社区创建，形成公益创投的品牌项目

农民工服务作为站前街家庭综合服务中心的特色项目，其中有5个社区服务项目，取得了可喜的成绩："社会工作介入农民工服务"社区服务项目被评为荔湾区优秀项目一等奖；"关爱马路天使"行动项目获第三届中国公

益慈善大赛"百强项目";"关爱安保人员"彩虹菜单行动项目获广州市2013年度幸福社区公益项目;"站前一家亲"——农民工"一家两校"项目入选荔湾区2014社会创新项目,构建创新粤穗模式,并由广州市人社局报国家人社部,作为广州服务经验材料进行推广,为其他地区的服务提供了宝贵的经验;"站前一家亲——我爱我家""羊羊得意闹新春"活动获得广东省联合会2015年"小雁闹新春"项目资助。以上项目将社区、社群、社工、企事业单位及新广州家庭有机结合为一个整体,深谙创新型社会管理的内涵和外延,理论联系实践,形成一种"站前特色"的创新型幸福社区管理新模式。

(4)"一家两校"项目,成为农民工领域的一个特色品牌

"一家两校"为站前街社区内农民工提供了更贴心、更实际的服务,加快了农民工的"共融、共生、共享"。"一家"即"农民工之家"。"两校"即"农民工文化技能培训学校""农民工子女430学校"。"一家两校"项目已经结项,项目产生的影响深远,其中430课堂又称"雏鹰课堂",现发展为站前街家庭服务中心的一个固定活动,延续到今天。通过辅导一个孩子,影响一个家庭,继而融入一个社会,为农民工及其家人提供全面优质的服务,让他们更好地融入工作和生活环境,并最终实现农民工的"共生、共融、共享"。

"农民工子女430学校"通过市区中小学、高校的学生进社区做义工,充分促进本地青少年与外地青少年交流,采用结对子的方式,让外地青少年更适应广州的教育学习模式,保证成绩的稳定,也让居住在辖区内的农民工安心,该服务内容充实化、多元化,获得服务对象及家长的高度赞扬。通过课后作业辅导、第二兴趣学堂,以轻松、快乐学习为引线,辅以游戏和娱乐等形式,服务达6000多人次,成为学校良好的补充教育。

6年来,站前街社区的农民工逐步实现了"生活有改善、子女教育有质量、职业素质有提升、工作有尊严、权益有保障"的五有服务,融入家庭、融入单位、融入社区,并在公共生活中共享社区资源,共享社区荣誉感,共享社区服务的三融三共愿景。农民工的身份也逐步向新市民身份转变。

图1 430课堂部分场景

(5) 打造幸福社区，感受社区温情

随着站前街社区物流（快递）行业、各类专业市场的繁盛，从事物流（快递）、各类专业市场、服务行业相关工作的农民工逐渐增多，站前街家庭综合服务中心的农民工服务领域也从辖区内的环卫工人、安保人员逐步拓展至保洁工人、营销工人、鞋业工人、物流工人等，覆盖街道各类农民工，并重点覆盖服务群体。

由于受农民工的休闲时间限制，针对时间比较紧张的群体，农民工领域的社工主要以探访、电访、个案为主，同时以小组、活动为辅提供服务。其中针对以上群体开展的特色活动主要有：针对户外工作的在职农民工开展的夏日送清凉慰问活动、"守护城市之美，呵护城市美容师"行动、"赠爱心，暖站前"环卫工人慰问活动、"感恩有你"社区趣味游园活动等，让农民工直接感受到幸福社区的温暖和关怀。

(6) 开展"守护城市之美，呵护城市美容师"行动

环卫工人扶某在工作过程中被玻璃割断了脚筋，这一事件引起站前街家庭综合服务中心的高度重视，社工通过组织社区居民宣传环保生活、垃圾分类等活动，开展"守护城市之美，呵护城市美容师"行动，在社工的广泛宣传下，很多社区居民都踊跃参与，在了解到环卫工人扶某的经济条件后，还自发组织居民为扶某捐款，有个热心居民听到此事件后，主动联系服务中心将家中的轮椅捐给扶某，通过这个行动，很多居民也更关注、了解环卫工人这个默默为社区的干净整洁付出辛劳汗水，但是却未曾得到充分尊重、关注的群体，有的居民还提议在生活中，自家的垃圾主动带下楼，可以减轻环卫工人的大量工作。通过居民的一点点改变，带动社区互助、关怀的氛围，为环卫工人群体筑起一道基本的安全保障墙。活动得到了街道环卫站和合作单位的一致赞赏。

(7) 发挥农民工政策信息"中转站"的桥梁作用

家庭、学校是社会的基本组成单位，是个人的主要学习场所。稳定、良好的居家、学习环境对一个家庭的影响至关重要，同时也影响到孩子的成长。由于"外来务工"的原因，农民工需要比本地户籍居民更多考虑住房、

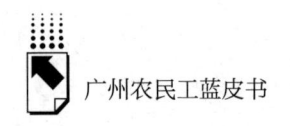

户籍、子女入学等问题。但是信息来源的受限，使站前街社区了解政策信息的农民工很少，因而政策咨询在该领域的咨询服务中占了很大比例。通过上述服务，社工弥补了部分农民工政策信息的缺失，让站前街社区农民工多了认识和了解政策的渠道，帮助农民工更好地适应在广州的工作、生活。

（8）实现农民工由助人自助到自助助人的目标

为组建农民工的义工队伍，社工注意在平时的活动中，进行义工的招募与宣传。同时通过带头做好服务角色，让服务对象在接受服务过程中受感染，加深志愿服务理念的推广。结合主动发掘、邀请的模式，让以往参与服务的农民工逐渐改变"被服务"的角色观念，了解到自己的潜能和优势，可以通过自己力量关爱其他有需求的群体，站前街家庭综合服务中心成功发掘多名农民工义工，他们主要来自辖区内的环卫工人、企业管理人员、安保人员以及专业市场人员。服务中心的社工秉着促进农民工成长与发展的理念，并由他们带头影响和壮大队伍，目前已形成四支义工小分队，为中心的各类活动提供各项服务与支持。

（9）爱心用餐服务，提升农民的获得感

环卫工人的工作早出晚归，劳动强度大，为减少环卫工人的劳动强度，多些时间休息，社工通过联系真功夫等餐饮店，为环卫工人筹集到了1955份餐券（早餐1700份，午餐255份），总金额达13600元。爱心用餐有效解决了部分早班环卫工人的用餐问题，很多环卫工人都说这是份"爱心餐"，吃下去暖暖的。

（10）整合资源，为农民工提供更优质服务

站前街家庭综合服务中心2017～2018年度整合资金、物资等资源价值27084.1元，义工提供服务共199小时，折合人力成本3641.7元，总数达30725.8元，为站前街社区农民工的服务增加了各方面的资源总额，提升了服务的总体资源数量。

社工充分调动了各方面的资源和力量，在开展各类社工服务的过程中，联合了多方的资源、力量，包括人力资源、场地支持、资金资助等，如："结伴同游"农民工乐途交友活动、"甜心A计划"关爱环卫工人——冰皮

月饼制作活动、"政策知识分享"政策宣传活动等各类型的大小活动，都可以看到义工的身影；"感恩有你"社区趣味游园会活动筹集到了活动资金；"齐参与，美站前"暑期社区公益活动、"赠爱心，暖站前"环卫工人慰问活动、"人月双聚暖鞋城"中秋欢聚游园会、"爱在跌倒前"防跌倒宣传活动、"小心愿·大梦想"——职业体验、"爱暖中秋"公益服务行动等活动综合整合了义工服务、物资赞助、场地提供等资源。以上资源，缓解了站前街家庭综合服务中心在服务经费上的压力，同时也展示了社工的资源整合能力，给服务带来更多的资源与支持。

B.15 打造广州农民工服务的"百十千万"海雁工程[*]

陈玉燕 陈薇[**]

摘　要： 作为广州市中心城区之一的海珠区，汇聚了1万多家企业，80多万农民工就业。由海珠区总工会购买、广州粤穗社会工作事务所承接的海珠区工会服务进企业项目于2015年3月正式启动，到2018年4月，继续新一轮的"广联系大服务增活力"项目启动，项目团队在海珠区总工会和各街道工会的支持和指导下，围绕职工和企业工会的特点及需求，面对数十万农民工群体，社工团队提出了"海雁服务工程"计划，并以该工程的海雁基础、海雁融入、海雁圆梦、海雁保障、海雁素质5大服务板块作为工会服务进企业的载体，建立和完善服务机制，强化和提升覆盖率，努力打造工会服务品牌，形成一站一特色、一片一亮点的特点，实现工会、社工、义工、职工"四工联动"模式，造就工会、企业、职工"三融三共"协同推进、和谐共赢的局面。开展技能培训、就业发展、普法教育、文化娱乐、心理健康、城市融入、社交婚恋、生活时尚等各类职工服务活动，先后组织了"职工创文当先锋""'周末有约'之面具交友联谊活动"等服务活动，深受

---

[*] 本文是广州市海珠区总工会购买项目"广联系大服务增活力"（2015~2021年）的阶段性成果。

[**] 陈玉燕，广州粤穗社会工作事务所海珠区总工会社工服务中心主任，中级社工师，研究生学历；陈薇，广州粤穗社会工作事务所研发部部长，中级社工师，研究生学历。

中华全国总工会、广东省总工会、广州市和区总工会的好评，进而提升了农民工的获得感、认同感、归属感和参与度。

关键词： 农民工服务　海雁工程　广州

改革开放以来，广州市海珠区迎来了一批又一批来自全国各地的农民工，我们称之为来到海珠的金雁，简称"海雁"。他们为海珠区的建设与发展作出了积极的贡献，同时也得到海珠区政府和人民的接纳，海珠区总工会出资购买社会工作服务，与农民工一起营造共建共治共享的海珠新格局。

一　海雁服务工程的内容与目标

（一）海雁服务工程的内容

1. 海雁基础

通过开展职工文体团队、志愿服务、家庭支持、健康相伴、周末有约、心理辅导、团队历奇、节日关怀、义诊义剪等各类职工服务活动，打造工会服务职工品牌。

2. 海雁融入

海雁融入开展夏送清凉冬送温暖、技能提升、文体娱乐、本地文化融入、社区外展和农民工入会、节日关怀等服务，让农民工感受到社区和社工的关爱，同时提升技能以更好地适应海珠区的工作和生活。

3. 海雁圆梦

为适应产业转型升级的要求，海珠区工会服务进企业项目开展了职业生涯规划讲座，协助广大职工准确预测未来行业或职业的发展方向。同时，为提升职工职业技能水平，举办各类市场需求大且受职工欢迎的技术培训班，拓宽职工就业渠道，为海珠经济社会发展提供人才支持。

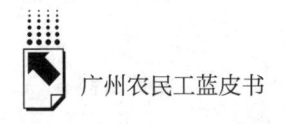

4. 海雁保障

海珠区工会服务进企业项目积极为广大职工搭建海雁保障平台，引导职工依法维护自身合法权益，为方便职工咨询和求助，项目组开设了"维权直通车"法制宣传栏、站点常规法律咨询、法律援助等服务，帮助解决职工面临的各种法律疑难问题。

5. 海雁素质

海雁素质旨在加强全区基层工会工作人员能力建设，为工会工作增添活力，海珠区工会服务进企业项目采用集中授课、以会代训、分组讨论和经验交流等形式，开展了方针政策解读、法治专题教育、业务能力提升等相应主题的培训和团建活动，增强基层工会凝聚力，为建设一支高素质干部队伍提供坚强的人才保障。

（二）海雁工程服务目标

1. 总体目标

创新工会服务理念和方式方法，融合工会和社会组织的优势，进一步密切与企业工会及职工的沟通联系，培养、提升企业工会工作能力，深入开展服务职工工作，打造工会服务品牌，强化全区职工服务阵地的一体化管理体系，统筹发挥职工服务阵地的作用，把服务职工、服务企业工会的工作做细、做活、做实、做好。

2. 分目标

（1）了解掌握企业工会的实际情况，与企业工会建立稳固的工作关系；开展规模企业工会主席和企业负责人联谊活动，维系企业工会服务网络。

（2）推动企业工会履行职能，组织策划职工服务活动，提升企业工会工作能力和服务水平，增强企业工会凝聚力，促进企业职工队伍及劳动关系和谐稳定。

（3）深入了解职工尤其是外来务工人员的需求，开展各类职工服务活动，培育职工文体团队，打造工会服务职工品牌；有效连接和整合社会资源与工会资源,健全机制,实施个案服务,多渠道、多层次解决职工的困难和实际需要。

（4）建设和运营好广州市工会异地务工人员活动中心凤阳站（项目服务总站），为外来务工人员群体提供优质的工会服务，打造优秀外来务工人员综合服务平台和活动基地。

（5）以凤阳站为龙头，形成经验和模式，以点带面，推动全区职工服务（活动）中心和街道（社区、园区）工会工作站开展特色工作；指导、评估职工服务阵地的运作及成效，提升职工服务阵地的服务能力。

（6）加强项目宣传，树立项目品牌形象，提升工会服务项目的公信力和社会影响力。

（三）以"十百千万"为抓手，落实海雁服务工程

1. 成功打造十大服务品牌

海珠区工会服务进企业项目，在整个海珠区构建"凤阳为中心、各站为重点、片区为响应"的运作框架，项目团队积极摸索"工会+社工+义工+职工"的四工联动服务模式，倡导企业关心关爱职工，两年来成功打造了职工学堂、职工周末有约、职工志愿者、职工文化休闲生活、职工职业生涯规划、职工技能提升培训、和谐劳动关系构建、基层工会能力提升、农民工社区融入和农民工音乐圆梦等十大服务品牌。

（1）打造职工志愿服务品牌，为文明创建助力添彩

工会服务进企业项目建立健全"区服务总队－片区服务中队－街道服务分队－企业服务小分队"层级管理模式，建成了一支由劳模先进、工会干部、专业技术人员、外来务工人员和困难职工组成职工志愿服务队，推动职工志愿服务常态化、特色化发展。职工志愿者们结合各自的专业特长，组织开展了健康义诊、法律宣传、维权咨询、城市融入、便民服务、防盗防骗、科普宣传等系列志愿服务20多场次，累计服务6588人次，展示了海珠区职工的良好精神风貌。更在沙园街广重文化广场成功举办"互助同行，爱在海珠"2016年迎国庆职工志愿服务集市，活动现场热闹非凡，来自海

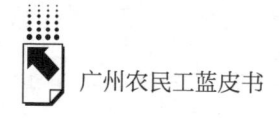

珠区辖内 10 多家企业、社会组织等近百名位职工志愿者以设摊的形式开展便民服务，为 743 名职工群众提供免费服务。

图 1　大暑送清凉，爱心企业志愿服务齐行动

项目组社工将继续为海珠区辖内企业工会组织志愿服务提供专业技术支持，包括为企业工会培养训练有素的职工志愿者，培养有专业能力的职工志愿者领袖，建立企业职工志愿服务的管理与激励制度，实现创新、规模化和可持续的企业职工志愿服务，以提高海珠区职工志愿者的专业能力和素质，让职工志愿者尤其是外来职工成为好市民，帮助企业成为优秀的责任企业，为社会服务提供更多资源。

(2) 打造职工周末有约服务品牌，丰富职工业余生活

为了更好地服务海珠区职工，尤其是帮助外来务工人员融入广州、融入海珠，海珠区工会服务进企业项目社工围绕职工的特点和需求，结合周末的时间点，通过不同形式、兼备专业性和娱乐性的活动载体，深入职工生活圈，打造丰富多彩的"周末有约"职工互动交流平台，形成有影响力的工会服务品牌。目前，在工会服务进企业项目社工的组织策划下，职工"周

打造广州农民工服务的"百十千万"海雁工程

图2 大爱千色粽，五湖工友齐聚堂

末有约"品牌已成功举办"我运动我健康"、"随手拍·拍海珠"摄影采风、面具舞会交友联谊、职工巧手DIY等多个系列活动。尤其是"我运动我健康"滨江夜跑常规活动通过组织不同企业的职工参与跑游运动，向职工传达健康锻炼的理念，倡导健康运动习惯，为职工们搭建一个运动和交友的平台，有利于加强不同行业、职业间的交流，在职工中营造积极参与健康运动的氛围。为保证每次夜跑活动的安全顺利进行，开跑前社工都会特意邀请教练指导跑前准备运动和跑后的筋腱、肌肉护理，整个跑游路线规划务求安全合理。目前，滨江夜跑活动已经成为每周五职工自发组织的常规文体活动，广受海珠区职工的青睐。本项目将继续举办新颖、有趣、免费的"周末有约"交友活动和健康文娱活动，促进职工们扩大交友圈，丰富职工们的业余休闲生活。

（3）打造"海珠职工学堂"服务品牌，提升职工综合素质

针对职工服务需求，特打造"海珠职工学堂"，按照项目服务计划逐步把"海珠职工学堂"打造成为项目服务品牌。目前"海珠职工学堂"以广州市工会异地务工人员服务中心凤阳站为龙头辐射到全区，通过定点定期开

图3 心灵有约之农民工融入系列活动

班、流动课堂进驻企业等形式，为海珠区职工朋友提供职业技能、生活技能、休闲娱乐等各类培训，提升职工综合素质，丰富职工业余生活。

图4 社工组织企业职工进学堂

"海珠职工学堂"开办以来，开班29个，共90节课，服务3600人次以上，辐射凤阳街等18个街道、二三十家大型企业，包括爵士鼓、尤克里里、非洲鼓、气球造型、粤语学习、化妆、摄影、急救培训、防盗防骗讲座、职工解压、子女教育、电脑培训等10多种课程，从职工城市融入、企业安全生产、职工技能提升、职工爱好培养等多个层面满足了职工需求。同时还进行"流动职工学堂进企业"服务，已在凤阳站、赤岗街道工会工作站、广州金域医学检验中心有限公司等站点率先开设了摄影、气球造型、爵士鼓等时尚生活主题系列培训，吸引了来自赤岗、昌岗、凤阳、江海、琶洲等多个街道的企业职工参加。通过职工学堂气球造型学习班的学员还自发组建了志愿服务小分队，定期进行志愿服务，将课堂所学转化为正能量，为社区职工群众送上欢乐。职工学堂受到了媒体的广泛关注，《南方工报》头版头条刊登了职工学堂圆梦纪实报道。接下来职工学堂将增设吉他、粤语、设计、电脑等学习培训班课程，进而通过开展各类职工技能培训班，提高职工素质，扩大职工视野，丰富职工业余生活。

(4) 打造基层工会能力提升品牌，为工会工作增添活力

为加强基层工会工作人员能力建设，海珠区工会服务进企业项目采用集中授课、以会代训、分组讨论和经验交流等形式，开展了方针政策解读、法治专题教育、业务能力提升等相应主题的培训和团建活动，增强了基层工会的凝聚力，为建设一支精通业务、锐意进取、创新实干、甘于奉献的高素质干部队伍提供坚强的人才保障。两年来项目组组织全区基层工会服务阵地工作人员共开展了8场诸如工会经费专项、安全生产专题、工会维权工作能力提升等相应主题的学习培训活动，从而带动全区工会工作人员开展工作。项目组除了加强对服务阵地工作人员的业务培训外，还针对这一群体举办了丰富多彩的团建交流活动，例如组织开展了"舒缓压力积蓄能量　增进团结友谊"工会工作人员茶艺分享等6场团建交流活动，成功搭建全区基层工会工作人员相互学习与经验分享的平台，增进了团队交流，促进彼此之间的沟通与合作，建立良好稳固的工作关系。项目组还善于在培训和团建活动中通过游戏互动、小组讨论等方式，与大家分享工会社会工作的介入策略和技

巧，加深基层工会工作人员对专业社会工作的理解并运用社会工作的方法和技巧来提升服务的能力和服务质量，推动工会服务方式的创新。同时，项目组主动搭建海珠区基层工会、企业工业、社区工联会及辖内社会组织的资源信息共享平台，从而方便全区服务阵地为职工提供多途径、多方面的支持系统。实现全区工会服务的无缝连接。

（5）打造职工职业生涯规划品牌，为职工追梦圆梦提供支持

为适应产业转型升级的要求，海珠区工会服务进企业项目开展了职业生涯规划讲座，协助广大职工准确预测未来行业或职业的发展方向，树立正确的职业生涯发展信念、职业生涯自我评估、职业生涯机会评估，从容面对激烈的社会竞争和转换观念。项目组通过连接社会资源提供服务的同时，侧重培训职工"助人自助"的观念，让他们能够明白如何为自己制定一个专业的职业规划，找准未来的发展方向。并通过对应行业的领袖人物对职工进行职业规划类的培训，提升职工在本身岗位上的职业技能和服务能力，让职工不断提升自我认识，对自己的职业有清晰的了解和规划，同时打造工会服务进企业项目品牌，增强品牌影响力，让更多的职工能够为未来更好的发展做好准备。全年开展了服装行业、酒店行业、保安行业、环卫行业、金融行业和电商行业4场职业生涯规划讲座培训。培训都取得了很好的反响，例如海珠保安公司黄某参加完保安行业职业生涯规划培训后有感而发："本次培训让我了解了原来保安也有职称之分，我也要提升，考取一级职称提升一下自己。"菲勋贸易公司潘某在参加完服装行业职业生涯规划培训后感谢社工们说："通过本次培训，我认清了自己在服装的发展目标，也提升了我的职业工作能力，很好！"

（6）打造职工技能提升培训品牌，为职工素质提升提供平台

海珠区工会服务进企业项目为提升职工职业技能水平，举办各类市场需求大且受职工欢迎的技术培训班，有效拓宽职工就业渠道，为海珠经济社会发展提供人才支持。两年来开展了烘焙技能培训、电脑技能培训、化妆技能培训、粤语技能培训等8个职业素质技能提升系列课程学习班，共40多节课，开展了职场减压、安全防范、职业病预防、职场礼仪等职场微技巧流动

打造广州农民工服务的"百十千万"海雁工程

图5 农民工职业生涯系列讲座

大课堂15场。还结合工会的优势、场地和资源，由社工整合、策划，联合街道工会、企业工会行业协会等在主导产业开展了医药、环卫、保安、茶业和服装业等行业职工职业技能劳动竞赛4场，为职工提供一个技能提升与展示的平台。

（7）打造职工文化休闲品牌，为职工身心健康提供保障

为帮助职工及广大外来务工人员融入广州、融入海珠，海珠区工会服务进企业项目社工围绕职工的特点和需求通过开展职工文体团队、志愿服务、家庭支持、健康相伴、心理辅导、团队历奇、节日关怀、义诊义剪等各类职工服务活动，打造工会职工文化休闲生活服务品牌。先后开展了"中秋月更圆、情满四大洲"等重大节日庆祝活动、"家长如何培养孩子良好的学习习惯"等家庭支持系列活动、"追梦同行，融合共建——海珠区工会服务进企业项目2016年工作汇报会"等全区性大型职工服务系列活动。上述丰富多彩的职工服务，深受全区各级工会组织和广大职工群体的欢迎和好评。

（8）打造和谐劳动关系构建品牌，为职工依法维权提供渠道

当前正处于经济社会转型时期，劳动关系矛盾已进入凸显期和多发期。

图6 职工技能大赛现场

在引导职工依法维护自身合法权益方面，为方便职工咨询和求助，项目组开设了"维权直通车"法制宣传栏，并开展站点常规法律咨询、法律援助等服务，帮助职工解决面临的各种法律疑难问题。两年来共开展了24场农民工集中入会行动暨"律师与您面对面"免费法律咨询和8场《女职工权益保障法》《劳动合同法》《安全生产法》等"与法同行"大型工会相关法规讲座，成功发放工会政策、《农民工权益维护手册》和《工会法》上万份，吸引530多位农民工加入工会。海珠区工会服务进企业项目及时跟进劳资关系纠纷个案，采用引导、尊重、专注、聆听、情感支持等方式来厘清员工反映的核心问题，合理引导纠纷人正确认识问题的轻重缓急、解决问题，做好劳资关系个案转介工作。两年来成功处理法律咨询与劳动关系纠纷个案上百例，并成功帮助10多位农民工拿到工资合理赔偿。在困难职工个案帮扶方面，持续专业跟进个案，以某公司劳资纠纷个案为例，社工做好了中立角色。一开始案主A想选择以媒体介入这个较为激烈的手法来争取自身的权益，项目组社工通过法律援助、政策咨询、心理辅导、介入协商等层面介入，以最短时间和成本将此劳动纠纷解决于诉讼程序前。A 最终经过社工的辅导跟进后选择用积极的方式同各相关职能部门进行沟通。在此过程中社工通过协助 A 走访街道劳动监察科、海珠区仲裁委等，直至 A 成功拿到合理工资赔偿。

图 7　律师现场与你面对面

（9）打造音乐圆梦服务品牌，为农民工提供展示才华的平台

音乐圆梦计划为农民工音乐爱好者全面打造学习、交流的机会及展示的平台，项目社工通过提供以下五大平台，开展全方位音乐圆梦成长计划。一是音乐教育平台，多位资深的义工音乐老师通过开展不同的乐器学习班，制定不同的学习计划，使农民工得到正确的乐器学习，为农民工音乐圆梦铺垫道路。二是音乐提升平台，通过前期音乐教育，为农民工音乐圆梦扎实基础，通过对音乐学习的巩固与提升，为农民工音乐圆梦修整音乐道路。三是社会参与平台，农民工在完成学习后，运用学习到的音乐知识，回馈社会，参加不同类型的音乐公益活动，提升农民工社会参与感。四是才华展示平台，通过为农民工提供多种公益音乐表演舞台，让农民工展现自我，展现音乐才华，在舞台上实现自己的音乐梦想。五是交流平台，打造社交音乐平台，通过音乐之间的沟通交流，开展不同类型的学术以及交流会等，使农民

工不仅在交流中有音乐成长，也通过音乐搭建沟通桥梁。音乐圆梦计划实施以来，共有625余人参与。通过开展非洲鼓、尤克里里、吉他、架子鼓等各类乐器学习培训班，挑选优秀的职工学员，为后续的公益表演储备音乐人才，音乐圆梦计划学员自发成立"音爱·乐动音乐公益联盟"，该联盟多次参加公益演出，丰富了职工的文娱生活，拓展了职工的音乐兴趣，提升了职工的音乐技能，同时成功建立了音乐爱好者协会（目前协会会员已经达到98人），拓宽了职工的交友渠道，促进了职工之间的交流，给予了职工一个提升自信和实现梦想的舞台，提高了工会影响力，传播了工会政策，丰富了职工文化生活，推动了工会组织枢纽建设，加强了工会与职工关系的紧密结合，音乐圆梦计划多次受到《南方工报》、《信息时报》等多家媒体报道，在职工中有一定的影响力。

图8　农民工音乐培训班结业典礼

（10）打造社区融入服务品牌，为农民工融入广州提供支持

社区融入计划为农民工提供在穗衣食住行、粤语交流、广府文化、广州（生活）攻略、文明道德、心理压力调适、安全防范等方面的学习交流活

动,化解农民工与本地人之间在方言差异、文化习俗、心理隔阂、思想认同等方面的"地域沟壑",打通农民工深度融入广州社会的"首道屏障",为全方面开展深度融入开启"绿色通道",确立双方和谐共生、多元文化共融的理念,巩固社会和谐稳定根基,进一步增强广大农民工对属地生活的归属感、认同感、自豪感。该计划启动以来围绕社区外展、本地文化体验、济困关怀等主题开展活动,如职工亲子活动、农民工法律咨询专场、义诊义剪、广府文化欣赏等。也还开展了不少为提升农民工自身素质及能力的培训活动,如粤语技能班、电脑培训班等,共服务农民工1000余人,为农民工认识及融入广州起到了十分重要的作用,丰富了他们的业余生活,帮助他们提升技能和更好地融入社区。

2. 成功推动百家企业参与

社工的工作不是坐办公室,而应该是走进企业,走进职工的生活,工会的工作同样如此,应该积极走进企业、与职工访谈才能与职工建立联系,获得信息渠道。项目组在2015年的4月22日至5月15日,在海珠区18条街道实施了首轮百家企业走访计划,对接18个街道工会,3个职工服务中心,成功走访企业107家。参与首轮百家企业计划走访的企业包括工业、商业、服务业等行业的企业,行业类型覆盖制造业、建筑业、交通运输业、批发和零售业、教育、卫生、住宿和餐饮业、信息技术服务业等行业。通过了解企业工会和职工的实际情况,明确其需求,为后续工作计划的制订提供了数据支持,为以后开展工会服务提供了坚实基础。更重要的是通过首轮百家企业走访,为104家企业建立了工会档案,与工会负责人建立友好关系,同时从中筛选出57家重点服务企业,建立定期回访制度,共同推进"工会服务进企业"项目。从2016年4月开始,项目组在海珠区18条街道实施了新一轮百家企业走访计划,这次又成功为100家企业建立了工会档案,与工会负责人建立友好关系,同时从中筛选出51家重点服务企业,加上首轮走访中建立起经常性回访制度的57家企业,项目目前与上百家企业工会建立起经常性联系制度,通过上述两轮百家企业走访计划,发放问卷200多份,与工会主席座谈,了解职工和企业需求,成功与上百家企业建立合作、互助、服务关系，扩展了"工会服务进企业"项目。同时在此过程中，项目组也获得了很多资源和信息，成功推动这100多家企业参与"工会服务进企业"项目，并开展了卓有成效的企业工会服务，成功协助海珠保安公司工会打造"爱岗共进，暖心海珠"企业工会服务品牌，协助海珠区保安企业工会组织策划各类企业活动和团建，如"爱岗敬业、开拓创优"广州市海珠区保安服务公司职业生涯规划培训、"送清凉、送健康"慰问一线职工活动，打造企业文化，使企业工会成为有凝聚力的工会，塑造海珠区保安企业工会团结凝聚的形象，针对企业工会活动，尤其是"夏送清凉，冬送温暖"工会活动，工会项目组积极协助，帮助企业工会成为有温暖度的工会。又如协助广州市新兴家喻饮食有限公司成功申请并成功举办"昌岗街职工劳动竞赛"，广州市新兴家喻饮食有限公司第三届"自我增值展才华劳动技能竞赛"，通过工会服务，主动对企业进行协助，培养企业工会学习能力，使企业工会的服务能力得到很大提升。

3. 成功发动千人义工服务

随着海珠区外来务工人员的增加，仅靠社工提供服务，力量较为薄弱。项目组着力培养志愿者、扩大志愿者服务队伍，开展"职工服务职工"的良好互动模式，以补充项目社工服务力量的不足。在志愿者招募方式上，除了传统的QQ、微博等网络平台招募外，我们更加注重与职工的面对面交流，通过在每次户外宣传活动中设置志愿者招募摊位回答职工对志愿服务的咨询，消除职工对志愿服务的疑惑，吸引更多的外来务工人员加入志愿者队伍。在志愿者招募对象上，我们在发展职工志愿者的同时，把目标人群扩展到学生，建立了"职工群体+学生骨干"的志愿者队伍，避免了外来务工人员流动性强对志愿者队伍的稳定性产生影响。在志愿者能力培养上，强调"在服务中学习，在学习中服务"，坚持"培训+服务"两手抓的志愿者队伍培育手法，为志愿者提供专业培训。到目前为止，项目共发展各类志愿者1000多人，培养了"音爱·乐动音乐公益联盟"、联谊会义剪队、爱心医疗志愿服务队、苏宁义修队等各类志愿服务队20多支，同时建立了2支高校志愿服务队——中大按摩服务队、轻工志愿服务队，除此以外项目组通过走出去、有目标的销售自己，寻找资源，现在项目有律师、心理咨询师、专家、学者、教师、户外教练、红十字会、医生等资源，为更好地开展服务和满足职工需求提供了保障。为保持志愿者的服务热情，提高他们的积极性，我们会为志愿者提供相应的优惠待遇。例如，针对站点阵地的管理，我们制定了《楼层志愿者管理制度》，明确了楼层志愿者的服务内容和所得的相应权利，使他们能享受活动报名优先权、上网优先权和延长上网时间等，充分调动了他们参与中心场地管理的积极性。

图9　金雁职工音乐晚会

4. 成功实现数万农民工共享

海珠区工会服务进企业项目以"共融、共生、共享"为服务理念。共融在于让职工融入企业，融入工会，融入社区，融入海珠，最后融入广州。共生在于让职工在工会大家庭里同生存，同生活，同参与，同成长，同发展。共享在于让职工能分享海珠工会"心贴心，实打实"的服务，共享海珠经济社会发展的成果。项目自2015年4月1日正式启动以来，积极摸索"工会＋社工＋义工＋职工"的四工联动服务模式，围绕职工和企业工会的特点和需求，两年共开展活动205余场次，直接或间接服务职工群众5.2万余人次。

图10 为环卫职工开展大型慰问活动

（四）海雁服务工程实现路径

1. 搭建一个平台

以工会服务为平台，以职工为载体，以寻求工会、企业和职工之间的共同价值为基础，实现"服务、创新、共享、发展"工作目标，有效地激发工会服务的内生动力和外源活力，实现工会服务工作的有效覆盖。

建立职工融入工会平台，抓好职工素质建设工程，融入企业文化建设，是工会在促进企业发展中发挥作用的重要抓手。要把提升职工素质作为转变发展方式的基础工程。充分发挥工会"大课堂"作用，开展新发明、新创造活动，完善职工成长成才机制，造就一支有智慧、有技术、能发明、会创新的职工队伍，培养和形成知识型、技术型、创新型、融入型群体。

2. 建立一套标准

建立一套企业工会示范中心科学标准，通过对海珠区18个街道工会和52个工会站点的潜能开发，使其达到了"六个一"，即有一个优秀的工会负责人、一个具有战斗力的工会组织、一个开放的职工活动中心、一个工会积极分子阵地、一支热心的义工队伍、一套催人奋进的激励机制。

3. 打造一张名片

精心打造"海雁"服务名片。因地制宜，营造比先进、学先进、赶先进的浓厚氛围，打造了"幸福广州""魅力海珠""技能创新"等企业工会服务工作的特色名片。

4. 探索一个模式

研发"海雁"服务规律。探索出有工会特色的"通过服务影响职工－推动职工融入企业－促进和谐劳动关系"的服务进企业模式。以服务影响职工，即社工通过策划活动、站点开放等服务提升职工对工会的认可，加强职工归属感，从而促进企业劳动关系的和谐，加强企业对工会的重视，实现工会在企业的发展，在此基础上让企业积极组建工会，推动工会在职工的作用和影响，保证职工权益真正获得保障。

5. 打造两个亮点，凸显"海雁"引领作用

"海雁工程"项目抓住企业工会服务的重点对象，即新生代产业工人和新生代知识分子两大群体，注重在这两大群体中发现人才、挖掘潜力，不断激发和调动他们的生活热情和创业激情，切实把工会组织优势转化为企业和职工的发展优势，把工会组织活力转化为企业和职工的发展动力。

6. 形成"四工方阵"，培育海珠新市民

项目形成"工会＋社工＋义工＋职工"四工联动的服务模式，整合工会资源，在工会指引下顺利地开展工作。社工则利用专业的价值理念和工作手法，为职工开展有针对性的情绪辅导等服务来创新性地弥补工会服务的死角和不足，社工充分发挥义工服务的伙伴精神，向广大职工开展服务，挖掘职工的潜能，让职工参与服务的组织与开展，提升活动策划和组织的能力，从而服务于更多的职工，形成"职工管理职工，职工服务职工"的良好局面。

7. 组装"海雁文化"，助推企业创新发展

建立和完善六大特色内容。一是职工教育，二是海雁文艺，三是情缘交

友，四是家庭关爱，五是休闲活动，六是"助人自助"。

建立和完善素质提升体系。开展"追梦、圆梦""我爱工会""我爱广州"等主题实践活动，以"互动式交流＋专家讲座＋技能培训"的形式，定期开展农民工的专题培训活动，举办融各地文化和习俗为一体的演示会。

二 新时代金雁工程创新：广联系、大服务、增活力

2018年3月7日，习近平总书记在参加全国人大一次会议广东代表团审议时的重要讲话中充分肯定广东的工作，并赋予广东新时代新使命——"在构建推动经济高质量发展体制机制、建设现代化经济体系、形成全面开放新格局、营造共建共治共享社会治理格局上走在全国前列。"面对新形势新任务，广州市海珠区总工会与全国首批社会工作服务示范单位之一的广州粤穗社会工作事务所续约，联手推动惠及域内基层工会、企业工会和职工的"广联系、大服务、增活力"项目实施。

此次"联手"，标志着过去3年双方以"共融、共生、共享"为理念实施的"工会服务进企业"项目升级到新时代工会社会工作层面，并将关注点和服务工作的重心转移到广大职工对美好生活日益增长的需要上去，在"平衡""充分"两大层面上强化服务职能，提供更全面、更到位和更有效的优质服务，发挥工会社会工作者的独特优势，整合学界最新理论成果，调动和用活社会各方面的力量参与工会的各项服务，借此形成工会服务引领、职工广泛参与、共同成长的新格局，从更深层次上探索，营造工会社会工作服务系统化、多样化、个性化和市场化的新环境，开创新时代工会工作的新局面。紧接着，中华全国总工会调研组于2018年4月19日对海珠区工会"广联系、大服务、增活力"项目视察时给予充分肯定。海珠区工会"广联系、大服务、增活力"项目为更好地针对新形势、新任务、新使命，为农民工群体提供更全面、更优质的服务，创新工会服务的"海珠模式"，即坚持一个宗旨、找准两个定

位、把握三大抓手、推进四大举措、建立五大机制、搭建六大平台、开展八大活动。

（一）一个宗旨：全心全意为职工群众服务

坚持全心全意为职工群众服务的服务宗旨，不断夯实中国共产党执政的阶级基础和群众基础。

（二）两个定位：党群之桥、职工之家

"桥"指的是海珠区工会"广联系、大服务、增活力"项目作为党和政府联系职工群众的桥梁，延伸工会为职工服务的工作阵地，更好地关注和关爱职工群众，开展专业的工会社会工作。

"家"指的是建设和运营好海珠区工会"广联系、大服务、增活力"项目服务阵地，打造优秀的职工综合服务平台和活动基地，使之成为广大职工之家。

（三）三大抓手：广联系、大服务、增活力

广联系：项目与政府部门、工会组织、企事业单位、社会组织、志愿团体、职工家庭及其子女等建立广泛的联系并保持密切友好的合作。

大服务：项目进一步密切与各级工会组织及职工的沟通联系，连接各类资源，开展多类型服务内容，更好地打造工会服务品牌。

增活力：项目通过提高海珠区基层工会、企业工会和职工服务阵地的活动，推动基层"建起来、转起来、活起来"。

（四）四大举措：项目社会化、运营专业化、资源集约化、活动经常化

通过社会公开招标购买服务的方式，把专业化的服务理念注入运营中，整合各类服务资源，为职工群众提供常态、全面、优质的服务，打造优秀的职工综合服务平台。

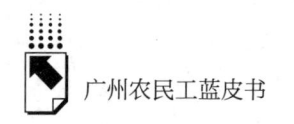

（五）五大机制：四工联动机制、工匠培育机制、信息互享机制、搭桥联通机制、经费保障机制

项目运作中运用"工会＋社工＋义工＋职工"的四工联动机制，发挥工会干部的工作经验和资源优势。通过建立职工技能提升培训平台，推动职工的行业工匠培育。搭建多方参与信息共享的支持系统，有效地为职工群体提供多方面的支持系统。致力于把凤阳总站建设成工会职工服务桥梁，联通各方资源，为职工提供全方面的服务。通过政府购买服务的方式，为项目服务提供有力的经费保障。

（六）六大平台

党联平台：党组织联系职工群众。
共建平台：工会组织共建、和谐美丽共建。
宣传平台：党的理论、法律法规、先进典型。
协商平台：职工维权、社会管理、集体薪酬。
提升平台：职工技能、工匠素质、人文素养。
共享平台：整合资源、困难帮扶、关怀救助。

（七）八大活动

党建活动：发展党员，创设组织，如农民工党支部。结合企业走访工作及站点服务内容，将工建与党建相互渗透、连接。通过摸查、管理、服务三项活动，将各级工会组织、企业、职工等资源相互整合，形成多层级工作合力，推动党建工作的开展。

辐射活动：以点带面，辐射海珠全区建设者之家。以工会社工服务总站为阵地，以点带面，覆盖到海珠全区、辐射到各服务阵地。利用各活动场室，开展固定服务，为职工提供文娱康乐、法律咨询、技能培训、志愿者培训等服务，丰富他们的业余生活，帮助他们提升技能和更好地融入社区，从而更好地助推建设者之家建设，打造"先锋之家""服务之家""平安之家""群团之家"特色服务。

关爱活动：引善参与，为农民工和困难职工雪中送炭。与各级工会组织建立良好互动机制，协同工会落实主体工作及党政交办的任务；不断拓展建设者之家示范点；培育辖区内职工文体组织；连接辖区内外各类资源，建立职工服务的资源体系。加强项目的宣传，提升项目的知名度和覆盖面；进行工会社会服务理论探索及服务经验总结，形成创新化工会社会服务模式，促进辖区职工工会服务长足发展。

大力培养职工志愿者队伍，根据职工的特长，搭建相应的职工志愿者服务平台。积极连接资源，组织职工志愿者关爱职工群众中的困难职工和特殊群体，提供困难帮扶服务，在职工之间形成互帮互助，最终实现职工的自助。

提升活动：技能培训，争当企业能手。加强对基层工会工作人员的思想政治教育和工会业务能力的培训，增强工会干部的"政治性""先进性""群众性"，增强和锻炼群众工作的本领，增强对工会相关法律、法规的了解，提升对活动管理、策划、宣传和服务职工的能力。

维权活动：法律咨询，纠纷调解，依法治理。为职工群众提供线上线下的政策法律法规支持，培养职工维权意识，维护职工的生命权、安全生产权、健康权等合法权益，让职工在服务中学法、知法、守法、用法。

风采活动：展义工风采，娱乐中修身。组织职工志愿队伍开展义务劳动，统筹开展多种类型的志愿活动，发挥职工志愿队伍的作用，展现义工风采。通过开展文娱康乐活动或相关小组，例如瑜伽小组、茶艺小组、减压小组等系列小组，丰富职工休闲生活，展现工会服务活力风采。

帮带活动：基层工会组织员、基层工会能力建设。为项目工作团队及辖区内社会服务机构的相关工作人士开展专业培训和督导，以加强工会和企业服务的人才队伍建设；为项目工作团队配备充足的督导，提升项目服务水平，使项目能够回应辖区职工及其家庭、各级工会组织的深度服务需求。

筑巢活动：组织农民工加入工会，协助企业建立工会。协助企业工会策划组织职工服务活动，打造企业工会服务特色品牌，推动企业建立工会工

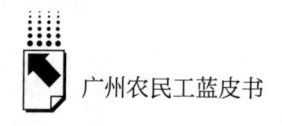

的开展。并通过定期工会政策宣传，引导农民工合法维护权益，调动农民工加入工会的积极性。

　　社会工作能够在专业服务中结合工会工作的具体实际开展活动，对于解决工会联系职工的"最后一公里"问题具有重要意义。实践证明，社工架起了区总工会、街道工会、行业工会、企业工会和职工之间的桥梁，让职工及时了解每一时期工会的工作计划、活动安排等，社工通过倡导、组织职工参与各种活动，在参与中互动，在互动中增强认同感和归属感。可见，社工在服务过程中，充分发挥了倡导者、组织者、协调者、沟通者的作用，以"共融、共生、共享"为服务理念：让职工融入企业，融入海珠，融入广州；让职工在工会大家庭里同生存，同生活，同参与，同成长，同发展；在共建共治中分享海珠工会"心贴心、实打实"的服务，共享海珠经济社会发展的丰硕成果。

B.16 参考文献

专 著

《中共中央国务院关于实施乡村振兴战略的意见》，人民出版社，2018。

费孝通：《乡土中国，乡土重建》，上海世纪出版集团，2007。

国务院发展研究中心课题组：《农业转移人口市民化：制度创新与顶层政策设计》，中国发展出版社，2011。

靳新：《多发性侵财犯罪实证对策的理论与实践》，群众出版社，2006。

乐平：《现代社会与我们的生活——一个社会学的视角》，中国商务出版社，2006。

李培林：《村落的终结——羊城村的故事》，商务印书馆，2004。

李强：《多元城镇化与中国发展》，社会科学文献出版社，2013。

李树茁：《农民工的社会支持网络》，社会科学文献出版社，2008。

梁漱溟：《乡村建设理论》，上海人民出版社，2011。

刘传江、董延芳：《农民工的代际分化、行为选择与村民化》，科学出版社，2014。

刘建娥：《农民工融入城市的困境、政策及实务研究——赋权融入视角》，社会科学文献出版社，2015。

柳建平、张永丽：《流动、转型与发展——新生代农民工村民化问题研究》，中国社会科学出版社，2015。

陆学艺主编《当代中国社会流动》，社会科学文献出版社，2004。

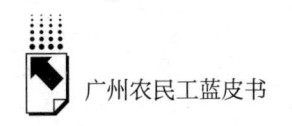

潘允康：《中国民生问题中的结构性矛盾研究》，北京大学出版社，2015。

彭华民：《西方社会福利理论前沿》，中国社会出版社，2009。

彭华民等：《西方社会福利理论前沿：论国家、社会、体制与政策》，中国社会出版社，2009。

宋国恺：《农民工体制改革——以自雇佣的个体农民工城市社会融合为视角》，中国社会科学出版社，2014。

王智民：《当前中国农民工犯罪研究》，中国人民公安大学出版社，2002。

习近平：《决胜全面建成小康社会夺取新时代中国特色社会主义伟大胜利——在中国共产党第十九次全国代表大会上的报告》，人民出版社，2017。

谢建社：《风险社会视野下的农民工融入性教育》，社会科学文献出版社，2012。

谢建社：《农民工社会工作的理论与实践》，中国社会出版社，2015。

谢建社：《新产业工人阶层——社会转型中的农民工》，社会科学文献出版社，2005。

谢建社：《新生代农民工融入城镇问题研究》，人民出版社，2011。

谢建社：《中国社区工作本土化研究》，广东人民出版社，2013。

中国发展基金会：《中国发展报告（2010）：促进人的发展的中国新型城市化战略》，人民出版社，2010。

潘家华、魏后凯主编《中国城市发展报告 No.6 农业转移人口的市民化》，社会科学文献出版社，2013。

P. Alcock, *Understanding Poverty*, Basingstoke: Palgrave Macmillan, 2006.

G. Goldscheider, *Urban Migrants in Developing Nations*, Westview Press, 1983.

R. Park, and E. Burgess, *Introduction to the Science of Sociology*, Chicago:

University of Chicago Press, 1924.

M. P. Todaro, *Internal Migration in Developing Countries: A Review of Theory, Evidence, Methodology and Research Priorities*, Geneva: International Labor Office, 1976.

期　刊

白小瑜：《新生代农民工的社会资本》，《湖北民族学院学报》（哲学社会科学版）2006年第1期。

蔡禾、王进：《"农民工"永久迁移意愿研究》，《社会学研究》2007年第6期。

蔡丽新等：《苏州农村青年生存发展状况调查报告》，《青年研究》2001年第10期。

曾凡慧：《我国农民工回乡创业面临的问题及对策》，《北方经济》2016年第4期。

陈邓海：《农民工社会资本与城市融入问题研究》，《当代世界与社会主义》2014年第2期。

陈丰：《当前农民工村民化的制度缺失与归位》，《南京师大学报》2007年第1期。

陈广桂：《房价、农民市民化成本和我国的城市化》，《中国农村经济》2004年第3期。

陈磊：《解读日本的造村运动》，《当代亚太》2006年第6期。

陈霞等：《武汉市某区环卫作业人员健康状况调查分析》，《中华劳动卫生职业病杂志》2007年第8期。

陈旭峰、田志锋、钱民辉：《社会融入状况对农民工组织化的影响研究》，《中国人民大学学报》2011年第1期。

丁宪浩：《农民工社会融入问题分析》，《财经科学》2006年第10期。

邓婉婷、岳胜男、沙小晃：《新生代农民工创业意向调查实践报告》，

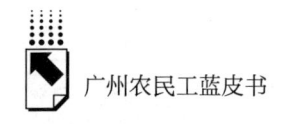

《学理论》2011年第18期。

邓秀华、丁少洪：《新生代农民工城市融入与城市和谐社区建设》，《青年探索》2010年第3期。

邓秀华：《农民工的政治参与是提高党的执政能力的重要基石》，《中国改革论坛》2004年第10期。

刁承泰、黄京鸿：《城市发展的经济成本分析——以重庆市为例》，《重庆建筑大学学报》2005年第5期。

段成荣、吕利丹、邹湘江：《当前我国农民工面临的主要问题和对策》，《人口研究》2013年第2期。

段成荣、杨舸：《我国流动人口的流入地分布变动趋势研究》，《人口研究》2009年第6期。

段敏芳：《中国人口迁移流动现状及发展趋势》，《中南财经政法大学学报》2003年第6期。

方卫星等：《地方性本科大学教师生存状态的调查与分析——引论与相关概念的界定及调查方法》，《西安文理学院学报》2006年第3期。

共青团武汉市硚口区委：《浅析新生代农民工的社会融入——基于武汉硚口区新生代农民工实证研究》，《中国青年研究》2011年第7期。

顾永红：《农民工社会保险参保意愿的实证分析》，《华中师范大学学报》（人文社会科学版）2010年第49卷第3期。

关信平、刘建娥：《我国农民工社区融入的问题与政策研究》，《人口与经济》2009年第3期。

关信平：《社会工作介入农民工服务：需要、内容及主要领域》，《学习与实践》2010年第3期。

郭永奇：《国外新型农村社区建设的经验及借鉴——以德国、韩国、日本为例》，《世界农业》2013年第3期。

何卫平：《新生代农民工职业发展内卷化倾向及选择性城市融入——以新生代青年农民工H为个案的研究》，《西华师范大学学报》2013年第3期。

何艳玲等：《中国城市政府支出政治分析》，《中国社会科学》2014年第 7 期。

胡陈冲等:《农业转移人口的户籍迁移意愿及其影响因素分析——基于一项在福建省的问卷调查》,《人口与发展》2011 年第 3 期。

胡陈冲、朱宇、林李月等:《流动人口的户籍迁移意愿及其影响因素分析——基于一项在福建省的问卷调查》,《人口与发展》2011 年第 3 期。

胡宏伟、李冰冰、曹扬、吕伟:《差异与排斥:新生代农民工社会融入的联动分析》,《上海行政学院学报》2011 年第 4 期。

黄锟:《论农民工是我国工人阶级的重要组成部分》,《社会主义研究》2005 年第 1 期。

黄兆信、吴新慧、钟卫东:《新生代农民工创业的现状与对策研究——基于多个城市的实证调查》,《江西社会科学》2012 年第 9 期。

黄祖辉、刘雅萍:《农民工就业代际差异研究——基于杭州市浙江籍农民工就业状况调查》,《农业经济问题》2008 年第 10 期。

简新华:《新生代农民工融入城市的障碍与对策》,《求是学刊》2011 年第 1 期。

金崇芳:《农民工人力资本与城市融入的实证分析——以陕西籍农民工为例》,《资源科学》2011 年第 11 期。

康立厚、任中华:《阜阳市农民工回乡创业问题探究——以颍上县为例》,《人才资源开发》2017 年第 12 期。

李会妮:《对乡村财政收支的思考》,《中国乡镇企业会计》2016 年第 12 期。

李丽群、胡明文、黄大星:《新生代农民工的特征与创业动机分析》,《江苏农业科学》2011 年第 3 期。

李莉:《农民工技能状况及相关政策分析》,《人民论坛》2015 年第 11 期。

李乾友:《日本的"一村一品"运动及其启示》,《世界农业》2005 年第 1 期。

李强:《当前我国城市化和流动人口的几个理论问题》,《江苏行政学院学报》2002 年第 1 期。

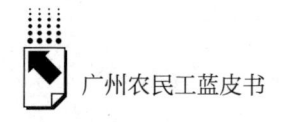

李强：《户籍分层与农民工的社会地位》，《中国党政干部论坛》2002年第8期。

李珊、万国威：《倒置的福利三角：从福利的范式转轨窥视中国社会救济的发展》，《长春工程学院学报》（社会科学版）2009年第10期。

李树茁、任义科、靳小怡：《中国农民工的社会融合及其影响因素研究——基于社会支持网络的分析》，《人口与经济》2008年第2期。

李雯：《国外农村建设经验启示》，《四川建筑》2008年第5期。

李郇、徐现祥：《中国撤县（市）设区对城市经济增长的影响分析》，《地理学报》2015年第8期。

连新：《关于蒙汉女大学生生存状况的调查与思考》，《内蒙古师范大学学报》2002年第4期。

梁土坤：《个体差异、企业特征、制度保护与流动人口社会保险可及性——基于"福利三角"理论模型的实证研究》，《社会保障研究》2017年第1期。

廖敏：《社区教育：新生代农民工城市适应的有效途径——基于长沙市新生代农民工的调查与思考》2010年第11期。

林孟清：《推动乡村建设运动：治理农村空心化的正确选择》，《中国特色社色社会主义研究》2010年第5期。

刘朝华：《农民工阶层与统一战线》，《和田师范专科学校学报》2005年第3期。

刘传江、程建林：《第二代农民工市民化：现状分析与进程测度》，《人口研究》2008年第5期。

刘传江、周玲：《社会资本与农民工的城市融合》，《人口研究》2004年第5期。

刘红升、闫一凡：《城市环卫工人的作业安全保障问题研究》，《陕西省行政学院陕西省经济管理干部学院学报》2007年第4期。

刘建娥：《农民工融入城市的影响因素及对策分析——基于五大城市调查的实证研究》，《云南大学学报》（社会科学版）2011年第4期。

刘建娥：《乡-城移民（农民工）社会融入的实证研究——基于五大城市的调查》，《人口研究》2010年第4期。

刘勤燕、夏绘秦：《新生代农民工创业国内研究综述》，《经济研究导刊》2017年第29期。

刘唐宇：《农民工回乡创业的影响因素分析——基于江西赣州地区的调查》，《农业经济问题（月刊）》2010年第9期。

刘文烈、魏学文：《关于新生代农民工市民化问题的思考》，《东岳论丛》2010年第12期。

龙书芹、风笑天：《社会结构、参照群体与新生代农民工的不公平感》，《青年研究》2015年第1期。

卢小君、陈慧敏：《流动人口社会融合现状与测度——基于大连市的调查数据》，《城市问题》2012年第9期。

陆康强：《特大城市外来农民工的生存状态与融入倾向》，《财经研究》2010年第5期。

罗明忠、邹佳瑜：《影响农民创业因素的研究述评》，《经济学动态》2010年第8期。

罗竖元：《农民工市民化意愿的模式选择：基于返乡创业的分析视角》，《南京农业大学学报》（社会科学版）2017年第17卷第2期。

吕学静、李佳：《流动人口养老保险参与意愿及其影响因素的实证研究——基于"有限理性"学说》，《人口学刊》2012年第4期。

马波：《不断创新，实现企业工会工作与时俱进》，《中国石油和化工标准与质量》2018年第4期。

马洪波：《农民工城市融入的社会工作视角及其路径》，《社会工作》2015年第3期。

马云献：《就业能力对农民工城市融入的影响研究》，《统计与决策》2012年第11期。

梅亦、龙立荣：《中国农民工城市融入的问题研究》，《江西财经大学学报》2013年第5期。

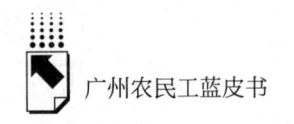

潘家恩、温铁军：《三个"百年"：中国乡村建设的脉络与展开》，《开放时代》2016年第4期。

潘泽泉、林婷婷：《劳动时间、社会交往与农民工的社会融入研究——基于湖南省农民工"三融入"调查的分析》，《中国人口科学》2015年第3期。

潘泽泉：《中国农民工社会政策调整的时间逻辑——秩序理性、结构性不平等与政策转型》，《经济社会体制比较（双月刊）》2011年第5期。

浦泓：《在新的历史起点上建设职工信赖的职工之家》，《工会博览》2018年第10期。

全国总工会新生代农民工问题课题组：《关于新生代农民工问题的研究报告》，《中国职工教育》2010年第8期。

任映红、车文君：《乡村治理中的文化运行逻辑》，《理论探讨》2014年第1期。

任远、乔楠：《城市流动人口社会融合的过程测量及影响因素》，《人口研究》2010年第2期。

任远、邬民乐：《城市流动人口的社会融合：文献述评》，《人口研究》2006年第3期。

申兵：《"十二五"时期农业转移人口市民化成本测算及其分担机制构建——以跨省农业转移人口集中流入地区宁波市为案例》，《城市发展研究》2012年第1期。

史向军、李洁：《新生代农民工发展与保障问题研究》，《山东社会科学》2018年第1期。

宋宝安、刘赛特：《我国农民工就业权利贫困与赋权反贫困策略研究——基于权利贫困理论》，《山东社会科学》2017年第7期。

孙晓英：《试论提高环卫工人合法维权的途径》，《科技风》2009年第4期。

孙永正、王秀秀：《中国城市化和城市治理的反思与转型》，《城市问题》2016年第1期。

孙中伟、王滂、梁立宾：《从"劳动权"到"市民权"："福利三角"视角下农民工养老保险参与意愿》，《华南师范大学学报》（社会科学版）2014年第3期。

唐钧：《社会政策的基本目标：从克服贫困到消除社会排斥》，《江苏社会科学》2002年第3期。

陶希东、刘君德：《国外大城市郊区化的演变及启示》，《城市问题》2003年第4期。

田毅鹏：《"村落终结"与农民的再组织化》，《人文杂志》2012年第1期。

田毅鹏：《村落过疏化与乡土公共性的重建》，《社会科学战线》2014年第6期。

童星、马西恒：《"敦睦他者"与"化整为零"——城市新移民的社区融合》，《社会科学研究》2008年第1期。

万玲：《广州市来穗人员社会融合的困境与对策》，《探求》2017年第5期。

汪华、章金玉：《新生代农民工养老保险参与意愿及影响因素研究——基于南通市和石家庄市两地的调查》，《西北人口》2013年第4期。

王春光、华玉武、赵志毅、金廷芳：《农民工平等就业调研报告》，《北京农学院学报》2017年第32期。

王春光：《农村流动人口的"半城市化"问题研究》，《社会学研究》2006年第5期。

王春光：《新生代农村流动人口的社会认同与城乡融合的关系》，《社会学研究》2001年第3期。

王春光：《新生代农民工城市融入进程及问题的社会学分析》，《青年探索》2010年第3期。

王春林：《农民工犯罪文化解读》，《广东农业科学》2010年第1期。

王佃利、任宇波：《城市治理模式：类型与变迁分析》，《中共浙江省委党校学报》2009年第5期。

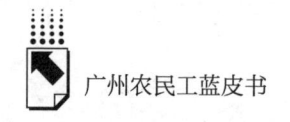

王芳:《国外农村地区发展基本经验及启示》,《江西农业大学学报》(社会科学版)2008年第4期。

王桂新、罗恩立:《上海市外来农民工社会融合现状调查研究》,《华东理工大学学报》(社会科学版)2007年第3期。

王明学、冉云梅、刘闵:《新生代农民工社会融入问题分析》,《中国青年研究》2012年第1期。

王汝志:《非正规就业农民工的养老保险需求实证分析——基于深圳地区的调研数据》,《特区经济》2012年第1期。

王尚君:《返乡新生代农民工对乡村振兴战略的影响探析》,《中共乐山市委党校学报》2018年第20卷第1期。

王思思:《新生代农民工返乡创业调研报告——以江苏省镇江市为例》,《农村经济与科技》2015年第26卷第8期。

王兴周:《两代农民工群体的代际差异研究(英)》,*Social Sciences in China* 2008年第3期。

王永杰:《福利三角结构视野下的中国法律援助制度》,《社会科学》2007年第6期。

王元璋:《农民工待遇市民化探析》,《人口与经济》2004年第2期。

文军、沈东:《当代中国城乡关系的演变逻辑与城市中心主义的兴起——基于国家、社会与个体的三维透视》,《探索与争鸣》2015年第7期。

文军:《从分治到融合:近50年来我国劳动力转移制度的演变及其影响》,《学术研究》2004年第7期。

吴敬琏:《农村剩余劳动力转移与"三农"问题》,《宏观经济研究》2002年第6期。

肖倩:《结构性犯罪:对农民工犯罪的法社会学分析》,《江西社会科学》2011年第11期。

肖云、石玉珍:《青壮年农民工社会养老保险参与倾向微观影响因素分析——对重庆市954名青壮年农民工的调查与分析》,《中国农村经济》2005年第4期。

肖云、邓睿：《新生代农民工城市社区融入主观判断的影响因素——基于重庆市新生代农民工调查数据的分析》，《城市问题》2015年第1期。

谢建社等：《青少年犯罪的时空分析——来自广东省未成年人管教所的调查》，《中国人口科学》2014年第3期。

谢建社等：《新生代环卫工人生存与发展状况及其对策探究——基于广州市的调查》，《青年探索》2013年第2期。

谢建社：《流动农民工随迁子女教育问题的调查研究》，《中国人口科学》2011年第1期。

谢建社：《农民工分层：中国城市化思考》，《广州大学学报》2006年第10期。

谢建社：《融城与逆城：新生代农民工两难选择——基于GGF监狱调查》，《广州大学学报》（社会科学版）2010年第2期。

谢建社：《新生代农民工融入城镇问题研究》，《广东经济》2015年第4期。

谢建社等：《统战工作社会化的路径创新》，《甘肃社会科学》2011年第2期。

谢建社等：《新型城市化社区统战范式建构》，《广东省社会主义学院学报》2012年第4期。

谢启文、安招：《城乡二元社会结构体制下新生代农民工的城市社会融入》，《中外企业家社会视点》2011年第12期。

谢宇等：《发展型社会政策视角下的支出型贫困问题研究》，《学习与探索》2017年第3期。

谢宇等：《缩差、并轨与融合：广州市农民工市民化路径探索》，《福建论坛》2016年第8期。

许光：《制度变迁与利益分配：福利三角模式在我国的应用与拓展》，《中共浙江省委党校学报》2010年第27期。

杨春江、李雯、逯野：《农民工收入与工作时间对生活满意度的影响——城市融入与社会安全感的作用》，《农业技术经济》2014年第2期。

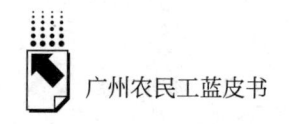

杨德敏：《城市农民工犯罪与社会治理》，《行政与司法》2004年第10期。

杨菊华：《城乡差分与内外之别：流动人口经济融入水平研究》，《江苏社会科学》2010年第3期。

杨菊华：《从隔离、选择融合到融合：流动人口社会融合问题的理论思考》，《人口研究》2009年第9期。

杨菊华：《流动人口社会融合："双重户籍墙"情景下何以可为?》，《人口与发展》2014年第1期。

杨君：《中国城市治理的模式转型：杭州和深圳的启示》，《西南大学学报》（社会科学版）2011年第2期。

杨人：《长沙农民环卫工生存状况调查》，《中国城市环境卫生》2007年第3期。

杨钰：《转型期中国福利社会的构建——基于福利三角范式的现实思考》，《兰州学刊》2013年第7期。

姚进忠：《农民工社会政策的建构逻辑与未来走向——基于1978~2012年政策文本》，《北京理工大学》（社会科学版）2015年第5期。

余金聪：《武汉市城区环卫工人职业防护状况调查》，《中国社会医学杂志》2010年第3期。

郁建兴、何子英：《走向社会政策时代：从发展主义到发展型社会政策体系建设》，《社会科学》2010年第7期。

袁志刚、李珍珍、封进：《城市化进程中基本养老保险制度的保障水平研究》，《南开经济研究》2009年第4期。

袁志刚、封进、张红：《城市劳动力供求与外来劳动力就业政策研究——上海的例证及启示》，《复旦学报》（社会科学版）2005年第5期。

翟振武、段成荣、毕秋灵：《北京市农民工最新状况与分析》，《人口研究》2007年第2期。

郑杭生：《农民村民化：当代中国社会学的重要研究主题》，《甘肃社会学》2005年第4期。

张超：《社会和谐治理与农民工民间组织的培育——基于浙江省的分析》，《湖北省社会主义学院学报》2010年第1期。

张国胜、陈明明：《我国新一轮户籍制度改革的价值取向》，《政策评估与顶层设计》2016年第7期。

张国胜：《基于社会成本考虑的农业转移人口市民化：一个转轨中发展大国的视角与政策选择》，《中国软科学》2009年第4期。

张红霞、姜文静：《城镇化背景下的农村治理：秩序冲突与重构路径》，《党政干部学刊》2016年第5期。

张慧媛、章铮、周健、赵长军、王海、郭雪霞：《农民工创业就业现状分析——基于中国"打工第一县"的调研》，《西北农林科技大学学报》（社会科学版）2015年第3期。

张军：《乡村价值定位与乡村振兴》，《中国农村经济》2018年第1期。

张蕾、王燕：《新生代农民工城市融入水平及类型分析——以杭州市为例》，《农业经济问题》2013年第4期。

张玲等：《武汉市洪山区环卫职工健康检查结果分析》，《职业与健康》2008年第13期。

张鹏、郝宇彪、陈卫民：《幸福感、社会融合对户籍迁入城市意愿的影响——基于2011年四省市外来人口微观调查数据的经验分析》，《经济评论》2014年第1期。

张文宏、雷开春：《城市新移民社会融合的结构、现状与影响因素分析》，《社会学研究》2008年第5期。

张文礼：《多中心治理：我国城市治理新模式》，《城市经济》2008年第1期。

张秀娥、张梦琪：《新型城镇化与新生代农民工返乡创业互动机制探析》，《内蒙古大学学报》（哲学社会科学版）2015年第47卷第1期。

张永强：《日本"一村一品"运动及其对我国新农村建设的启示》，《东北农业大学学报》（社会科学版）2007年第6期。

张勇濂：《农民工犯罪的社会原因分析及其治理》，《中州学刊》2008

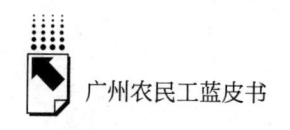

年第 6 期。

张兆曙：《城市议题与社会复合主体的联合治理——对杭州三种城市治理实践的组织分析》，《管理世界》2010 年第 2 期。

章元、刘时菁、刘亮：《城乡收入差距、民工失业与中国犯罪率的上升》，《经济研究》2011 年第 2 期。

周福林：《我国留守家庭状况的统计研究》，《河南教育学院学报》（哲学社会科学版）2007 年第 6 期。

周皓：《流动儿童社会融合的代际传承》，《中国人口科学》2012 年第 1 期。

周莹、周海旺：《新生代农民工融入城市的影响因素分析》，《当代青年研究》2009 年第 5 期。

朱红根：《外部环境与农民工返乡创业意愿关系的实证分析——基于江西省 1145 个农民工样本调查数据》，《经济问题探索》2011 年第 6 期。

朱力：《论农民工阶层的城市适应》，《江海学刊》2002 年第 6 期。

朱宇：《户籍制度改革与流动人口在流入地的居留意愿及其制约机制》，《南方人口》2004 年第 3 期。

踪家峰、王志锋、郭鸿懋：《论城市治理模式》，《上海社会科学院学术季刊》2002 年第 2 期。

H. K. Schwarzweller, "Parental Family Ties and Social Integration of Rural to Urban Migrants," *Journal of Marriage & Family* (1964).

Ye Liua, Li Zhigang, Werner Breitung, "The Social Network of New generation Migrants in China's Urbanized Villages: A Case Study of Guangzhou," *Habitat International* (2011).

报　纸

杜弘禹：《乡村振兴将释放巨大发展潜力　破解人才匮乏难题是当务之急》，《21 世纪经济报道》2018 年 3 月 15 日，第 4 版。

高翔：《与时俱进做好新时代工会工作》，《楚雄日报（汉）》2017 年 12

月6日。

国家统计局:《2016年农民工监测调查报告》,《中国信息报》2017年5月2日,第1版。

国家统计局:《2014年全国农民工监测调查报告》,《中国信息报》2015年4月30日,第1版。

刘家义:《深入贯彻落实十九大精神,全力推动乡村振兴》,《人民日报》2018年1月12日,第10版。

刘向兵、戴文宪、钟雪生:《新时代坚持中国特色社会主义工会发展道路》,《工人日报》2018年5月22日。

佚名:《江苏:五大行动助推职工素质提升》,《工人日报》2018年1月3日,第1版。

学位论文

任成好:《中国城市化进程中的城市病研究》,博士学位论文,辽宁大学,2016。

吴兴杰:《我国农民工收入差距与犯罪率的实证研究》,博士学位论文,浙江大学,2010。

阳盛益:《公共就业培训服务的准市场提供机制研究》,博士学位论文,浙江大学,2014。

周向东:《重庆市农业转移人口市民化转型成本测算及分担机制研究》,硕士学位论文,重庆工商大学,2012。

周小刚:《中部地区城镇化进程中农业转移人口市民化问题研究》,博士学位论文,南昌大学,2010。

张源:《广东省珠三角农民工民间组织发展研究》,硕士学位论文,华中农业大学,2008。

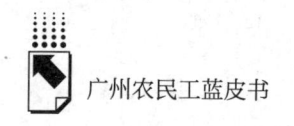

会议论文

李小伟：《新生代农民工精神文化生活状况研究》，中国社会学年会——"新生代农民工融入城镇社会政策研究"分论坛，江西，2011年7月。

新 闻

陈喜庆：《要把农民工群体作为统战工作新的着力点》，人民网，2012年7月25日，http：//cppcc. people. com. cn/GB/n/2012/0725/c34948-18592403. html。

甘犁：《中国农民工调查》，新浪网，2013年2月17日，http：//finance. sina. com. cn。

广州市来穗人员服务管理局：《天河区：成立来穗人员创业服务中心》，广州市人民政府网，2018年6月19日，http：//www. shanghai. gov. cn/nw2/nw2314/nw32419/nw41396/nw41399/u21aw1184910. html。

广州市来穗人员服务管理局：《主要职责》，广州市人民政府网，2015年1月10日，http：//www. gz. gov. cn/lsgl/zy_index. shtml。

广州市来穗人员服务管理局：《就业指引》，2016年5月30日，https：//www. gz. gov. cn/gzgov/s20505/201806/ea705234f5a34a6fa4222dcddfecdf33. shtml? security_session_verify =4c499f937e224c87b5a2afc3b107fa56。

广州市人力资源和社会保障局、广州市财政局：《广州市人力资源和社会保障局 广州市财政局关于印发广州市创业带动就业补贴办法的通知》，2015年11月6日。

胡晓黎：《发挥统战工作优势 促进农民工转移就业》，驻马店网，2009年9月1日，www. zmdnews. cn/In…aspx? ModelId =1&I。

谭深：《农民工流动研究综述》，中国社会学网，2010年10月20日，http：//www. sociology. cass. cn。

王佳妮：《东方网：上海网约车新政21日起颁布并实施，坚持"沪人沪车"要求》，上海政府网，2016年12月22日，http://lsj.gz.gov.cn/lsnew/qtgj/201605/25faf81ae606446587e947b81757ec03.shtml。

王肖军、孔明：《习近平在广东代表团参加审议重要讲话引热烈反响》，央广网，2018年3月8日，http://country.cnr.cn/focus/20180308/t20180308_524157843.shtml。

闫妍、杨丽娜：《习近平在中国共产党第十九次全国代表大会上的报告》，人民网，2017年10月28日，http://cpc.people.com.cn/n1/2017/1028/c64094_29613660.html。

叶赟：《在上海，一大波企业拒招上海人？不要本地人VS只招本地人，成为招聘中两个极端！》，搜狐网，2017年12月21日，www.sohu.com/a/211838198_391470。

研究报告

国家统计局：《2017年农民工监测调查报告》，http://www.stats.gov.cn/tjsj/zxfb/201804/t20180427_1596389.html。

中华人民共和国人力资源和社会保障部：《2017年度人力资源和社会保障事业发展统计公报》，http://www.mohrss.gov.cn/SYrlzyhshbzb/zwgk/szrs/tjgb/201805/W020180521567611022649.pdf。

译 著

〔印〕阿马蒂亚·森：《以自由看待发展》，任赜、于真译，中国人民大学出版社，2002。

〔英〕安东尼·哈尔、詹姆斯·梅志里：《发展型社会政策》，罗敏、范酉庆等译，社会科学文献出版社，2006。

〔英〕安东尼·吉登斯：《第三条道路：社会民主主义的复兴》，郑戈

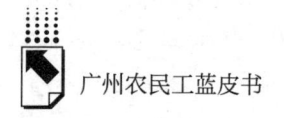

译，北京大学出版社，2017。

〔英〕理查德·蒂特马斯：《蒂特马斯社会政策十讲》，江绍康译，吉林出版集团有限责任公司，2011。

迈克尔·豪利特、M.拉米什：《公共政策研究：政策循环与政策子系统》，庞诗等译，三联书店，2006。

〔英〕Malcolm Payne：《现代社会工作理论》，何雪松等译，华东理工大学出版社，2005。

〔美〕Neil Gilbert、Paul Terrel：《社会福利政策引论》，沈黎译，华东理工大学出版社，2013。

B.17 后记

本研究团队，长期以来关注农民工问题，并产生了大量的研究成果。本研究团队，先后主持国家社会科学基金重点项目"基本公共服务供给侧改革与农民工需求侧获得感提升研究"（17ASH001）、国家社会科学基金重点项目"加强对新生代农民工群体和城镇流动人口的服务和管理研究"（12AZD026）、国家社会科学基金项目"新生代农民工市民化问题及其对策研究"（11BSH017）、国家社会科学基金项目"外来农民工融入城镇问题研究"（06BSH024）、国家社科基金青年项目"时空情境视角下农民工越轨行为防治研究"（16CSH039）、教育部2005年重点课题"农民工教育模式探索"（DGA050100）以及广东省教育科学"十一五"规划2010年度课题"城市化进程中新市民教育研究——以珠三角地区为例"、广州市教育规划课题"广州农民工子女升学问题研究"（10A097）、广州市社会科学规划重点项目"创新社会治理与服务农民工的广州模式研究"（11Z05）等20多个项目和课题。出版的相关专著有：《新时代中国社会变迁与社会治理若干问题研究》（中国社会科学出版社，2018）；《新生代农民工融入城镇问题研究》（人民出版社，2011）；《社会风险视野下的农民工融入性教育》（社会科学文献出版社，2009）；《中国农民工权利保障》（社会科学文献出版社，2009）；《新产业阶层工人阶层——社会转型中的农民工》（社会科学文献出版社，2005）。发表的学术论文有：《规避欠薪：某镇农民工日薪制劳务市场调查》，（《中国社会科学（内部文稿）》2014年第4期，《社会学评论》2015年第1期）；《创新社会治理与服务新广州人融入城市模式》，载《2014中国广州社会形势分析与预测》（社会科学文献出版社，2014）；《建构农业转移人口市民化成本分担机制》（《南方日报》（理论版）2014年7月28

日）;《教育公平视野下的异地高考新政思考》(《复旦教育评论》2013年第5期),《中国社会科学文摘》2014年第2期重点摘要,人大复印中心《中小学教育》(2014年第1期全文复印);《开拓农民工社会工作新领域之思考》(《社会建设》2014年第2期);《社会工作介入留守儿童服务的方法与技巧——以XY市某社区为例》(《广州大学学报》2014年第2期);《农民工随行子女升学问题的思考》(《教育导刊》2012年第10期),人大复印资料《中小学教育》(2013年第3期全文复印);《流动农民工随迁子女教育问题的调查研究》(《中国人口科学》2011年第1期)。

本研究是集体的结晶,是本学术团队一起探索的成果。在撰写过程中,我们得到了清华大学李强教授、北京大学谢立中教授等一大批关注并从事农民工问题研究的专家的大力支持。社会科学文献出版社的领导为本书的出版给予了大力帮助,责任编辑黄金平更是付出了辛勤的劳动,借此机会,一并表示深深的谢意!

本书的编写大纲由编写组集体讨论商定,由主编统稿定稿并撰写了前言和后记。本书由2个总报告、11个分报告和2个案例报告组成。各部分执笔人和单位如下：

总报告

B1：李强（清华大学社会学系教授、博士生导师）

谢宇（社会学博士,华南理工大学社会工作研究中心讲师、硕士生导师）

杨胜慧（社会学博士,中国人口与发展研究中心助理研究员）

B2：谢建社（社会学博士,广州大学公共管理学院副院长、教授、博士生导师）

分报告

B3：陈超（广州市来穗人员服务管理局处长）

B4：谢建社（社会学博士、广州大学公共管理学院副院长、教授、博士生导师）

B5：陈薇（广州粤穗社会工作事务所研发部部长,中级社工师、研

后记

生）

B6：袁小平（社会学博士，南昌大学社会学系主任，副教授、硕士生导师）

成兴兴（南昌大学 2017 级行政管理专业研究生）

B7：黄尧（广州大学公共管理学院助理研究员）

B8：杨迪（四川省社会科学院社会学专业硕士研究生）

B9：叶海燕（广州大学华软软件学院行政管理系教研室主任、副教授）

黄牧乾（广州大学华软软件学院行政管理系副主任、副教授）

B10：唐丽诗（广州大学公共管理学院助理研究员）

B11：杨海蓉（南京师范大学社会发展学院硕士研究生）

B12：毛文琪（北京师范大学 2017 级社会工作硕士研究生）

B13：张红霞（石家庄学院副教授）

案例报告

B14：农小雪（广州粤穗社会工作事务所站前家庭综合服务中心主任，中级社工师）

胡招兰（广州粤穗社会工作事务所站前家庭综合服务中心农民工服务部部长，中级社工师）

B15：陈玉燕（广州粤穗社会工作事务所海珠区工会服务中心主任，中级社工师，研究生学历）

陈薇（广州粤穗社会工作事务所研发部部长、中级社工师、研究生学历）

在写作过程中，作者学习并引用了许多专家和学者的科研成果，在此表示感谢。在参考文献中若有遗漏之处，也请大家谅解。由于作者水平有限，本书中的错误和不足之处在所难免，凡有不准确、不全面之处，恳请广大读者批评指正。

作者

2018 年 8 月 26 日于羊城

Abstract

The Report of Migrant Workers in Guangzhou (*2019*) is composed of two general reports, eleven special reports and two case reports. From the perspectives of sociology, pedagogy, economics, management, law and social security, this report carries out in-depth investigation and research from all aspects, including survival and development, training of migrant workers, migrant workers' demand for social services, service management for migrant workers, integration of migrant workers, the education problem of children of migrant workers that they move with, social security for migrant workers, social services for migrant workers and so on.

According to the research, Guangzhou as the provincial capital city is the first one that have set up the service administration of migrant workers (The service bureau of migrant workers who come to Guangzhou).

The work of the service administration of migrant workers of Guangzhou has changed from the initial release, passive prevention to more and more standard, gradually moves towards service for management.

In order to achieve the full and balanced economic and social development of guangzhou, improve the level and ability of social governance, Guangzhou takes the lead in Implementing the service management policies of the persons who come to Guangzhou, what has based on residence permits, includes equal access to basic public services, points admission and points entry. It has successfully created the "points +" mode of social service in guangzhou, that is not only a new achievement of Guangdong province to explore the pattern of co-construction and co-governance and Shared social governance (共建、共治、共享), but also a successful example of innovation in China's social governance system. Migrant workers are not only the builders of modern guangzhou city, but also the effective force in the co-construction and co-governance and Shared social governance of Guangzhou. They are looking forward to solving the education problem of children of migrant workers. Therefore, the research team proposed education environmental construction strategy for children of migrant workers who move with them, aiming at innovating education of children of migrant workers who move with them, creating a learning society as the carrier, and creating a civilized environment that advocate learning. Through the advocacy and encouragement of government functional departments, encouraging teachers of public schools to conduct counterpart volunteer education activities to private schools, so as to achieve the two-wheel driving goal of "public and private education" and solve the problem of school choice for the children of migrant workers who move with them. This study innovatively proposed the establishment of a partnership conducive to mutual cooperation among the government, enterprises and migrant workers' families. It is believed that only by maintaining a balance between urban tension with resource integration and migrant workers as the main force, can the balance of welfare triangle be maintained. The 19th National Congress of the Communist Party of China solemnly proclaimed that China had entered a new era and sounded a clarion call to march on the revitalization of the countryside. Only to revitalize the countryside, will the countryside be attractive, centripetal force, cohesion. Guangzhou has made a positive contribution to the urban backfeeding of the countryside, revitalization of the countryside, and the rural development of rural migrant workers to foster entrepreneurship. The "one school, two schools" model of migrant worker training has been widely recognized. The research team is innovative in carrying out social work for migrant workers not only in theory but also in practice. The guidance of the party's construction, the inheritance of the red gene, the development of red Courier station, and construction services of migrant workers leave their homes and do not leave the party are productive, which can be described as the characteristics of guangzhou. The research on Guangzhou migrant workers with Chinese experience has made fruitful achievements.

Contents

I General Reports

B. 1 Guangzhou Model of Developing New Approaches to
Social Governance and Serving the Integration of
Migrant Workers　　　　　Li Qiang, Xie Yu, Yang Shenghui / 001
 1. Research of Social Governance Innovation and Migrant Workers'
  Integration into Cities　　　　　　　　　　　　　　　　　/ 002
 2. Summary and Analysis of Research on Migrant Workers Integrating
  into Cities at Home and Abroad　　　　　　　　　　　　　/ 009
 3. Investigation and Analysis of Migrant Workers' Integration into
  Guangzhou City　　　　　　　　　　　　　　　　　　　　/ 013
 4. The Guangzhou Model of Social Governance Innovation and
  Serving Migrant Workers' Integration　　　　　　　　　　　/ 024

Abstract: The report of the 19th National Congress of the Communist Party of China clearly pointed out that great effort shall be made to build a social governance model based on "collaboration, participation and common interests", and to develop new approaches to social governance. Guangzhou's economy is developing rapidly, ranking among the best in China and attracting a large inflow of rural population. In order to achieve the full and balanced development of the society and enhance the level and ability of social governance, Guangzhou has implemented the service and management policy for those coming to Guangzhou based on the residence permit and featuring the equalization of basic public services and the combination of point-based school admission and point-based household registration, and successfully built the Guangzhou model of "Points + social service", which is not only a new achievement of Guangdong Province in the exploration of the social governance model based on collaboration, participation and common interests, but also a shining pearl in the innovation of China's social governance system. Based on the data of the 2016 dynamic monitoring and survey of floating population, this paper analyzes the current status of the integration of floating population in Guangzhou, and distills the "Guangzhou Model of Developing New Approaches to Social Governance and Serving the Integration of Migrant Workers" in combination with Guangzhou's certain experience in developing new approaches to social governance.

Keywords: Social Governance; Migrant Workers; Guangzhou; Point-based Household Registration; Point-based School Admission

B.2 Creating Guangzhou's New Model of Collaboration, Participation and Common Interests for the Education of Migrant Workers' Children   *Xie Jianshe et al.* / 037

1. Current Situation and Analysis of Education for Migrant Workers' Children in Guangzhou   / 039
2. Children of Migrant Workers Receive Education in the Process of Co-construction, Co-governance and Co-share   / 051

Abstract: As a national central city and a gateway to the Pearl River Delta region, Guangzhou has attracted a large number of migrant workers. The problem now lies in the fact that the gap between the growing educational needs of migrant workers' children and the insufficient and unbalanced educational resources is relatively large. Migrant workers are the builders of the modern city—Guangzhou, and the vital force in the collaboration, participation and common interests. The issue of survival and development of migrant workers and the education of their children has attracted the great attention of the leaders of the Guangzhou Municipal Party Committee and Guangzhou Municipal Government. Guided by the socialist development theory with Chinese characteristics in the new era, this study takes the issue of early socialization of migrant workers' children as the direction, carries out "Flowing Flowers" and "Flying Dandelion" special education and research in Baiyun District, Tianhe District, Haizhu District and Liwan District of Guangzhou, discusses the issue of the sharing of the educational resources with migrant workers' children in the new era, and explores innovative and operable ways and approaches.

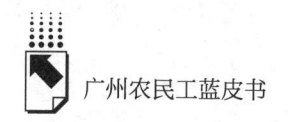

Keywords: Education of Migrant Workers' Children; Education Structure; Guangzhou Modle

II Subject Reports

B.3 Practice and Exploration of Service and Management for Migrant Workers in Guangzhou   *Chen Chao* / 068

Abstract: Guangzhou is an open and inclusive city. After 40 years of reform and opening-up, millions of migrant workers have come to Guangzhou for work and living, which also brings opportunities and challenges to the Guangzhou Municipal Government for migrant worker service and management. Guangzhou keeps pace with the times and innovates constantly. With respect to the migrant worker service and management, Guangzhou starts from the exploration, and has experienced the processes of integration practice, standardization and optimization, development of regulations, top-level design and active solving of the problem of integration of migrant workers, thus improving the city's urban governance capacity.

Keywords: Service and Management; Migrant Workers; Guangzhou Practice

Contents

B.4 Investigation and Analysis of Social Service Needs of
Migrant Workers in Z Street, Guangzhou　　*Xie Jianshe* / 086

Abstract: Migrant workers have become an important force in the economic and social development of Guangzhou, and they enjoy benefits through collaboration and participation. One of the standards for their urban integration is the policy of equalization of public services. Through government purchase of services, Guangzhou has contracted out the social work services for migrant workers. Therefore, social workers must start from the social service needs of migrant workers. The social service needs are the basic issue of the social work for migrant workers, and are also the core issue of the social work for migrant workers. Therefore, the social work for migrant workers should start from the service needs, focus on the needs, and improve the service level for migrant workers.

Keywords: Migrant Workers; Social Service Needs; Guangzhou

B.5 Analysis of the Urban Integration of the New
Generation of Migrant Workers in Guangzhou　　*Chen Wei* / 099

Abstract: In China today, the number of the new generation of migrant workers born in 1980s and 1990s has increased greatly, and they have gradually become the main force of migrant workers, and begun to play an increasingly important role. However, due to various reasons, the new generation of migrant workers cannot smoothly integrate into the cities. In combination with Maslow's hierarchy of needs theory, this paper analyzes the necessity for the new generation of migrant workers to integrate into the cities, and provides new ideas for finding ways for the new generation of migrant workers to smoothly integrate into the cities.

Keywords: New Generation of Migrant Workers; Integration into the City life; Citizenization of Migrant Workers

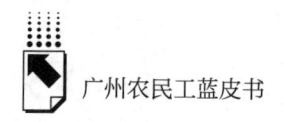

B. 6　Autonomy of the Welfare Triangle for the Training of Migrant Workers in Guangzhou and Its Elimination Strategy　　　*Yuan Xiaoping, Chen Xingxing* / 109

Abstract: The training of migrant workers relates to the quality improvement and income increase of migrant workers and the process of rural urbanization, and is an important measure to solve the issues relating to agriculture, rural areas and rural people and realize the grand goal of building a moderately prosperous society in all respects. At present, the training of migrant workers in China is a model of welfare triangle. However, due to the autonomy of the state, the market and the family, this model has the tension of disintegration. Therefore, to achieve effective coordination of the welfare triangle, it is necessary to eliminate the autonomy that is not conducive to the training of migrant workers in the welfare triangle, and use the means of financing and regulation to strengthen the integration of the welfare triangle, thus building a long-term mechanism conductive to the cooperation between the state, the market and the society.

Keywords: Migrant Worker Training; Welfare Triangle; Autonomy

B. 7　Research on Entrepreneurship Training Policy for Migrant Workers Returning Home in Guangzhou　　　*Huang Yao* / 124

Abstract: From the perspective of rural revitalization strategy in the new era, how to mobilize the entrepreneurship enthusiasm of migrant workers returning home, and transform the identity of migrant workers who have mastered advanced operation and management skills in coastal cities into the practitioners of the rural revitalization strategy is an important issue at this stage. Investigations and studies show that migrant workers returning home are generally more willing to start businesses and have a strong desire to switch from employees to employers. However, in practice, the entrepreneurship resistance for the migrant workers returning home is great, the major problem is that a large number of migrant workers returning home do not have the entrepreneurship ability, and they do not understand the entrepreneurship policies for migrant workers returning home. At the same time, to actively implement the training for migrant workers returning home is the social responsibility that the migrant worker import places should shoulder, and is also an important measure for urban development to promote rural revitalization. Relying on the training plan of Bureau of Migrant Service of Guangzhou Municipality, this study uses a mixed policy analysis tool to analyze the implementation effect of the entrepreneurship training policy for migrant workers returning home.

Keywords: Rural Revitalization; Entrepreneurship Training for Migrant Workers Returning Home; Guangzhou

B.8 Analysis of the Factors Affecting Pension Scheme Participation Behavior of Migrant Workers in Guangzhou   Yang Di / 134

Abstract: The "welfare triangle" theory is a classic analysis paradigm of social policy. With the assistance of the "welfare triangle" theory, this paper uses the CGSS2015 data to analyze the pension scheme participation behavior of the new generation of migrant workers in Guangzhou from the four dimensions-individual, family, market and country. The study finds that the new generation of migrant workers in Guangzhou is affected by the four aspects-individual heterogeneity, family, market and country. In terms of individual heterogeneity, the degree of education, age and marital status have a significant impact on the pension scheme participation behavior of the research objects. The number of children in the dimension of family, the labor contract in the dimension of market and the satisfaction with the pension scheme policy in the dimension of country have a significant impact on the basic pension scheme participation behavior of the new generation of migrant workers, and there is a substitution effect with respect to the impact of family, country and market on the dependent variable.

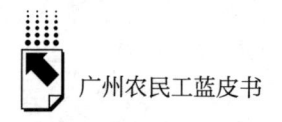

Keywords: Welfare Triangle; New Generations of Migrant Workers; Pension Scheme; Participation in Pension Scheme

B. 9 Discussion on the Approaches of the New Generation of Migrant Workers in Guangzhou in Rural Revitalization

Ye Haiyan, Huang Muqian / 148

Abstract: This study defines the concept of and classify the characteristics of the new generation of migrant workers, and discusses how the new generation of migrant workers become the backbone of rural revitalization from the political, economic and cultural aspects of the rural areas. "Rural political revitalization" takes "How the new generation of migrant workers in Guangzhou play a leading role in the villager autonomy system" as the entry point for discussion; "Rural economic revitalization" takes the university students' "Innovation and entrepreneurship competition in universities + returning home for entrepreneurship" as the breakthrough point for study; "Rural cultural revitalization" explores how to make further innovation on the basis of inheriting traditional culture through the two cases-decline of the traditional festival "Pastry Festival" in Zhaoqing, Guangdong and the growing prosperity of "Fishing Festival" in Guizhou.

Keywords: New Generation of Migrant Workers; Rural Revitalization; Returning Home for Entrepreneurship

B. 10 Research on the Issue of the New Generation of Migrant Workers in Guangzhou Returning Home for Entrepreneurship

Tang Lishi / 161

Abstract: The report of the 19th National Congress of the Communist Party of China points out that it is necessary to speed up the construction of ecological civilization, implement the strategy of rural revitalization, accelerate the national unified management, and further enhance the level of beautiful towns construction and rural economic revitalization. The goal for the implementation of the rural revitalization strategy is to make agriculture a promising industry, to make farmer an attractive profession, and to make the countryside a beautiful home for living and working. The construction of beautiful towns is a practical platform and an important carrier for realizing multiple dreams and visions, such as ecological civilization construction, rural revitalization, rural urbanization and turning farms into urban inhabitants. Therefore, the construction of beautiful towns provides an important carrier and platform for migrant workers returning home for entrepreneurship. This study mainly interviews and studies five representatives of the new generation of migrant workers who have returned to their hometowns and started their own businesses in the process of building beautiful towns in a certain district of Guangzhou, so as to understand the influencing factors of the new generation of migrant workers returning home for entrepreneurship, explore the status quo and dilemma of entrepreneurship, and put forward some suggestions based on the actual situation.

Keywords: New Generation of Migrant Workers; Returning Home for Entrepreneurship; Construction of Beautiful Towns

B.11　Analysis of Approaches for Employment Rights and Interests Protection Policy for Migrant Workers in Guangzhou　　　　　*Yang Hairong* / 173

Abstract: With the progress of urbanization, the employment rights and interests protection policy for migrant workers in Guangzhou has been improving day by day. Taking the social policy for development as the theoretical basis, the author, based on the text of the employment rights and interests protection policy for migrant workers from 2012, found that there are still "development" insufficiency problems, such as unclear powers and responsibilities of policy subjects, lack of systemicity of the policy content, and inefficient operation of the policy. Therefore, this study proposes possible optimization approaches to clarify the boundaries of powers and responsibilities, rationally allocate public financial resources, adhere to the overall thinking, build a policy system for the protection of migrant workers' employment rights and interests, coordinate urban and rural development, and deepen the household registration system reform.

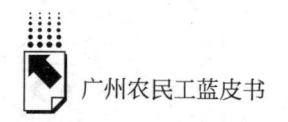

Keywords: Migrant Workers; Employment Rights Protection; Social Policy for Developmental

B.12 Case Study of Integration of the New Generation of Migrant Workers into the Communities in Guangzhou   *Mao Wenqi* / 187

Abstract: With the continuous deepening of reform and opening-up, the new generation of migrant workers in Guangzhou has gradually become the main force of the contemporary migrant workers, but their process of integration still presents the characteristics of marginalization, involution and semi-urbanization, and it is difficult for them to takes root in urban communities. This study analyzes the factors affecting their integration into urban communities from the perspective of the external and internal environment of the new generation of migrant workers, understands the difficulties they encounter in urbanization on the basis of case studies, uses the theory of social capital, combines with the social work's special feature of "helping people to help themselves" and the background of the rural revitalization era, and proposes to promote the new generation of migrant workers to return to and revitalize rural communities, so as to realize their life value.

Keywords: New Generation of Migrant Workers; Integration Into the Community; Rural Revitalization; Return to Rural Communities

B. 13　Guangzhou Transports Young Migrant Workers for
　　　　Rural Re-transformation　　　　　　　　　Zhang Hongxia / 202

Abstract: In the fast progress of urbanization, the rural areas have been placed in a marginalized position, a large number of young and middle-aged rural people have flocked to cities such as Guangzhou, and rural communities are broken. As young and middle-aged rural people continue to abandon the rural areas, the rural areas not only show a "problemized" development state, but also fall into the predicament of order alienation and lack of endogenous development motivation. The mobility of rural youth has not only caused fragmentation of rural social structure, but also triggered a change in the relationship between rural youth and rural areas. The original order of rural areas is fragmented and the future development is vague. Under the national discourse of rural revitalization, rural development needs to realize the paradoxical innovation in development approaches in view of the outflow of rural youth.

Keywords: Rural Revitalization; Migrant Workers in Guangzhou; Mobility

Ⅲ　Case Analysis

B. 14　"One Home, Two Schools and Multiple Sites" Model of
　　　　Serving Migrant Workers in Guangzhou
　　　　　　　　　　　　　　　　　　Nong Xiaoxue, Hu Zhaolan / 214

Abstract: The policy of reform and opening-up has made Guangzhou open up a door for migrant workers. Facing millions of migrant workers, the Guangzhou Municipal Government has attached great importance to them and established the special service bureau, and the social organizations in Guangzhou have carried out a number of practical activities themed by "Volunteer Service for Care for the Migrant Workers" in various communities and enterprises through the government purchase of social work services, including organizing migrant workers' sports games, donating living materials to migrant workers, organizing migrant workers to watch free movies in nearly cinemas, caring for the education of migrant workers' children, and organizing job fairs for migrant workers, thereby setting off a new climax of volunteer service activities of caring for migrant workers. To better serve migrant workers and enhance the sense of acquisition, happiness and safety of migrant workers, Guangzhou Yue Sui Social Work Office has broken the tradition, changed the form of migrant workers as isolated individuals, established a service home of migrant workers, and organized migrant workers to provide them with free all-round services such as employment information, skill training, legal rights protection and assistance for migrant workers in need, so that the majority of migrant workers can be integrated into Guangzhou.

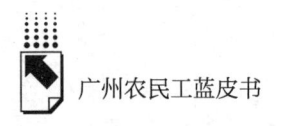

Keywords: Service for Migrant Workers; One home and Multiple Sites; Guangzhou

B. 15　Building the "Ten-Hundred-Thousand-Million" Wild Goose Project for Serving Migrant Workers in Guangzhou　　*Chen Yuyan, Chen Wei / 232*

Abstract: As one of the downtown areas of Guangzhou, Haizhu District has gathered more than 10000 enterprises and more than 800000 migrant workers. The Project of Haizhu District Trade Union Service Introduced into Enterprises, which is purchased by the Haizhu District Federation of Trade Unions and undertaken by Guangzhou Yue Sui Social Work Office, was officially launched in March 2015. In April 2018, a new project of "Extensive Contact, Broad Service and Vitality Increase" was launched. Under the support and guidance of the Haizhu District Federation of Trade Unions and the federation of trade unions of each sub-district, faced with hundreds of thousands of migrant workers, the social worker team of the project proposes the program of the "Wild Goose Service Project" according to the characteristics and needs of employees and enterprise trade unions, uses the five major service sectors of "wild goose foundation, wild goose integration, wild goose dream realization, wild goose security and wild goose quality" as the carrier of the project of trade union service introduced into enterprises, establishes and improves the service mechanism, strengthens and increases the coverage rate, strives to build the trade union service brand, forms the model of "one feature for one stop, one highlight for one area", realizes the model of linkage of "trade unions, social workers, volunteers and employees", and create a situation where trade unions, enterprises and employees work together to promote harmony and a co-win situation. It has conducted various employee service activities, such as skill training, employment development, legal education, cultural entertainment, mental health, urban integration, social contact and marriage and life fashion, and organized the "Working as a Pioneer in Employees' Building a Civilized City" and "'Appointment at the Weekend' Friend Making Activity Using Mask" and other activities, which won good appraisal from the All-China Federation of Trade Unions, Guangdong Provincial Federation of Trade Unions and the federation of trade unions of each district of Guangzhou, and further enhanced the migrant workers' sense of acquisition, identity, belonging and participation.

Keywords: Service for Migrant Workers; Wild Goose Project; Guangzhou

权威报告·一手数据·特色资源

皮书数据库
ANNUAL REPORT(YEARBOOK) DATABASE

当代中国经济与社会发展高端智库平台

所获荣誉

- 2016年,入选"'十三五'国家重点电子出版物出版规划骨干工程"
- 2015年,荣获"搜索中国正能量 点赞2015""创新中国科技创新奖"
- 2013年,荣获"中国出版政府奖·网络出版物奖"提名奖
- 连续多年荣获中国数字出版博览会"数字出版·优秀品牌"奖

成为会员

　　通过网址www.pishu.com.cn访问皮书数据库网站或下载皮书数据库APP,进行手机号码验证或邮箱验证即可成为皮书数据库会员。

会员福利

- 已注册用户购书后可免费获赠100元皮书数据库充值卡。刮开充值卡涂层获取充值密码,登录并进入"会员中心"—"在线充值"—"充值卡充值",充值成功即可购买和查看数据库内容。
- 会员福利最终解释权归社会科学文献出版社所有。

卡号:586726911361
密码:

数据库服务热线:400-008-6695
数据库服务QQ:2475522410
数据库服务邮箱:database@ssap.cn
图书销售热线:010-59367070/7028
图书服务QQ:1265056568
图书服务邮箱:duzhe@ssap.cn

S 基本子库
SUB DATABASE

中国社会发展数据库（下设12个子库）

全面整合国内外中国社会发展研究成果，汇聚独家统计数据、深度分析报告，涉及社会、人口、政治、教育、法律等12个领域，为了解中国社会发展动态、跟踪社会核心热点、分析社会发展趋势提供一站式资源搜索和数据分析与挖掘服务。

中国经济发展数据库（下设12个子库）

基于"皮书系列"中涉及中国经济发展的研究资料构建，内容涵盖宏观经济、农业经济、工业经济、产业经济等12个重点经济领域，为实时掌控经济运行态势、把握经济发展规律、洞察经济形势、进行经济决策提供参考和依据。

中国行业发展数据库（下设17个子库）

以中国国民经济行业分类为依据，覆盖金融业、旅游、医疗卫生、交通运输、能源矿产等100多个行业，跟踪分析国民经济相关行业市场运行状况和政策导向，汇集行业发展前沿资讯，为投资、从业及各种经济决策提供理论基础和实践指导。

中国区域发展数据库（下设6个子库）

对中国特定区域内的经济、社会、文化等领域现状与发展情况进行深度分析和预测，研究层级至县及县以下行政区，涉及地区、区域经济体、城市、农村等不同维度。为地方经济社会宏观态势研究、发展经验研究、案例分析提供数据服务。

中国文化传媒数据库（下设18个子库）

汇聚文化传媒领域专家观点、热点资讯，梳理国内外中国文化发展相关学术研究成果、一手统计数据，涵盖文化产业、新闻传播、电影娱乐、文学艺术、群众文化等18个重点研究领域。为文化传媒研究提供相关数据、研究报告和综合分析服务。

世界经济与国际关系数据库（下设6个子库）

立足"皮书系列"世界经济、国际关系相关学术资源，整合世界经济、国际政治、世界文化与科技、全球性问题、国际组织与国际法、区域研究6大领域研究成果，为世界经济与国际关系研究提供全方位数据分析，为决策和形势研判提供参考。

法律声明

"皮书系列"（含蓝皮书、绿皮书、黄皮书）之品牌由社会科学文献出版社最早使用并持续至今，现已被中国图书市场所熟知。"皮书系列"的相关商标已在中华人民共和国国家工商行政管理总局商标局注册，如LOGO（ ）、皮书、Pishu、经济蓝皮书、社会蓝皮书等。"皮书系列"图书的注册商标专用权及封面设计、版式设计的著作权均为社会科学文献出版社所有。未经社会科学文献出版社书面授权许可，任何使用与"皮书系列"图书注册商标、封面设计、版式设计相同或者近似的文字、图形或其组合的行为均系侵权行为。

经作者授权，本书的专有出版权及信息网络传播权等为社会科学文献出版社享有。未经社会科学文献出版社书面授权许可，任何就本书内容的复制、发行或以数字形式进行网络传播的行为均系侵权行为。

社会科学文献出版社将通过法律途径追究上述侵权行为的法律责任，维护自身合法权益。

欢迎社会各界人士对侵犯社会科学文献出版社上述权利的侵权行为进行举报。电话：010-59367121，电子邮箱：fawubu@ssap.cn。

社会科学文献出版社